# PHILOSOPHIE MORALE

DU MÊME AUTEUR

A LA MÊME LIBRAIRIE

*Logique de la philosophie* – 1950, 2e éd. revue, 1985, 444 pages.

*Hegel et l'État. Cinq conférences* – 1950, 6e éd. 1985, 120 pages.

*Philosophie politique* – 1963, 5e éd. 1989, 264 pages.

*Problèmes kantiens* – 1970, 2e éd. revue et augmentée, 1990, 176 pages.

*La philosophie de Pietro Pomponazzi. Pic de la Mirandole et la critique de l'astrologie* –1985, 216 pages.

*Essais et conférences* – 1970 (t. 1), 1971 (t. 2), 2e éd., 1991 :

t. 1, *Philosophie,* 328 pages.

t. 2, *Politique,* 426 pages.

PROBLÈMES ET CONTROVERSES
Directeur : Jean-François COURTINE

ÉRIC WEIL

# PHILOSOPHIE MORALE

*Cinquième édition*

PARIS
LIBRAIRIE PHILOSOPHIQUE J. VRIN
6, Place de la Sorbonne, V[e]

—

1998

ISBN 2-7116-0733-X

# PRÉFACE

Un usage aujourd'hui oublié voulait que l'auteur, avant d'entrer dans le vif de son sujet, s'adressât au lecteur, le traitât d'*amicus lector*, de *lector benevolus* et lui demandât, dans ce qu'on appelait une *captatio benevolentiae*, non tant sa bienveillance que sa bonne volonté. De cette bonne volonté, le livre présent aura besoin, pour plus d'une raison ; de bienveillance il ne saurait être question entre auteur et lecteur quand il s'agit de thèses qui prétendent être vraies et veulent être jugées selon cette prétention.

Tout écrit philosophique présuppose que le lecteur veuille bien s'abandonner, pour un temps, à la conduite de l'auteur : comment, en effet, apprécier en philosophe un discours dont la première qualité doit être la cohérence, à moins d'aller, dans une attitude d'attentive patience, jusqu'au bout ? On ne saisit pas, encore moins juge-t-on équitablement un ouvrage de cette espèce si on l'approche, des principes inébranlables à la main ; le lecteur qui emploie mécaniquement une aune arbitrairement choisie découvrira seulement si, oui ou non, l'auteur a péché contre ce qui, aux yeux d'un tel juge, est l'évidence même. L'intérêt ainsi porté à la philosophie n'est pas philosophique et n'intéresse pas la philosophie (bien que, dans certaines situations historiques, il puisse toucher la personne du philosophe) : il ignore que la philosophie est d'abord la mise en question de tout, y compris toutes les formes historiques de la philosophie ; c'est l'intérêt du censeur apologiste, qui se réfère à son dogme, mais qui ne le développe pas, ne l'expose pas à la vérification, et ne l'exprime, si l'implicite peut être appelé une expression, que dans sa condamnation du mécréant, son éloge du fidèle. Il arrive même que l'impatience ne voie pas que ce qu'elle combat peut constituer, en droit de cohérence, la seule démonstration de ce qu'elle affirme, mais ne sait pas fonder en vérité : il ne manque pas de juges aux yeux desquels Kant a détruit, ou a voulu détruire, toute pensée qui dépasse les certitudes de la science naturelle. On sait à l'avance ce qui importe, on rejette ceci, on approuve cela, et le fait est que, isolée, toute proposition philosophique est insuffisante, fausse ou absurde et que seul le tout d'un discours peut être vrai : il n'y a pas plus de thèse vraie en philosophie qu'il n'y a d'aspect vrai d'un arbre.

A cette difficulté inhérente à tout exposé philosophique et qui, à elle seule, demande beaucoup de bonne volonté de la part du lecteur, s'en ajoute dans le cas présent une autre, due au caractère du domaine auquel appartiennent les recherches de ce livre. Le chemin de la philosophie morale passe entre les ruines, presque toujours respectables, parfois admirables, de convictions premières, de constatations « scientifiques », de mythes éclairants, toutes inacceptables pour qui cherche une demeure qui soit habitable et solide. Ce n'est pas seulement que toute *philosophie spéciale* pose un problème à la philosophie — problème sur lequel nous aurons à revenir dans le corps de l'ouvrage —, c'est que, même parmi les philosophies spéciales, la philosophie morale occupe une place à part. Elle parle de l'individu et à l'individu — et elle lui parle en vérité, c'est-à-dire, de façon universellement valable : origine d'une tension qui, dans toute l'histoire de cette *philosophia specialis*, a été à l'œuvre, quoiqu'elle n'ait que rarement formé le thème d'analyses et n'ait guère été vue clairement que par ceux qui, désespérant alors d'une entreprise si malaisée, l'abandonnèrent.

On esquive cette difficulté, on ne la résout pas — et le refus d'un problème, son *refoulement*, produit en philosophie les mêmes conséquences qu'ailleurs —, quand on se décide à ne plus *faire de la morale*, à ne plus parler aux hommes de ce qui les intéresse au point de définir l'intérêt même, pour s'en tenir, en logicien de la morale, à la forme du discours moral, abandonnant l'individu à l'arbitraire de choix pour lesquels on ne lui offre plus de critère : après tout, et afin d'aller au fond, pourquoi veut-on que l'individu préfère, dans un domaine quelconque et particulièrement dans celui de l'action, ce qui est logiquement satisfaisant à ce qui ne l'est pas ?

La logique du discours moral n'est pas, pour autant, un jeu stérile, au contraire : la cohérence, nous l'avons dit, est la condition première de tout discours philosophique, quelque *spécial* qu'il soit. Mais elle a beau être condition nécessaire, elle n'en devient pas condition suffisante, et il importe au plus haut degré de montrer comment l'exigence formelle conduit elle-même à des exigences d'un autre ordre. Pour le philosophe (qui comprend pourtant qu'il n'en va pas de même pour tous et à tout moment), la morale veut être pensée en même temps que vécue, vécue en même temps que pensée. Il s'ensuit que la réflexion sur la morale doit se muer en réflexion morale et finir par se comprendre comme aspect de la philosophie une ou, si ce terme n'est pas trop risqué à une époque qui ne fuit rien autant que la révélation de ce qui est et de ce qu'elle est, un aspect de la sagesse en sa réfraction dans l'individu.

Il faut craindre qu'une telle manière de procéder ne décourage le lecteur : ne lui demande-t-on pas d'accueillir toute proposition et tout développement tels qu'ils se présentent à leur endroit et de se tenir pourtant ouvert à la possibilité de voir les mêmes thèses reprises, modifiées, renversées par la volonté de les comprendre dans ce qu'elles impliquent, mais ne révèlent pas à elles seules ? S'il est permis de procéder par comparaison et opposition à un des grands systèmes philosophiques, on demande au lecteur d'admettre au moins la possibilité de dépasser la différence entre développement *phénoménologique* et exposé *encyclopédique*, d'admettre comme possibilité que ce qui se montre dans l'analyse génétique, à partir des « certitudes » initiales, ne constitue pas seulement les propylées du système, mais soit le système lui-même, réel en se réalisant — système *spécial*, il est vrai, en ce cas, mais qui se fond en, et se fonde sur, le système total et, à la fin de son *auto-élaboration*, saisit précisément ce rapport, se dépasse ainsi et se comprend en vérité.

Pour comble, une nouvelle difficulté s'y ajoute, d'une autre espèce, il est vrai. La morale, d'après Aristote, n'est pas faite pour un auditeur jeune, jeune d'âge ou de caractère. Observation juste, mais qui ne dit pas tout. Sans doute, la philosophie morale ne sera pas convenablement développée par un être passionné, non formé, non éduqué par l'expérience des affaires et de la vie : elle ne sera exposée de façon adéquate, peut-être ne sera-t-elle comprise que par l'adulte. Mais si lui seul en est capable, c'est précisément parce qu'il est éduqué, que, ne souffrant plus de problèmes moraux, il ne connaît plus que les problèmes de la philosophie morale, tandis que celui qui cherche une règle de vie, une règle pour sa vie et un sens à son existence, celui pour lequel la philosophie morale présente un intérêt moral, n'est guère préparé à attaquer, en les pensant, les questions qui le préoccupent.

Aux deux, il faut donc demander une patience, non seulement de méthode, mais presque personnelle : aux premiers, de se rappeler qu'ils ont connu des problèmes moraux et que d'autres en connaissent encore, aux seconds, de ne pas désespérer de trouver une aide dans le discours de la philosophie morale, pour scolaire, abstrait, inintéressant qu'il leur paraisse de prime abord.

Le reste relève de ce discours même, qui devra justifier ce qui vient d'être dit sur le ton de la conversation.

LECTORI BENEVOLO SALUTEM.

Lille, le 3 février 1960.

# INTRODUCTION

1. Toute recherche philosophique qui s'annonce comme particulière se trouve dans l'obligation de se justifier. La philosophie embrasse le tout de la pensée et du discours humains ; plus exactement, elle est ce tout, développé et élevé à la conscience de son contenu structuré. Ainsi, elle est infinie, non au sens que ce mot possède dans l'usage courant, où il signifie la possibilité et la nécessité de continuer sans fin (où il s'agit donc plutôt de l'indéfini et de l'asymptotique) , mais dans un sens tout autre, et seul philosophique, où est infini ce qui ne se trouve limité par rien qui lui soit extérieur et qui le restreigne. La question se pose alors de la légitimité de toute philosophie particulière, de toute philosophie de...

En chaque cas, la réponse à cette question ne saurait être donnée que par le progrès et l'aboutissement de l'enquête même : menée à sa fin, celle-ci doit faire voir comment elle ramène et se ramène à la philosophie, comment donc — et c'est la même chose — elle s'en est détachée. Il est cependant possible de montrer, de façon tout à fait générale, que la démarche *particularisante* est inévitable et, partant, licite.

La tradition veut qu'on parle de la philosophie comme d'un sujet : la philosophie est ceci ou cela, elle exige telles démarches, elle présuppose telles conditions logiques, historiques, sociales. Comme d'ordinaire, l'usage n'a pas entièrement tort : en effet, seule la philosophie comprend (entend et embrasse) la philosophie, et ce n'est qu'en se plaçant à son niveau, au niveau de l'infini, que l'individu accède au savoir philosophique. Mais celui qui y accède n'est pas la philosophie, il est individu et, en tant que tel, fini. Pour commencer, il ne se trouve pas au niveau de la philosophie, et puisque la philosophie est activité humaine (on n'a jamais imaginé Dieu se posant des questions philosophiques), que cette activité naît, en cela égale à toute autre, d'un désir humain, que les désirs des hommes, expressions du besoin de l'être fini, diffèrent, il est naturel que les voies qui conduisent à la philosophie diffèrent également. Chacune de ces voies tracées par la réflexion de l'individu sur ce qu'il ressent comme ses problèmes, si elle est poursuivie avec la volonté de découvrir la vérité, d'atteindre la conscience de la réalité obscurément désignée dans le discours de l'individu (plutôt que par lui) et celle de la nature de ce discours en ses rapports avec ce que lui-même saisit et comprend comme son autre, constitue une philosophie particulière, philosophie de la nature, de l'art, de l'histoire, de l'action, etc...

2. Parmi ces philosophies particulières, la philosophie morale (nous ne nous demanderons pas pour l'instant s'il faut la distinguer d'une philosophie de la morale) occupe une place à part, non seulement parce qu'elle est particulière, ce qui ne l'opposerait pas aux autres, mais parce que, dès l'entrée, elle concerne l'homme et le concerne en sa totalité, avec ses désirs et ses problèmes. L'histoire de la philosophie le montre suffisamment, c'est par ce chemin particulier que tous les penseurs ont accédé à *la* philosophie, même ceux qui voient dans la pure vue de l'Être, dans l'union avec la Substance, dans le silence du non-savoir le résultat dernier de leur pensée et de leurs pensées. Au début se trouve toujours l'appel à une conversion par laquelle l'individu entrera dans le domaine du vrai, de l'essentiel, du bien, du salut, et se délivrera des chaînes de l'ignorance, de l'égarement, de la frustration. Les routes se séparent rapidement ; leur origine est commune.

Ce fait historique de la philosophie se comprend philosophiquement. Toute philosophie particulière, avons-nous dit, procède d'un intérêt de l'homme vivant dans le monde : la philosophie morale pose, elle, la question de la légitimité des intérêts existants dans le monde de l'individu questionnant. Ces intérêts en soi historiques ne se présentent pas comme tels à l'individu. A ses yeux, ils se montrent sous la forme de buts qu'on poursuit « naturellement », qui sont « évidemment » justes, bons, sensés et garants de sens ; mais ces buts peuvent aussi se trouver en conflit les uns avec les autres, soit que tous ne puissent pas être atteints par le même individu, soit qu'ils se contredisent entre eux et obligent à un choix : le problème n'est plus seulement comment il faut agir, mais en vue de quoi.

Rien n'indique qu'un tel conflit, une telle nécessité de choisir, caractérise partout et toujours la condition humaine. Au contraire, il est facile d'imaginer une morale telle que tous les buts qui la caractérisent soient accessibles à tous ceux qui adhèrent à cette morale et qu'aucune contradiction entre eux ne conduise l'individu à une réflexion sur leur valeur. Mais aussi de telles sociétés ignorent-elles la philosophie, qui naît là où les choses « ne vont pas sans dire » : on n'a pas eu tort de regarder l'apparition de la philosophie comme un symptôme maladif, on s'est seulement trompé en voulant voir origine et cause de la maladie dans ce qui, telle une crise, est condition nécessaire, bien que peut-être non suffisante, de la guérison. La philosophie surgit quand les hommes en sentent le besoin, besoin né de l'ébranlement de la morale jusqu'alors régnante ; c'est poussé par l'inquiétude que l'homme se met en route vers la philosophie. Et c'est là l'origine de la philosophie, l'origine même de la question s'il faut philosopher et pourquoi.

3. Du point de vue de la réflexion présente, celle de la philosophie sur son propre devenir — car la philosophie est pour nous une réalité historique et donnée —, tout homme possède une morale. Cette morale ne lui apparaît pas comme *une* morale parmi d'autres qui peut-être la valent. Ce n'est que tardivement, après des contacts prolongés avec d'autres communautés et leurs morales, après des conflits indécis ou des défaites, que ce pluriel « les morales » prend un sens. Au début est la certitude morale : on sait ce qu'il faut faire et éviter, ce qui est désirable ou non, bon ou mauvais. Le conflit des morales, la découverte des contradictions à l'intérieur d'une morale (visibles seulement après de tels conflits) mènent à la réflexion sur la morale. Plus exactement, c'est la perte de la certitude, ou son refus, qui y conduisent ; car la certitude ne succombe pas à la simple critique logique, et les contradictions qu'elle peut porter en son sein ne la gênent nullement : la contradiction intérieure et l'incohérence ne gênent personne parce que personne ne les découvre avant qu'elles ne se soient transformées en contradictions extérieures, formulées par d'autres individus, ou rendues sensibles par l'échec d'entreprises qui « auraient dû » réussir.

La réflexion présuppose ainsi la conscience plus ou moins claire de l'existence d'au moins deux morales différentes (dont, à des étapes ultérieures, l'une peut n'exister qu'en tant que projet dans la tête d'un individu qui se détache de la morale traditionnelle). Il en découle, et ceci est de la plus haute importance pour éviter des malentendus d'autant plus graves qu'ils sont plus répandus, que la philosophie morale n'a pas à découvrir, inventer, prescrire, créer une morale concrète, un système de règles à suivre (consciemment ou non) : elle présuppose de telles morales concrètes (au pluriel), sans lesquelles la réflexion n'aurait pas de point de départ et ne saurait naître, son problème même étant écarté. Elle est essentiellement ré-flexion, regard tourné en arrière (ce qui n'implique nullement qu'elle ne puisse pas s'élever au-dessus de cette réflexion que, pourtant, elle commence par être plutôt qu'elle ne la pratique à la manière d'une méthode choisie entre plusieurs méthodes possibles).

4. La réflexion philosophique au sujet de la morale (des morales — ce qu'on appelle *la morale concrète*, singulier purement apparent, mais que nous emploierons pour la commodité de l'expression) naît de la morale concrète, mais ne ressortit pas au jugement de cette morale. Son problème est de retrouver la certitude perdue (ou son équivalent), et il ne se pose que là où cette morale a été ébranlée, est devenue douteuse, ne va plus sans dire, et ne saurait plus fournir le fondement solide que cherche la réflexion. Son point de vue, nécessairement différent de celui de la morale concrète, fait ainsi du philosophe un traître à la morale de sa communauté aux yeux de ceux qui y adhèrent sans question. Certes, le philosophe peut tenter de fonder en raison, comme il dit, la morale dans laquelle il est élevé et vit ; le fait est que toute

entreprise de cette espèce est regardée avec une extrême suspicion par les tenants de cette morale, qui sentent, à juste titre, en un tel projet le rejet de la prétention de cette morale à l'*évidence* : ce qui est évidemment vrai n'a pas besoin de défenseurs et les plaidoyers refusent implicitement — comment seraient-ils concevables autrement ? — à leur client cette vraie autorité absolue de ce qui va sans dire. Tout philosophe de la morale introduit de nouveaux dieux, un nouveau dieu, l'exigence de l'universel.

5. La réflexion morale exige, en effet, l'universel comme dépassement du particulier historique qu'elle considère comme fortuit dès qu'elle pense l'incertitude. Il ne s'y agit cependant pas de l'universel infini de la philosophie s'explicitant dans et par la compréhension du discours humain (de la pensée) et de son autre qu'il saisit en se saisissant, plus précisément : dans et par l'auto-compréhension du discours (ou encore : de la réalité que révèle le discours, ou qui se révèle en lui). La réflexion morale se contente, aussi longtemps qu'elle reste réflexion, de porter sur la morale concrète, sur les morales concrètes, auxquelles elle s'oppose comme leur universel. Elle se voit ainsi sous les espèces d'une recherche *désintéressée*, ce qui signifie qu'elle tâche d'éliminer l'incertitude par l'affirmation que toute certitude morale, de quelque type qu'elle soit, n'est qu'un rêve auquel ne correspond aucune réalité à moins qu'on n'accepte comme réalité ce que désigne ainsi, en plein arbitraire, l'une quelconque des morales historiques. A la fin, les morales sont les règles suivies par les autres.

Ainsi se présente une réflexion du second ordre, qui ne se pose plus de questions morales, mais des questions au sujet de la morale (des morales). Mais comme elle reste, et veut rester, réflexion sur un *autre*, qu'elle s'établit comme l'autre de la morale, bien que rien ne compte pour elle que la morale, elle reste aussi, à la fois selon son propre désir et malgré elle, incapable de compréhension philosophique, demeurant réflexion non sur elle-même dans le tout du discours-réalité, mais sur son autre ; la façon de comprendre qui lui est propre et qu'elle ne saurait dépasser sans changer de nature saisira, idéalement, tout phénomène moral historique, mais ne réussira pas de découvrir ses propres présupposés. Une *science* historique, sociologique, comparative des morales devient ainsi possible, voire nécessaire en tant que stade, mais demeure essentiellement science « objective », c'est-à-dire, conserve la conviction naïve d'avoir éliminé de sa propre recherche toutes ces « valeurs » dont l'intervention caractérise, à ses yeux, les phénomènes vers lesquels elle tourne son attention. En un mot, considérée en elle-même, une telle science s'interdit de *se* comprendre. Au philosophe, elle pose avec d'autant plus d'insistance la question de son sens.

Le premier problème de la philosophie morale — car de sa solution dépend la possibilité d'une telle philosophie — sera par conséquent d'élucider les rapports existant entre l'universel infini du discours philosophique, d'une part, l'universel exigé ou inconsciemment présupposé par la réflexion morale, de l'autre, et, enfin, l'individuel des morales historiques. Le premier problème — et aussi le dernier, car, comme on l'a noté plus haut (§ 1), seule la fin de l'enquête peut fournir une réponse définitive. Cependant, la saisie du problème suffit pour indiquer à cette enquête son point de départ, lequel ne peut se situer que dans la réflexion morale naïve, mais est conçu comme point de départ d'un parcours au bout duquel cette naïveté doit être, à la fois, comprise et dépassée.

# I

# LE CONCEPT DE MORALE

6. *Toute morale, qu'elle se tienne dans la certitude ou qu'elle cherche dans l'insécurité, suppose que l'homme, capable d'observer des règles morales, est en même temps immoral : elle reconnaît l'immoralité de l'homme en reconnaissant qu'il peut et doit être amené à la morale.*

*a.* La thèse est évidente. Il serait, en effet, surprenant, voire inconcevable, qu'un être qui obéirait nécessairement à certaines règles (qui seraient alors des lois naturelles) se prescrivît ou se laissât prescrire de telles règles. Un être qui a besoin, qui exprime le besoin, d'une règle s'oppose à celle-ci comme à quelque chose à quoi il peut se soumettre ou ne pas se soumettre, mais n'est pas soumis.

La thèse a néanmoins rencontré et rencontre de vives résistances. Il ne manque pas de penseurs qui affirment la bonté naturelle de l'homme ou sa pureté essentielle. Pour leur répondre, il suffit d'observer qu'ils n'ont jamais été capables d'expliquer comment cet être essentiellement bon et innocent a pu tomber au point où leur propre intervention est requise pour le sauver de lui-même, ni comment la réalité et le concept du mal moral ont pu faire leur apparition : un être parfait ne tombe pas.

Mais peut-être faut-il voir dans cette opinion la réaction contre une autre, opposée et complémentaire, qui considère l'homme comme essentiellement mauvais et méchant, thèse qui ne résiste pas mieux à l'examen que la première. En effet, le concept du mal ne peut être formé que par un être qui possède celui du bien, et la condamnation de l'homme présuppose qu'au moins celui qui la prononce dispose d'un critère valable qui exprime et exige le bien, bien qui ne serait pas bien de l'homme et pour l'homme si l'homme ne pouvait jamais l'atteindre. Il se peut que la plupart des hommes ne vivent pas selon ce critère et qu'ils fassent d'ordinaire le mal ; ce ne serait cependant pas là un mal moral s'ils étaient naturellement incapables de faire le bien, et à les condamner il n'y aurait pas plus de sens qu'à porter un jugement moral sur le serpent à sonnettes parce que sa morsure est dangereuse.

Si la thèse de la méchanceté essentielle de l'homme se montre comme contradictoire en elle-même, elle rappelle, cependant, utilement à son critique que l'être humain n'est moral que *parce qu*'il est, en même temps, immoral : il peut être bon *parce qu*'il peut être mauvais, et inversement. Ce n'est donc pas que les deux vues soient fausses sous tous rapports ; elles sont vraies, mais ne le sont qu'ensemble. L'expérience la plus commune le confirme et l'observation le montre dans toute morale concrète, dans tout système de règles dominant, ou prétendant dominer, la vie d'une communauté historique : partout, on éduque les enfants, élimine ceux qu'on regarde comme essentiellement, c'est-à-dire irrémédiablement, inéducables, honore ceux qui vivent selon la morale (quel qu'en soit le contenu concret). L'homme n'est pas *naturellement* bon, il n'est pas non plus *naturellement* mauvais ; plus exactement, celui qui posséderait l'une ou l'autre de ces qualités comme on possède des qualités physiques ne serait pas un homme, mais une bête ou un dieu. L'individu doit être amené au bien, il doit être éduqué — et donc pouvoir l'être — pour vouloir le bien et pour fuir le mal ; abstraction faite de cette éducation, il n'est ni bon ni mauvais, il est, comme on dit, amoral, non immoral, parce que cette abstraction fait de lui un animal.

*b.* Ce concept d'*amoralité* présente de grosses difficultés à la réflexion, tout en paraissant indispensable. Un être a-moral, un être qui ignore non seulement les règles concrètes d'une morale donnée, mais encore le concept de règle, ne sera, du point de vue de la morale, qu'un animal, l'homme étant défini à ce niveau comme l'être vivant qui possède ou, du moins, cherche une règle qui lui permette de choisir entre les possibilités qui s'offrent à son action. Or, l'homme est *aussi* cet animal, utile ou nuisible, plaisant ou rebutant, et ne peut être saisi totalement du seul point de vue de la morale. Cependant, le jugement qu'on porte ainsi sur l'animal, précisément parce qu'il écarte le critère moral se réfère encore à la morale : celui qui n'est pas jugé selon la morale est, par là même, jugé moralement, en ce sens qu'il n'est plus considéré comme être humain en un sens autre que biologique. De nouveau, l'expérience historique et présente le montre, quand on parle, en langage magico-religieux, de possession ou d'obsession, dans celui de la psychiatrie moderne, d'immaturité, débilité mentale, etc., sans cesser pour autant de condamner un acte que l'on renonce seulement à imputer à celui qui l'a accompli et qui n'est pas encore un être humain, c'est-à-dire moralement responsable, qui a cessé de l'être ou ne l'a jamais été.

La morale révèle ainsi un concept de l'homme qui n'est pas le sien, mais auquel elle se trouve amenée par une sorte de nécessité de sa méthode, celui de l'homme a-moral (ce qui, pour elle, signifie : immoral puisque sans morale), de l'homme *naturel*. Il s'agit, comme on vient de le voir, d'un concept-limite : ce n'est qu'en faisant abstraction de l'éducation, c'est-à-dire, du fait que l'individu appartient toujours à une communauté historique et morale (dont il peut seulement se détacher après en avoir fait partie), que l'on conçoit l'homme naturel comme une sorte de fond sur lequel l'être moral se projette pour se comprendre.

En tant que naturel, l'homme est alors violent. Il agit aveuglément, à la manière des forces naturelles, déterminé par elles et comme elles, il est dominé par ses tendances, instincts, besoins, et ses actes, prévisibles comme le sont les événements naturels (et dans les mêmes limites), n'ont pas plus de sens compréhensible que la chute d'une pierre et n'en reçoivent, de même que la chute de la pierre, que par rapport à un être spécifiquement différent (non au sens biologique, mais au sens moral), à un être qui, parce qu'il n'est pas entièrement déterminé, peut poser et pose la question du sens, ce qui veut dire ici : celle du bien.

C'est là le véritable fondement de la thèse de l'*amoralité* de l'homme naturel, fondement suffisant aussi longtemps qu'on parle de l'espèce animale *homo* des zoologues : l'être naturel n'est ni bon ni mauvais, il est utile ou nuisible, agréable ou déplaisant — en un mot, il est objet pour un être qui n'est pas seulement naturel et auquel les objets sont donnés comme autres que lui-même, présents mais distants, donnés dans une appréciation, rapportés à un intérêt, à un projet d'action, à une volonté de changement et de transformation. Aussi n'a-t-on été que conséquent en déclarant que le comportement des hommes doit être compris par une science analogue à la mécanique — position qui n'est pas seulement justifiée par sa cohérence, mais aussi par le fait que cette façon de voir trouve un emploi dans lequel elle se montre efficace (ce qui est le critère de toute science particulière, aussi loin qu'elle se situe de toute utilisation technique immédiate : chacune cherche sa preuve dans l'expérimentation, fût-elle imaginaire, c'est-à-dire, dans une action). Les sciences sociales et politiques sont véritablement des sciences, quand bien même elles ne seraient pas encore arrivées au degré de certitude qu'ont atteint leurs aînées ; et précisément par là, elles se situent, avec leur principe amoral sous-jacent, en dehors de la pensée morale. Si l'être naturel n'est ni bon ni mauvais, il ne fait qu'être là, telles les pierres, mais, de même que les pierres, il n'est là que pour un être qui n'est pas seulement là : les pierres ne sont là que pour les hommes. Or celui qui construit la *science* de l'homme naturel est à la fois homme naturel et celui, non naturel, qui le pense : l'être violent qu'est l'homme *se comprend* lui-même et, par le fait qu'il se comprend — il faut ajouter : à partir du moment où il le fait —, il cesse d'être pure violence, pur être-là empirique et seulement constatable. Bien plus, il ne se comprend comme violence que *parce qu*'il n'est pas seulement cela : la roche tombante qui écrase une maison avec ses habitants, le lion qui tue et dévore sa proie ne sont violents que pour l'homme qui, lui, a déjà l'idée de la non-violence et qui, pour cette raison, peut voir la violence dans la nature. Il n'y a du non-sens que du point de vue du sens.

7. *L'homme distingue, de façon irréductible, le licite et l'illicite et s'attribue la capacité de faire le licite et d'éviter l'illicite. Cette capacité s'actualise et se découvre dans l'histoire et dans les conflits entre morales.*

*a.* Par le fait même qu'il se sait mauvais, ne serait-ce que dans son pareil, l'homme se sait aussi bon (*cf.* § 6, a). Seul un être qui a la conscience du bien peut posséder celle du mal, et il ne possède la seconde qu'à proportion de la première. L'homme sépare ainsi le licite et l'illicite, ce qu'il doit faire de ce qu'il ne doit pas faire, et il s'interdit et prescrit certains actes, comportements, attitudes, juge, approuve, condamne.

Il serait vain de demander comment l'homme arrive à de telles règles, et il est sans espoir de chercher le début et l'origine de la conscience morale. L'homme en tant qu'être moral, c'est-à-dire, humain au sens strict, se trouve toujours pourvu de règles ; bien plus, il est incapable de s'imaginer dans un état sans règles : au-delà des règles, il ne rencontre plus que l'animal à forme plus ou moins humaine. Sans doute, on observe des comportements réglés dans plus d'une communauté animale ; cependant, ce ne sont des règles que pour l'observateur humain, qui y voit un analogue à sa propre façon de vivre et y projette, avec une quasi-conscience réflexive, la possibilité d'autres comportements. Seul l'homme *suit* des règles, parce que seul l'homme peut ne pas les suivre et, en fait, assez souvent ne les suit pas. C'est en tant qu'être violent qu'il est moral, en tant que transgresseur qu'il a conscience des règles. Chercher l'origine, non de telle règle, mais de *la* règle, ce serait vouloir découvrir l'origine de cette « faculté » qui est seule à poser des questions parce que seule elle connaît l'insatisfaction et, avec elle, le problème et la question en tant que tels. Qu'on parle de mutation brusque, de révélation, de génie créateur, on ne fait que reconnaître l'impossibilité de toute réponse qui ne ramènerait pas à la question. Aucun assassinat premier n'explique la morale ; sans morale, il n'y aurait nulle différence entre la mort du père tué par ses fils et celle du père étouffé par un ours : il n'y aurait pas *assassinat*.

Cependant, la question de l'origine de telle règle particulière est parfaitement légitime, bien qu'en l'absence des données positives requises, elle n'admette pas toujours de réponse. N'importe quelle règle est essentiellement historique, c'est-à-dire, devenue et en devenir. La lenteur de certains développements, la volonté de préservation qui caractérise certaines communautés montrent seulement leur sentiment du danger de tout changement : l'affirmation de l'éternité de telle morale historique ne fait qu'exprimer sa crainte de l'insécurité. L'homme peut toujours transformer la règle de sa vie ; qu'il ne le veuille pas, que, si l'on peut dire, il tienne à ne pas le vouloir n'y contredit pas, au contraire.

*b.* La morale concrète se déploie en un système de prescriptions et d'interdictions sans lacune — sans lacune pour qui vit selon ce système (plus exactement : à l'intérieur de ce système). Il n'est pas d'acte, de démarche importante qui ne s'y trouvent réglés : la raison en est que ce qui importe, importe précisément par le fait qu'il est objet d'un règlement, tandis que d'autres activités restent sans importance, profanes, parce que l'arbitraire y est admis et de mise. Sans doute, à l'intérieur de tout système des problèmes existent, il ne saurait y avoir de règle sans que la possibilité de la transgression se présente : où commence le domaine de ce qui n'est pas réglé, où finit celui du sacré ?, la règle a-t-elle été bien suivie ou des fautes se sont-elles glissées dans un acte destiné à réaliser ce qui est prescrit, à écarter ce qu'il faut éviter ? Cependant, de tels problèmes se posent en fonction de la morale concrète et en son sein ; ils ne se posent nullement à son sujet. L'homme compétent, le prêtre, l'ancien, le sage, tel groupe déterminé sont qualifiés pour trancher ces problèmes techniques de toute morale, pour s'occuper de son aspect, si l'on veut, légaliste. On ne juge pas la morale, on juge en fonction d'elle, qui est *évidente* et *naturelle*.

Aussi chacun dans la communauté a-t-il sa place grâce au système moral (lequel, considéré sous un autre angle, mais qui n'est pas celui des membres de la communauté, ne fait que refléter la structure de la communauté). Chacun est revêtu d'un rôle parce que tous sont également nécessaires à la vie du tout, et chacun y trouve une sorte de dignité, soit présente, soit à attendre de son avenir en cette vie ou d'un futur supra-terrestre, infra-terrestre ou de réincarnation. L'idée d'une égalité des rôles moraux et de leurs dignités ne s'y trouve pas. La diversité des dignités situe chacun : personne n'est simple individu, si l'on donne à ce mot son sens moderne, selon lequel tous les individus se valent et sont interchangeables. Ils sont *égaux*, parce que chacun importe au tout, bien que l'importance soit inégale de l'un à l'autre, et parce que chacun, en participant de la certitude qui régit la vie de tous, est infiniment supérieur à ces animaux à forme humaine qui, au dehors, vivent sans loi.

*c*. Il existe des situations dans lesquelles la morale ne devient ni problème ni problématique. Ce serait un anachronisme que de parler de réflexion morale à ce niveau : c'est l'incertitude qui produit la réflexion, tandis que, ici, la morale va de soi. Cela n'empêche pas que cette morale concrète peut être discernée comme telle ; elle le sera, mais seulement quand un premier contact s'est établi entre des morales différentes, sous des conditions telles qu'aucune ne réussisse à suivre le principe inconscient de toute morale concrète, qui, définition implicite de l'être *vraiment* humain, tend à rejeter comme barbares, comme sous-hommes, comme êtres sans vrai langage, tous ceux qui ne lui adhèrent pas, à les tuer ou à les réduire au rôle d'animal domestique. Or, nous sommes les fils d'une histoire qui est histoire par le fait de tels contacts et de tels conflits indécis, et pour nous, la question de la valeur (morale) d'une morale se pose, question inconcevable pour qui vit dans la certitude.

Le problème de sa morale n'existe ainsi pas pour l'homme qui vit selon elle, aussi longtemps que sa certitude n'est pas ébranlée ; il s'annonce cependant dès la première heure, encore que cette annonce ne soit lisible que pour nous. Toute morale, en effet, connaît la faute morale, qu'elle l'appelle souillure, crime, péché ou de quelque nom que ce soit. Aussi chacune prévoit-elle des remèdes : le rite purge le criminel et la communauté, la mort ou le bannissement du fautif préservent des conséquences redoutables de son infraction ceux qui ont été en contact avec lui. Certes, par hypothèse, cette faute n'a pas été voulue, car la faute voulue l'aurait été en fonction d'une autre morale : le fautif n'a pas fait attention, il s'est laissé emporter, ce n'est pas lui-même qui a commis l'acte, mais quelque chose en lui ou en dehors de lui, un esprit, le sort, l'obnubilation. Ce qui apparaît alors, c'est la nature double de l'homme, double pour lui-même : volonté du licite, violence de l'illicite, l'une comme l'autre présentes en lui aussi bien qu'en dehors de lui. Le monde renferme le bien, mais aussi les forces du mal ; l'homme, de son côté, n'est pas indissolublement uni au bien présent, en même temps que le mal, dans le monde : cette unité doit être réalisée, toujours de nouveau, parce que toujours elle est menacée de disruption par l'homme, qui est *à part*, qui peut toujours errer, quand bien même il n'errerait pas en fait. La faute, sans doute, peut être rachetée, mais le rite purgatoire, la punition qui éliminent les conséquences de l'acte illicite, ne font pas que cet acte soit dorénavant licite ou qu'il l'ait été. Ce n'est pas la morale que la nécessité du remède met en question ; ce qui est mis en question, c'est l'homme, être redoutable parce que capable d'agir contre l'ordre du monde que maintient l'ordre moral — ou qu'il doit maintenir. C'est ce *doit* (et le *ne doit pas* qui y correspond) qui sépare l'homme du monde et le sépare de lui-même, introduisant le dédoublement, la distinction du sensé et de l'insensé et la lutte du sensé contre l'insensé (le violent) dans l'homme, dans le monde et entre les deux.

Ce conflit est présent dans toute morale ; il la constitue en tant que morale. Il n'infirme donc ni ne réfute aucune en particulier : il n'y a pas d'âge d'or de la morale. C'est cependant lui qui rend possible l'ébranlement de toute morale ; car c'est par lui que l'homme est essentiellement dans l'insécurité. Si sa morale a pour fonction première (ce qui est le cas de toute morale d'avant la réflexion) de lui faire oublier sa situation précaire, il n'y vit pas moins essentiellement — essentiellement, ce qui signifie que, d'ordinaire, il n'en prend pas connaissance et que la découverte, ne serait-elle que sentie, quand elle a lieu, est, par sa nouveauté absolue, choquante, au sens premier du mot, et produit une blessure intérieure inguérissable. Or, ce choc ne se produirait pas si l'insécurité n'existait pas auparavant à l'état latent, en puissance : une espèce animale n'est pas choquée si sa façon de vivre se heurte à celle d'une autre espèce, encore que cette autre lui soit constamment supérieure dans ce que, d'un point de vue purement humain, nous appelons la lutte pour la survie. Il est vrai que l'homme peut vivre dans la certitude ; mais parce que l'homme a besoin de certitude, il se montre comme être incertain, *l'*être incertain, et sa certitude, pour naïvement qu'il s'y croie à l'abri, est telle qu'elle peut toujours être perdue : tout mythe parle de la fragilité du monde, désignant et cachant ainsi celle de l'homme,

C'est pourquoi la morale concrète est exposée à la *réfutation*. Non à une réfutation à l'aide d'arguments : les arguments d'une autre morale ne seraient pas compris, puisque toute argumentation présuppose des principes communs et qu'à ce niveau l'autre morale ne serait ni morale, ni autre, c'est-à-dire comparable ; mais une réfutation immédiate (qui pourtant donnera naissance à une médiation entre ce qui n'était lié par aucun rapport autre que violent), celle de l'échec, de la destruction du monde que cette morale avait construit ou, plutôt, révélé. L'homme, distinct en cela de l'animal, n'en meurt pas ; mais il n'en meurt pas parce que, depuis qu'il est homme, il vit dans l'incertitude et qu'il tire sa certitude de l'incertitude pour se cacher cette incertitude fondamentale. Le choc, s'il se produit — il n'est pas inévitable qu'il se produise — la lui révèle.

8. *La réflexion morale, d'abord réflexion sur les morales, prenant conscience de son intention propre, se fait réflexion sur la possibilité de la morale.*

*a.* La réflexion morale (*cf.* § 3) présuppose des contacts réels entre des morales concrètes différentes. Aussi débute-t-elle comme réflexion sur les morales, ayant pour but de fonder, à partir *des* morales, *une* morale. Cette morale sera d'abord, tout naturellement, celle de la communauté à laquelle le philosophe appartient : elle est la bonne morale, combattue par d'autres qui, curieusement, émettent la même prétention : il s'agit de montrer que ces autres ont tort et que la propre morale a raison.

Cela pose des problèmes tout nouveaux. La décision « naturelle » entre deux morales est atteinte par la victoire d'une communauté sur l'autre (*cf.* § 7 c) : le vaincu, avec sa morale, disparaît ou bien, comprenant que sa morale, parce que défaite, ne valait rien, se rattache à la morale victorieuse. Mais une telle décision « naturelle » (violente) n'a pas toujours lieu. On peut alors continuer à souhaiter la victoire ; entre temps, on se trouve obligé de se replier sur soi, nécessité qu'on accepte d'assez bon gré à condition qu'on soit suffisamment fort pour résister à toute nouvelle attaque venant de l'extérieur et que, après l'épreuve, la communauté reste assez unie pour ne pas connaître l'éclatement. Le cas, intéressant pour l'historien et le sociologue, l'est également pour le philosophe en ce qu'il montre ce que signifie une morale concrète pour ceux qui la vivent *malgré tout*. Mais ce n'est pas de ce refus de reconnaissance que naît la volonté de compréhension. Elle naît quand on veut vivre avec l'autre, quand la morale de l'autre est prise au sérieux et qu'on prend la peine de la réfuter.

Or, nous l'avons vu, cette volonté de réfutation ne peut mener qu'à un échec. Une véritable réfutation, une réfutation qui convaincrait l'adversaire, présuppose des règles et des principes communs, reconnus comme fondements indiscutables de toute décision : il faudrait être d'accord sur les principes pour pouvoir arriver à un accord sur *la* morale — et seul ce dernier accord pourrait garantir le premier. Ne reste alors, en l'absence d'une décision *naturelle*, qu'un seul moyen à la disposition de ceux qui acceptent de vivre, non seulement à côté des *autres*, mais avec eux : l'élimination, la neutralisation de tout ce qui sépare les morales, dans l'espoir qu'un reste, une série de facteurs moraux communs, sorte de dénominateur commun, rende possibles l'entente et la vie en groupe. Ce qui est éliminé par ce procédé sera traité (en fait : défini) comme le domaine de l'arbitraire et de l'accidentel, comme dénué d'importance ; ne doit compter que ce qui se rencontre chez tous les hommes, dans toutes les morales en présence. Mais puisque ce qui est commun à toutes les morales ne se montre à aucune d'elles comme détaché ou seulement détachable, ce qui devient central n'apparaît comme tel qu'à celui qui n'adhère plus sincèrement à l'une ou à l'autre de ces morales concrètes. C'est cet observateur détaché, éclairé, au-dessus de toutes les croyances positives situées dans son champ de vision qui va à la découverte du fond des morales.

*b.* Ainsi naît de la réflexion une théorie de la morale, opposée aux morales, puisqu'elle se veut libre de tous ces préjugés que constituent, à ses yeux, les règles auxquelles les hommes s'attachent en fait. En fait : la morale devient fait à son tour, fait observable et qu'il faut analyser.

Ce n'est pas que la pluralité des morales soit niée, loin de là ; c'est, au contraire, cette pluralité multiforme qui permet à l'observateur de découvrir le fondement commun, qu'il ne décélerait jamais s'il n'y avait qu'une seule morale, à laquelle lui-même appartiendrait nécessairement et qui, pour lui comme pour les autres, irait sans dire. Ce qu'il voit néanmoins de son point de vue, c'est que la diversité n'exclut pas l'unité ; quelle que soit la morale, elle distingue le bien d'avec le mal. Chacune définira différemment bien et mal, et ce qui est moralement exigé par l'une sera le pire des crimes au jugement de l'autre. A présent, ces différences seront éliminées : ne doit rester que la pure compréhension du bien, opposée à celle, aussi pure, du mal.

Ce bien et ce mal peuvent être connus, connus en eux-mêmes, non dans ces réfractions sans nombre qui, à leurs fidèles, les font apparaître sous des espèces si diverses. Pour cela, il faut un changement radical de perspective. Dorénavant, le bien ne sera plus ce que les hommes doivent chercher, le mal, ce qu'ils doivent éviter : sera bien ce que les hommes, en fait, poursuivent, et mal, ce qu'ils fuient. La morale ne règle pas les aspirations, elle les exprime ; les règles masquent les tendances. Le secret des morales est ainsi percé et, tel le Sphinx d'Oedipe, elles s'évanouissent avec leur secret : le fond de toutes les morales, c'est qu'il n'y a pas de morale, de bien indépendant de l'homme, d'exigence absolue. Les morales déguisent les tendances, mais elles ne tromperont plus ceux qui savent et à qui leur savoir devient utile au plus haut point en les rendant supérieurs à la masse des simples qui n'ont pas compris de quoi il s'agit et qui croient sincèrement qu'ils doivent vouloir *le* bien : qu'ils continuent ! Ce bien auquel ils soumettent leurs désirs est en effet un bien, le bien des maîtres, des prêtres et des rois, des hommes forts et intelligents, de ceux qui, en pleine conscience de leurs propres aspirations, ont inventé la morale, mais n'y croient pas et n'y ont jamais cru. Les morales dressent des êtres qui se veulent moraux au service de ceux qui se savent a-moraux, selon la ***vraie nature*** de l'homme (*cf.* § 6).

*c*. Cette manière de réduire la morale (les morales), née, en Europe, avec les Sophistes au moment où la cité grecque cesse d'être économiquement, culturellement, politiquement isolée, continue à dominer les discussions de nos jours, tantôt proposée comme découverte bouleversante, tantôt rejetée au nom de tout ce qui est sacré, l'un et l'autre avec une égale passion.

Une fois cette passion écartée, la thèse paraît cependant convaincante. En effet, la morale, toute morale qui dure, sert les intérêts (au sens naturaliste) de ceux qui y adhèrent ; si elle ne le faisait pas, la communauté disparaîtrait — phénomène qu'on peut étudier là où les conditions d'existence ont changé sans que la morale concrète se soit modifiée en conséquence. Toute morale est liée, du moins à la longue, par les conditions de vie et de survie de la communauté (ce qui n'empêche pas que telle communauté, à tel moment, puisse se tromper sur ces conditions). Il est vrai également que toute morale, pour durer, doit donner satisfaction aux aspirations des individus qui composent le groupe : si elle ne le faisait pas, elle n'irait plus *sans dire* pour tous et pour chacun et une autre morale (une transformation de la morale existante — expression infiniment plus correcte) serait sur le point de voir le jour. Les problèmes du bien et du mal ne seraient plus résolus par l'ancienne morale et en son cadre ; au lieu de problèmes moraux, celui d'une morale nouvelle se poserait. Aussi est-il significatif (et une sorte de preuve de sa thèse) que la sophistique (comme ses dérivés tardifs, naturalisme, positivisme, historisme relativiste) naît à un moment où la morale existante a cessé de donner satisfaction, de procurer la satisfaction, à tous les membres de la communauté, où la couche dirigeante, attaquée par d'autres couches, insatisfaites parce que la morale n'a pas suivi (ni ramené à l'ancien état) les conditions de vie changées, projette ses difficultés dans l'intemporel (« toute morale n'est que moyen dans la lutte pour les avantages matériels et les joies de l'amour-propre assouvi ») et se débarrasse de ce qui, à ses yeux, devient maintenant préjugé, de ces règles traditionnelles dont l'observation la gênerait dans son combat : la morale naissante des couches montantes lui apparaît comme pure violence, à laquelle elle veut pouvoir, sans scrupules, répondre par la violence, attitude à laquelle répondra bientôt une attitude également « éclairée » de ses adversaires, dès que ceux-ci auront compris l'inefficacité de leur appel à la morale du bon vieux temps. L'apparition de la sophistique indique ainsi qu'un groupe dirigeant menacé dans sa supériorité est amené à introduire (ou à maintenir) une morale pour la seule raison de l'utilité que cette morale possède à son propre point de vue, qui est devenu celui de ses intérêts.

Il serait difficile de rejeter ces observations : la relativité des morales est un fait. Aussi ceux qui ne se contentent pas de cette constatation introduisent-ils des arguments d'un autre ordre. La morale, déclarent-ils, est incommensurable à tout ce qui est du domaine des faits. Qu'on explique tous les contenus concrets de ce qui formellement s'appelle bien et mal, qu'on réduise en chaque cas les règles particulières de telle morale aux conditions révélées par l'étude scientifique des rapports sociaux, des formes du travail, de la structure psychophysique de l'être humain — on ne réduira jamais ainsi le *bien* à autre chose qu'à lui-même. Toute forme particulière possède son histoire, peut être analysée selon ses conditions sociologiques, psychologiques, économiques, techniques, etc., sans lesquelles elle n'aurait pas pu se constituer et durer ; il n'en est pas moins vrai que ce qu'on a analysé est autre chose, et plus, que ses racines matérielles, naturelles. On peut, à la rigueur, découvrir les causes qui ont fait adhérer ou rester fidèle telle communauté à telle morale, on ne réduira jamais la morale à l'amoral, puisque personne ne saurait imaginer comment d'un fait sortirait une obligation (quoique l'obligation, une fois qu'elle existe, puisse être regardée comme un fait).

Aussi la proposition selon laquelle les hommes seraient mus par leurs intérêts comme les pierres par la gravité n'est-elle pas plus sensée que celle que ce relativisme « objectif » prend pour terme de comparaison : il n'est pas vrai que les pierres soient mues par la gravité, la gravité est un concept qui permet de décrire le mouvement des corps pesants. Mais il y a plus important. Celui qui prétend révéler objectivement le *vrai* motif des actions humaines ne se contente pas de fournir une description ; sa description est faite en vue d'un but : elle doit lui permettre de s'orienter dans le monde, d'agir en connaissance de cause et des causes, mais nullement d'agir — ou plutôt de fonctionner — à la manière décrite : sinon pour agir il n'aurait pas plus besoin de la connaissance des lois que les pierres n'ont été obligées d'attendre Galilée pour tomber correctement. La thèse mécaniste elle-même en fournit une preuve supplémentaire, bien qu'elle se refuse à la voir, en déclarant les hommes tout à fait capables d'agir contrairement à leurs intérêts et en affirmant que c'est même là le cours ordinaire des choses humaines, à moins que quelqu'un qui sache n'explique au monde ce qu'il en est.

En somme, déclare l'adversaire de la sophistique, l'argument de fond de cette théorie n'est qu'un simple paralogisme, un diallèle : les hommes agissent selon leurs intérêts, et ces intérêts sont définis par ce que les hommes font en fait. On est, sous ces conditions, sûr d'avoir raison, mais on n'a rien dit. Si l'on veut échapper au diallèle, on tombe dans un raisonnement qui ne conclut pas, parce que d'une de ses prémisses nécessaires, celle qui doit affirmer que l'homme cherche la façon correcte d'agir (et non plus : qu'il agit selon ses intérêts), il n'est pas tenu compte dans la conclusion, qui traite tout homme, y compris celui qui l'énonce, comme entièrement déterminé, c'est-à-dire, sans possibilité de recherche et sans celle de développer les concepts de correct et d'incorrect — parce qu'on ne peut pas tenir compte de cette prémisse sans avouer qu'on n'a pas su éliminer le concept du bien. Ce concept apparaît ainsi comme irréductible : en parlant d'intérêt, en essayant de le déterminer objectivement, sur fond de science naturelle, on ne fait que reprendre le concept, nullement réduit, du bien en employant une autre terminologie. La théorie naturaliste n'est qu'un ornement sans valeur, ou bien ne comprend pas ce qu'elle dit. Tout bien particulier est déterminé, *le* bien est le concept même de la détermination active. Par conséquent, il est donné dans une saisie immédiate et doit être considéré comme l'origine de toute saisie ultérieure.

L'histoire semble montrer (dans la mesure où elle est capable de montrer quelque chose, mesure qui n'est jamais celle de la démonstration : ce qui ne s'est pas vu dans tout le cours de l'histoire peut arriver aujourd'hui si rien d'autre que l'expérience passée ne contredit à sa possibilité) que la discussion de ces deux partis est sans issue. Si le bien est un concept irréductible, né d'une saisie immédiate, comment en parler, et comment s'entendre dans le domaine des objets auquel il s'applique ? Le bien serait — et rien ne serait bon, ou tout le serait, selon la décision arbitraire de chacun. Si, en revanche, le bien n'est que le concept commun formé, par abstraction généralisante, à partir de ce que les hommes appellent bien, comment concevoir une « explication » de l'apparition de ce concept à partir de données naturelles, si toute donnée naturelle est caractérisée par le fait qu'elle est simplement là et ne devient bien ou mal que pour un être qui apporte ce qui ne se trouve pas dans une nature réduite aux faits, la faculté de considérer le donné du point de vue du bien et du mal ?

Et non seulement les thèses opposées renvoient ainsi, sans cesse, l'une à l'autre en posant, chacune, des questions auxquelles seule l'opposée peut répondre. Bien plus, chacune conduit à des résultats en conflit avec ce qu'elle prétend assurer. Le relativisme se veut le libérateur de l'homme (intelligent et conscient) des entraves de la morale artificielle, et refuse les prétentions de toute morale historique, c'est-à-dire, selon lui, de toute morale ; or, comme il faut agir, donc choisir, il introduit une morale *absolument* valable, *scientifiquement* vraie, indépendante de toutes conditions de temps et de lieu, et aboutit à l'absolutisme le moins nuancé. De leur côté, ceux qui proclament le caractère irréductible du concept du bien et pensent ainsi échapper au nihilisme conduisent leurs auditeurs vers ce qu'ils détestent et craignent pardessus tout : puisque le bien et la morale sont *en soi* et ne doivent être mis en rapport avec rien qui leur soit étranger ou seulement extérieur, il devient impossible de dire ce qui, dans la vie de tous les jours, est bien ou mal (à moins qu'on ne se décide à déclarer que tout ce qui n'est pas *le* Bien est mal), et l'on arrive au scepticisme, résultat inévitable de l'impossibilité, reconnue à la fin, de trancher un débat moral particulier quel qu'il soit. Que ce ne soit pas là un simple exercice logique, l'expérience le montre : les morales naturalistes, se voulant relativistes, ont toujours été les plus dogmatiques (« scientifiques »), les morales absolutistes ont régulièrement conduit à un extrême latitudinarisme. Elles ne l'ont pas fait dans l'immédiat, et le retard avec lequel les conséquences se sont développées a permis, et permettra probablement toujours, aux fondateurs de se tromper sur les résultats de ce qu'ils prônent : les conséquences n'en sont pas moins nécessaires, à seule condition que les thèses soient prises au sérieux par les communautés ou les groupes.

Un tel débat ne saurait être tranché. Nous avons déjà rappelé une des vérités les plus anciennement connues de la philosophie, à savoir qu'aucune discussion ne saurait aboutir, pour correctement qu'elle soit menée de part et d'autre, à moins que les principes premiers des adversaires ne soient les mêmes. Toute discussion correcte sans issue recèle des principes différents (rien n'indique qu'ils devraient être contradictoires) et procède de points de vue qu'il est impossible de faire coïncider. Il s'agit alors de déterminer cette différence si l'on veut garder l'espoir de découvrir, mais à un autre niveau, une possibilité de décision. Dans le cas présent, la différence est celle des questions initiales (qui, rendant explicites des points de vue, permettent de saisir clairement ce que l'expression imagée de « point de vue » signifie). D'un côté, on demande ce qui fait agir les hommes sur lesquels on veut agir ; de l'autre, on pose la question de savoir ce qu'on doit faire soi-même. Et comme ces questions, tout en étant sensées, diffèrent *toto coelo*, les thèses qui y répondent ne peuvent pas être conciliées directement, de même qu'il est impossible de choisir sans arbitraire l'une d'entre elles en écartant l'autre.

Cela étant, un nouveau départ mènera peut-être à un résultat plus satisfaisant. En effet, la fonction philosophique, si l'on peut employer cette expression, des deux thèses n'est pas la même. L'attitude relativiste en finit avec la réflexion sur la morale et avec la réflexion morale : tournant à l'absolutisme, elle essaie (tentative qui pour un temps peut être couronnée de succès et semble l'avoir été dans certaines « réformes », spartiate, confucéenne, celles du XVIe siècle) de retrouver une morale concrète indubitable. Le naturalisme qui la caractérise, au lieu de la fonder comme elle le prétend, est fondé sur elle : la nature *doit* être telle (comprise de telle façon) qu'une morale concrète et indubitable puisse renaître. C'est seulement parce qu'il s'agit d'une *re*naissance, non de la persistance d'une morale « éternelle » en dehors de laquelle on ne discerne même pas la possibilité d'une vie réglée, qu'un tel appui, fourni après la catastrophe, paraît indispensable. A condition qu'on la débarrasse de cette pseudo-infrastructure, le projet d'une telle morale non seulement se défend (comme se défend le projet platonicien qui, procédant, il est vrai, de *faits* métaphysiques, non point physiques au sens mécanique, ne visait rien d'autre), mais détermine une visée essentielle de toute morale et de toute réflexion morale qui comprend sa propre intention.

Pour arriver à une telle morale, n'existât-elle que sous forme de projet, la réflexion qu'elle est destinée à rendre superflue reste pourtant nécessaire. Bien plus, le problème même de la création d'une telle morale ne se pose qu'aux moments historiques où plus d'un projet existe et où aucune morale traditionnelle n'est plus universellement reconnue et suivie. Dans de telles situations, il devient inévitable que l'homme, l'individu, demande ce qu'il *doit* faire *(cf. Introduction).* Devant ce problème, le prétendu fondement naturel ou surnaturel de la morale se montre insuffisant, pour important qu'il demeure d'apprendre quel est cet être qui choisit et se décide : rien ne m'oblige à faire ce qu'il est *naturel* de faire, quel que soit le sens que je donne au terme de naturel, tout montre, au contraire, que les hommes agissent souvent, pour ne pas dire dans la majorité des cas, à l'encontre de leurs intérêts *naturels,* c'est-à-dire, définis selon la science et l'anthropologie empiriques ou métaphysiques du moment. On peut parler sans absurdité de communautés dans lesquelles le problème ne s'est pas posé ou ne se posera plus : il suffit de noter qu'il se pose et que tout projet d'un autre état moral de l'humanité ne constitue qu'un essai de réponse à ce problème. Toute morale existante a été niée, toute morale concrète se montre niable, donc douteuse, soumise à la question de l'individu qui cherche, mais ne possède pas, une règle de conduite.

La réflexion consciente — et elle devient consciente en parcourant le chemin des apories développées dans ce qui précède — partira donc de la reconnaissance de la nature irréductible de la question morale (du bien), non parce qu'elle ignore, mais parce qu'elle reconnaît le caractère relatif (accidentel) de toute réponse concrète (historique).

9. *La philosophie morale naît de la réflexion sur les morales. Elle est développée comme théorie par l'homme agissant, qui la veut valable, apte à diriger son action de façon non arbitraire vers un bonheur déterminé sans arbitraire, c'est-à-dire, qui veut une théorie* vraie *(universelle).*

*a.* Il résulte des remarques précédentes que la théorie réflexive de la morale, plus exactement des morales, naît du désir d'éliminer ce qui sépare les morales. Une première théorie explique les faits moraux en tant que faits ; mais à cette *explication* des morales s'oppose une autre théorie, plutôt l'exigence d'une théorie, d'un caractère radicalement différent, destinée à permettre de comprendre le problème auquel la première prétend donner une solution sans l'avoir saisi en lui-même. La première réponse apparaît alors comme une morale positive de plus, douteuse comme toute morale simplement positive, parce que — et c'est là la découverte de cette première thèse même, mais dont elle n'a pas compris la portée — à toute morale positive, pour scientifique qu'elle se prétende, peut s'opposer une autre qui se justifie aussi bien que son ennemie, si justification il y a là où la conviction subjective règne seule et souveraine. Il s'agit de développer ce qu'implique cette volonté de compréhension, non des morales, mais du problème moral, volonté, non de développer un discours moral formellement cohérent (en analogie avec une métaphysique formellement cohérente, ou appuyé sur une telle métaphysique), mais de saisir ce que signifie la question de l'individu qui demande selon quelles règles il doit agir pour bien agir.

Celui qui pose ce problème se conçoit comme individu : c'est lui-même qui doit décider, et d'abord pour lui-même. La communauté dont il est membre n'est plus régie par une morale évidente ; en serait-il ainsi, qu'aucun problème ne se poserait. Il n'en vit pas moins dans une communauté, et celle-ci, sur un certain plan et dans la mesure nécessaire pour qu'elle ne se dissolve pas, est d'accord sur ses intérêts (son bien). Il ne saurait en être autrement : un groupe d'hommes en désaccord sur tous les points ne formerait plus une communauté et ne connaîtrait plus ni paix intérieure ni collaboration sociale ni langage commun. Mais un tel dénominateur commun (cf. § 8a) ne satisfait pas l'individu, qui n'y trouve pas ce sens de l'existence qui pourrait orienter ses choix et ses actions : ce *bien* de la société, celui selon lequel elle vit, n'est pas le bien moral qu'elle proclame encore (ou ne proclame plus). Ce qu'il trouve n'est que la condition nécessaire, mais nullement suffisante d'une vie sensée. Dans le sein de la communauté, il est isolé et, isolé, il est opposé aux autres qui « ne comprennent pas de quoi il s'agit », mais comprennent, trop bien parfois, qu'il est traître à ce qu'ils considèrent, selon leur manière de parler, comme naturel et évident.

Ce qui produit cet isolement, c'est la constatation que même ceux qui se réclament encore d'une morale la bafouent dans leurs actes et que les buts qu'ils poursuivent ne concordent nullement avec elle. L'héroïsme, l'honnêteté, l'amour du prochain, le désintéressement, la foi en la providence divine, l'équilibre de la personne complètement développée, le sens de la beauté, rien de ce qu'ils vantent comme des biens, des valeurs, n'influe en fait sur leur vie : ce sont des sujets de discours publics, des thèmes édifiants, à moins que ce ne soient des idéaux et des règles qu'on prêche aux autres pour atteindre plus facilement des buts qu'on n'avoue pas. Le naturalisme le plus cru apparaît comme supérieur à l'inconscience de la plupart des prétendus fidèles de la morale : quoi qu'il en ait, il constitue une autre morale, de grandeur, richesse, puissance, etc., mais qui, elle, avoue ce que ses adhérents veulent vraiment. Cependant, tout en valant mieux parce que l'on sait du moins à quoi s'en tenir, c'est encore une morale parmi et contre les autres, ni plus convaincante, ni plus solidement fondée que celles qu'elle veut remplacer. Et elle a l'inconvénient, purement technique, si l'on veut, de détruire ce qui reste de communauté, de déchaîner la guerre de tous contre tous. Elle assigne bien un sens à la vie, mais ce sens est encore arbitraire, et la métaphysique sur laquelle elle s'appuie n'est pas plus solide qu'elle-même.

*b.* L'individu se trouve ainsi déchiré. D'un côté, il appartient à sa communauté, et il sait que la vie humaine n'est possible qu'à l'intérieur d'une communauté. C'est elle qui fournit ce qui lui est nécessaire, non seulement pour son existence biologique, mais encore pour sa vie morale et intellectuelle ; en dehors de toute communauté, il lui serait, à la rigueur, possible de survivre, non de vivre en homme : même la pire des communautés donne à l'individu la possibilité (et la réalité) du discours, de l'éducation, de la conscience de soi — et où il n'existe rien, rien ne peut être amendé. Mais tout en lui rendant ce service essentiel au sens le plus propre du terme, tout en étant ce qui fait de lui un être humain, sa communauté le mécontente et le rend insatisfait, précisément parce qu'elle lui transmet l'idéal de la satisfaction, d'une vie sensée.

Où chercher cette satisfaction ? Le problème doit être soluble : l'individu ne se trouve-t-il pas entouré de gens satisfaits ? Ce qui le distingue d'eux, à ses propres yeux, ce n'est qu'un point, mais décisif : sa satisfaction ne doit pas être arbitraire. Il lui faut une assurance, c'est-à-dire, une théorie de la satisfaction qui soit vraie, vraie par nécessité, qui, une fois clairement exposée, soit convaincante pour tout être humain, telle que tout être humain reconnaisse la possibilité, la certitude de sa satisfaction dans la satisfaction que la théorie lui propose, telle que, pour le dire autrement, le débat des morales soit tranché une fois pour toutes, ce pseudo-débat qui ne sera que lutte jusqu'à la découverte d'un fondement absolu, d'un principe nécessairement commun.

Ce n'est pas une science particulière ou un savoir traditionnel qui fourniront ce fondement : seules pourront y conduire la compréhension et la solution du problème, de la tâche, non d'une satisfaction mais de *la* satisfaction. L'individu qui se sent et sait membre de sa communauté et sous l'influence de la morale qui l'a formé s'oppose ainsi à lui-même en tant que doutant de cette morale. Il cherche *la* morale, et *la* satisfaction. Il sait que la plupart des hommes ne sont pas sincères en rendant hommage à la morale de la communauté ou que, sincères, ils la refusent et la dégradent au rang de moyen bon pour tromper les naïfs. Mais c'est surtout en lui-même qu'il observe la lutte entre le traditionnel et l'exigence de l'absolu, et c'est là qu'il découvre les ressorts psychiques, les tendances animales, les besoins vitaux que la morale traditionnelle a dû enchaîner et a enchaînés pour rendre possibles la coexistence et la collaboration des hommes, c'est-à-dire, la communauté, comme c'est là qu'il assiste à la révolte de ces « instincts » contre la règle, non seulement contre cette règle-ci, mais contre toute règle ; c'est là enfin qu'il finit par constater que la révolte contre la morale existante peut cacher celle contre la communauté en tant que telle et, en ce sens, contre l'humanité de l'homme. Non seulement les autres, lui-même porte en lui la puissance du mal, quand bien elle n'y passerait pas, maintenant, en acte.

*c*. Dans cette situation, une issue s'offre à l'individu. Il peut échapper à ce déchirement, à ce dédoublement de lui-même en lui-même, en renonçant à ce lui-même, en renonçant non seulement à toute action, mais à toute pensée d'action. Il renoncerait, du même coup, il est vrai, à toute pensée, chaque pensée particulière se rapportant, immédiatement ou par des intermédiaires, à l'action dans la communauté : c'est l'action déterminée, particulière, ne fût-elle que projetée, qui est la racine de l'intérêt particulier dont naît la pensée particulière. Mais l'individu, se détruisant en son individualité, détruisant en soi tout contenu, accède à la paix. Ce ne sera pas la paix du conflit résolu, ce sera celle du silence et du vide. Mais ce sera la paix.

Il est de la plus haute importance de garder toujours présente à l'esprit cette possibilité, de dissolution plutôt que de solution : c'est en opposition à elle et par le refus qu'elle lui oppose que se détermine et se crée la philosophie morale, que l'homme se décide à la philosophie morale. C'est par la réflexion sur son *problème*, par la volonté de *se* comprendre, que la réflexion devient philosophie ; et la philosophie morale se situe à mi-chemin entre la certitude sans réflexion de la morale concrète, traditionnelle, qui n'a pas subi l'épreuve du contact avec d'autres morales ni celle du doute qui en naît, et le nihilisme radical de cette réflexion immédiate de l'individu en lui-même (nihilisme infiniment plus radical que tout ce qui, depuis un bon moment, est dépeint sous ce nom pour bien-pensants en mal de pensée moins bien-pensante), le nihilisme du silence absolu, silence intérieur avant d'être extérieur. La philosophie morale garde, elle aussi, la nostalgie d'un monde sensé en, et par, lui-même et qui n'exige pas de l'homme qu'il donne un sens à son existence ; mais elle refuse le refus nihiliste et, par une décision que rien ne saurait ébranler (ni imposer à qui n'en veut pas), elle est et se veut convaincue que, une fois refusé le nihilisme, la nostalgie n'est que verbiage, rêve, pur mirage, à moins que l'homme par son action morale ne réalise et ne retrouve l'unité en unifiant le monde dans un *sens* qui l'unifie lui-même. La philosophie morale naît quand l'homme, refusant le choix, toujours possible, de l'absurde et du silence, comprend à quoi il s'oblige par ce refus — et elle deviendrait elle-même pour elle-même, incompréhensible si elle oubliait cette origine.

*d*. Le problème est posé par l'individu, et c'est pour lui qu'il se pose.

Cela n'implique nullement que la solution doive être trouvée sur le plan de l'individu et de son individualité empirique ; il se peut, au contraire, qu'elle doive être cherchée, sinon dans le dépassement de l'individu et de l'individuel, du moins dans une voie qui élève l'individu au-dessus de lui-même et ne le conserve pour lui-même que dans la mesure où elle lui permet de se dépasser. Bien plus, il s'est déjà montré que le dépassement de l'individu est inévitable, qu'il l'a effectué lui-même en posant le problème de sa morale comme celui d'une morale universelle et non-arbitraire. Mais l'individu, dans la situation qui, pour l'instant, est la sienne, ne sait pas encore que lui-même se met lui-même en question (le mal en lui n'est pas lui, il lui est intérieurement extérieur) et que lui, qui cherche, comme il dit, ce qui est *vraiment bien*, ce qui donne *vraiment* un sens à la vie, veut ainsi *se* saisir. Cependant, l'individu sent et sait qu'il ne s'accepte pas tel qu'il se présente à lui-même dans l'expérience, comme être naturel : en cherchant la morale, en refusant comme arbitraires tous les projets moraux qui visent la réduction de l'être moral à l'être naturel, il s'est déjà transcendé, et son dédoublement est, en fait, celui de l'être qui, étant individu, se veut, en tant qu'individu, plus qu'individu — qui, tout en étant individu, veut être *l'*individu, veut trouver une réponse qui vaille pour *l'*individu, pour tout individu, et pour lui-même dans la mesure où il n'est pas seulement cet individu, mais *l'*individu, être humain toujours individualisé par sa situation empirique, son caractère, la morale dans laquelle il a été élevé, la communauté à laquelle il appartient, mais universel dans et par cette individualisation qui est, du point de vue qu'il a atteint, celle de *tout* individu, pour grande que soit la différence entre les formes de cette individualisation par le particulier. La philosophie morale sera la prise de conscience de l'acte, déjà accompli, dans lequel l'individu se transcende pour se saisir.

*e.* On présenterait le même déchirement de l'individu en lui-même à l'aide des concepts de positivité et de négativité. Serait alors positif la morale donnée, existante, condition de l'existence de l'individu biologique et historique ; serait négatif le dépassement de cette morale, la volonté d'universalité (ou d'une universalité plus grande). Cette présentation aurait l'avantage de rendre plus évident le lien entre morale et histoire : la volonté de renouveau moral (et politique) se montre alors comme volonté révolutionnaire, volonté de négation de ce qui existe en faveur de quelque chose qui n'est pas encore. Mais, pour le présent propos, cette manière de parler (et de penser) comporterait des inconvénients assez graves : c'est qu'elle *objective* le problème moral et l'élève immédiatement à un niveau qui n'est pas celui de l'individu dans sa réflexion morale. La décision individuelle et que l'individu veut individuelle (que dois-je faire ?) est jugée selon son résultat historique : jugement inévitable, non seulement admissible, mais quand il s'agit d'histoire et de politique, c'est-à-dire, d'aspects du tout de *la* philosophie, pour laquelle l'universel n'est plus à atteindre, mais atteint et posé. Le donné historique, simple passé et point de départ, est alors ce qui donne à la négativité son objet, et le positif s'épuise, quand à l'essentiel, dans cette fonction de contrefort pour la négativité. Pour l'individu devant et dans le problème de la morale, la situation se présente, si l'on veut employer la terminologie du négatif et du positif, sous un aspect diamétralement opposé : la morale existante est ce qui le nie, qui lui dénie le sens de son existence, et ce qu'il projette, ce qu'il exige, est seul positif à ses yeux ; c'est l'empirique, l'historique, qui se montre à lui comme négation de lui-même, de ce qu'il veut, de ce qu'il pense devoir être, de ce qu'il est déjà pour lui-même — et la philosophie de la négativité dans l'histoire a beau lui faire remarquer que ce qu'il veut être, il ne l'est pas encore, qu'il est donc négativité, non-être, non-encore-être : lui-même se voit comme anticipation présente, actuelle, agissante. Il est universel, maintenant, dans et par sa volonté d'universalité positive, volonté, si l'on y tient, de négation, mais, pour lui, négation de ce qui le nie, lui qui a tout le positif de son côté.

*f*. Ce que l'individu cherche est une morale universellement valable, c'est-à-dire fondée par et dans le discours, une *théorie*. Ce n'est pas d'une théorie des morales qu'il s'agit pour lui : c'est du refus d'une telle théorie, que le relativisme et la sophistique lui avaient offerte, qu'il prend son départ. Ce n'en est pas moins une théorie, non, du moins immédiatement, un système de règles positives. Précisément, ce qu'il vient de comprendre, c'est que tout système positif succombe au scepticisme moral et, à peine apparu, apparaît comme arbitraire, un parmi d'autres, un comme les autres. Il lui faut la vérité au sujet de la morale, vérité valable pour tous, non seulement justifiable, et seulement dans le cas le plus favorable, par sa cohérence non contradictoire à partir de prémisses, d'exigences, de valeurs quelconques. *La* morale ne naîtra qu'une fois résolue la question de la nature de la morale.

Ce sera donc une théorie de la nature de la morale, mais qui reconnaîtra l'indépendance de cette *nature* par rapport à la nature tout court. L'existence de l'être moral a bien son fondement *naturel* dans cette nature des naturalistes, mais ce n'est pas à partir d'elle que le problème de la morale sera compris, comme ce n'est pas d'elle qu'il naît bien qu'il naisse en son sein, ni à elle qu'il puisse être réduit : l'homme moral (l'homme qui se veut moral) se sait animal, mais animal dont l'animalité, qui tente toujours de le nier en sa moralité, est niée par lui-même en faveur de la positivité d'un sens humain de son existence animale. La philosophie morale est ainsi théorie, mais théorie avant d'être (et afin de pouvoir être) pratique.

Cette théorie, développée par l'individu et pour lui-même, devra être théorie au sens fort, c'est-à-dire universelle. Le dédoublement, constitutif du problème moral, réapparaît ainsi sous une autre forme. C'est pour lui-même et en lui-même que l'individu moral pose et veut résoudre son problème ; mais il sait qu'il ne sera content de cette solution qu'à condition que celle-ci soit sans référence à lui-même : elle ne doit pas répéter la morale traditionnelle, fût-ce en la libérant des contradictions et des incertitudes qui pourraient s'y être glissées, encore moins doit-elle être au goût et à la mesure de ses propres penchants, désirs empiriques, préférences personnelles. Elle doit lui indiquer le moyen de trouver le contentement, mais le contentement de tout individu, de *l'individualité* — terme surprenant et, par là même, significatif, puisqu'il contient, à la fois, l'universalité du concept et la non-universalité de ce qu'il désigne de façon universalisante.

*g*. Ce que cherche l'individu moral (qui veut se moraliser, découvrir *la* morale qui le rende *vraiment* moral), c'est la satisfaction, l'apaisement de son inquiétude au sujet du sens de sa vie, la réconciliation intérieure qui supprime le conflit et le déchirement — en un mot, le *bonheur*.

On s'expose à de grands dangers en employant ce dernier terme. Cependant, il reste préférable à tous les autres que la tradition offre. Non seulement indique-t-il que la réflexion et, partant, la philosophie morale constituent des entreprises humaines et visent un but. Il s'y ajoute que, pris en son sens original et correct, il ne comporte aucune référence à quelque anthropologie que ce soit, à aucune science positive, à nulle métaphysique, comme c'est le cas de tous les autres concepts qui désignent des buts (parfois en se présentant comme concepts de motifs). Il répond simplement au désir de l'homme de se trouver assouvi, rien de plus, et il admet toutes les conceptions de la nature de l'homme, sans renforcer la tentation toujours présente de vouloir comprendre la morale, dans son intention et sa recherche mêmes, comme dérivée d'une quelconque positivité, d'un donné, d'une évidence. En un mot, il s'agit d'un concept formel.

Il n'en est pas moins vrai que, pour une tradition aussi multiforme que répandue, le mot demeure inquiétant. Il ne sera pas superflu d'indiquer brièvement la nature et les racines des malentendus à son sujet. Le refus opposé au terme (plus peut-être qu'au concept qu'il désigne) provient, en premier, lieu d'une confusion : on identifie *eudémonisme* et *hédonisme*, concepts aussi opposés que deux concepts peuvent l'être à moins d'être purement contradictoires. L'hédonisme prétend avoir trouvé la solution du problème du bonheur, solution scientifique, évidente, allant de soi : l'homme cherche le plaisir avant toute autre chose. La théorie est absurde, on le sait au moins depuis Platon, le Bouddha, et l'Ecclésiaste ; quand on veut la défendre, on est forcé de donner au mot plaisir une définition telle qu'elle vide l'expression de son sens courant et fait d'une solution un problème : si c'est un plaisir de se sacrifier pour sa patrie, de monter sur le bûcher pour sa religion, de mourir pour ses amis parce que la morale qu'on suit y oblige, tout, en effet, devient plaisir, et mieux vaudrait alors dire que l'homme a des motifs pour agir, ce qui n'avance guère celui qui voudrait connaître ces motifs et leur valeur. Mais rien ne découle pour l'eudémonisme de la fausseté de l'hédonisme.

L'autre raison de défiance est plus intéressante. On se dresse, cette fois-ci, contre l'eudémonisme même et déclare que, du point de vue de la morale, l'homme ne *doit* pas chercher son bonheur et que des buts tout autres *doivent* diriger sa vie. On évite ainsi l'erreur précédente. Mais — peut-être pour échapper à coup sûr à la confusion des concepts — on tombe dans une autre, analogue à la première et, oubliant que le désir de bonheur est celui d'un être qui se sait déchiré et malheureux en son déchirement, on veut voir une réponse dans ce qui ne fait que circonscrire un problème, et on retombe ainsi dans la première erreur. Sans doute, il n'est plus question de plaisir ; mais le bonheur est regardé comme un objet, une chose, un état bien déterminé, connu et que l'eudémonisme veut atteindre immédiatement, par les voies les plus directes, sans égard à ce que la philosophie morale développe ou a à développer. Certes, des formes d'eudémonisme (c'est-à-dire, certaines morales, car, nous le verrons, toute morale peut et doit être considérée comme eudémoniste) ont abouti à l'hédonisme, celui de l'être empirique (hédonisme vulgaire), celui de l'intérêt bien compris, d'autres encore qui, entre le désir et la satisfaction, connaissent des intermédiaires de plus en plus nombreux et importants. La critique s'y applique à bon droit : il suffira d'identifier l'hédonisme dans ces formes d'un prétendu eudémonisme ; mais ce sera la critique de l'hédonisme, non de la légitimité du concept de bonheur. Tout infondée qu'elle est ainsi là où elle se donne pour péremptoire, la critique a néanmoins le mérite de rappeler (sans savoir qu'elle le fait) que le bonheur cherché par l'homme à la quête d'une morale est, à proprement parler, *problème*, quelque chose qui est *jeté en avant* sur son chemin et forme obstacle à toute satisfaction immédiate, problème, non solution : l'homme connaît son malheur, il ne sait pas de quoi est fait le bonheur, et toute théorie qui prétend le savoir matériellement se caractérise ainsi comme hédoniste et naturaliste.

Dans l'acception correcte du terme, toute morale est eudémoniste. Même la philosophie morale la plus hostile à l'eudémonisme, celle de Kant (nous faisons abstraction — *cf. supra*, ce §, sous *c* — des morales qui prêchent le vide et le silence, qui nient donc la possibilité du bonheur) montre à une analyse tant soit peu poussée que, quoi que son auteur en ait, elle constitue une forme d'eudémonisme. Point n'est besoin de se référer à la reconnaissance, par Kant, d'un désir naturel de l'homme qui le porte irrésistiblement à souhaiter la satisfaction de son être empirique : si Kant n'admet pas que cette aspiration et le désir de satisfaction puissent fournir le fondement de la vie morale, il proclame toutefois que la vie morale de l'homme, vie d'un être dont les désirs dépassent les possibilités naturelles, ne serait pas possible si l'homme ne pouvait pas poursuivre, dans les limites tracées par la morale, ses fins naturelles, bien plus, s'il ne pouvait espérer un état futur dans lequel la volonté morale de la raison, volonté de l'universel et ainsi volonté universelle, soit, non efficace, mais rendue efficace par Dieu pour procurer à l'homme un apaisement et une satisfaction qui correspondent à son mérite. Malgré son importance, la thèse (curieusement aristotélicienne en ce qu'elle ne conçoit pas qu'un désir « naturel », c'est-à-dire, un désir de tout homme, puisse être frustré) n'est pas la thèse centrale ni la racine de la morale kantienne. Kant n'a jamais cessé[1] d'insister sur le fait que cette espérance reçoit ses lettres de créance de la morale, qu'elle ne saurait donc fonder : le fondement de la morale, c'est la conscience immédiate de la loi et du devoir que cette loi établit. Ce serait donc vraiment une morale non-eudémoniste, anti-eudémoniste — si seulement Kant, amené à poser la question du « mécanisme » de l'action de cette loi dans l'individu, n'était pas forcé de trouver une médiation entre l'universalité de la loi et l'individualité irréductible de l'homme moral. Il affirme, il est vrai, que l'homme moral ne doit pas chercher son bonheur et qu'il n'en a nul besoin (en tant qu'être moral, c'est-à-dire universel — il en est autrement, nous venons de le rappeler, du composé d'universel et d'individuel de « l'être raisonnable et fini »), il n'en sait pas moins qu'il faut à la loi un ressort : il n'y a pas de moralité de l'homme sans ressort. Ce ressort, c'est le respect, respect pour la loi, d'abord, pour soi-même en tant qu'être universel, raisonnable, ensuite : ce qui exprime simplement que l'homme moral sera malheureux, au plus profond de lui-même, à moins qu'il n'agisse pas pur respect de la loi et au mépris de tout bonheur empirique ; autrement dit, il ne fera son bonheur qu'en rejetant, non l'eudémonisme, mais l'hédonisme sous toutes ses formes. La morale ne vise aucun bonheur matériellement défini, pour raffinée qu'on choisisse cette matière ; mais la morale n'a son sens pour l'homme qu'en la possibilité de non-malheur qu'elle lui offre et l'espoir de bonheur qu'ainsi elle peut légitimer.

*h.* La morale se présuppose, en ce sens qu'il n'y a de problème moral que pour celui qui le pose. Personne ne peut être amené, par une réfutation, par une démonstration, à « se faire moral » au lieu d'immoral. On peut parfaitement refuser de poser la question du bien, du « vrai » bien, et celui qui voudrait prouver qu'une telle position est intenable se charge d'une tâche impossible : la question n'a de sens que pour celui qui la soulève, la soulève pour lui-même. Il est insensé, surtout du point de vue du philosophe de la morale (qui se veut moral), de vouloir déduire l'obligation à la morale de quelque chose qui ne serait pas moral et ainsi ne pourrait jamais fonder une obligation. Aussi bien l'homme de la certitude morale irréfléchie que l'homme de la morale totalement désagrégée et du retour conscient à la violence sont, par définition, incapables de comprendre de quoi on leur parle en parlant de « vraie » morale.

1. Pour être précis, il faudrait ajouter : après la *Critique de la Raison Pure*, dont la morale est fondée sur le désir de bonheur.

Sans doute, une éducation à la morale est non seulement possible, mais encore observable : l'appel à l'intérêt bien compris, aux instincts, aux habitudes, etc., est loin d'être inefficace, comme en est loin le dressage social que tout individu subit (sans que, d'ailleurs, la présence d'un éducateur conscient soit requise). A la limite, cette éducation se fait au moyen de la violence, employée pour combattre et soumettre la violence naturelle des individus et des communautés. En tout cela, il ne s'agit cependant ni de démonstration, ni de discussion au sens technique, sinon dans la mesure où l'on montre à l'adversaire que ses buts se contredisent, que, pour prendre un exemple privilégié, il n'est pas si purement violent qu'il veut bien l'affirmer, que la violence ne lui convient qu'aussi longtemps qu'il croit l'emporter, tandis que la violence supérieure des gens petits et méprisables mais associés lui paraît *inadmissible* — ce qui implique la reconnaissance d'un autre critère et d'un autre but que celui du succès violent. Le procédé produit souvent des résultats. Logiquement, néanmoins, l'effet pédagogique ne prouve rien : il suffit à l'adversaire de la morale d'accepter la possibilité de sa propre défaite et de voir, sinon sa victoire, en tout cas celle de son principe, dans sa propre disparition sous les coups des forts, quels qu'ils soient et d'où qu'ils tirent leur supériorité, pour que le défenseur de la morale soit réduit au silence (et, le cas échéant, à l'emploi de la violence, en vue de défendre la possibilité de la non-violence en sa propre personne).

Sur le plan de l'histoire et de la politique, le rôle de cette pseudo-discussion est positif. Au stade présent, une telle compréhension positive n'est ni exigée ni possible : c'est l'individu qui cherche pour lui-même ; et pour les autres seulement dans la mesure où chaque autre, en tant que *lui-même*, est individu. L'universel particulier et concret de la communauté n'entre dans son champ de vision qu'en tant que tremplin de sa réflexion et cadre, cadre de valeur essentiellement douteuse, dans lequel il rencontre les autres, chaque autre, mais chaque autre, à l'égal de lui-même, comme pur individu. La théorie qu'il veut élaborer n'est pas théorie de la communauté, de l'Etat, de l'action universelle (quoiqu'elle puisse, et, comme on verra, doive y aboutir) ; elle est d'abord destinée à fonder les rapports du sujet avec lui-même et, par la suite, avec tout autre individu, mais pris et compris en son individualité, non comme membre et partie intégrante et intégrée de la communauté.

10. *La théorie morale est infinie en tant que philosophie, mais le sujet de cette théorie (le mot* sujet *pris dans ses différents sens : auteur, thème traité, individu soumis à la règle) est essentiellement fini et compris comme tel.*

*a.* Il est impossible de découvrir une règle universellement valable, c'est-à-dire, valable pour tout individu en son individualité, abstraction faite de toutes les déterminations historiques et naturelles des individus, à moins de développer une théorie de l'individualité humaine. En effet, seule la connaissance du sujet qui se soumet à la règle et qui l'élabore pour pouvoir s'y soumettre peut fonder une théorie universellement valable et qu'acceptera tout individu dans la mesure où il voudra se maintenir dans son individualité (donc, ne pas se supprimer en faisant le vide en lui-même et en renonçant à tout rapport à d'autres individus, à toute action), mais chercher en même temps, de son côté, une théorie valable non arbitraire.

Or, toute théorie du sujet reste exposée à la tentation du naturalisme : comment concevoir une théorie qui n'étudie pas l'être humain tel qu'il est, et comment parler de cet être sans se fonder sur les caractères naturels de l'espèce ? Dispose-t-on d'une autre possibilité pour fonder la théorie morale ? Il n'en reste pas moins que toute théorie naturaliste, incapable, comme elle l'est, de comprendre la question à laquelle elle prétend répondre, au lieu d'apporter une solution, conduit, à travers une dissolution apparente, à la résurrection de la question initiale *(cf.* § 8 *b, c).* La philosophie morale ne dispose de rien d'autre que de sa propre existence en tant qu'exigence pour élaborer une anthropologie qui ne soit pas *scientifique,* c'est-à-dire, naïve et inconsciente de ses propres présupposés, mais philosophique. La prise de conscience, pleinement développée, de ce qu'elle veut, de ce qu'elle se veut, doit fournir à la philosophie morale son point de départ. Pour pouvoir avancer, elle doit saisir le sens et les implications de ce qu'elle a dit.

L'homme, avait-elle découvert, est un être vivant, il est *fini,* en ce sens qu'il se trouve toujours dans le besoin : il n'est pas satisfait, il cherche la satisfaction. Un être infini — l'être infini, car il ne saurait y en avoir plusieurs — trouverait tout en lui-même ; il n'aurait pas à poursuivre ou à attendre le bonheur, il en jouirait par le seul fait de n'avoir besoin de rien, de ne rencontrer aucun *extérieur* dont il dépende. Ce qui distingue l'homme des animaux, vivant dans le besoin et finis comme lui, c'est que son malheur est conscient : il n'a pas seulement des malheurs (et des satisfactions particulières, correspondant à des insatisfactions également particulières), il est malheureux, il veut ne pas l'être, et le bonheur qu'il cherche, il le veut vrai, c'est-à-dire, universel. Ainsi est-il au delà et au-dessus de ces malheurs particuliers ; il a compris que ce n'est pas tel besoin, pour pressant et désagréable qu'il soit, qui le rend malheureux, mais l'absence d'un bonheur total qui devrait exister, malgré, peut-être même dans, les besoins, d'un bonheur pour l'homme, et pour lui-même seulement en tant qu'homme. Son aspiration a déjà dépassé sa nature empirique, à laquelle, pourtant, il se sait lié : lui-même est au-dessus de lui-même, puisqu'il le veut ainsi, comme il est au-dessus de tout donné, naturel autant que moral, parce qu'il s'en sait insatisfait.

Il se définit ainsi comme ce qui est l'autre de tout donné — ce qui signifie qu'il s'interprète en fonction de ce donné au-dessus duquel s'il s'élève : il ne serait rien s'il n'avait pas ce qu'il pourrait dépasser. Mais sa réflexion ne s'arrête pas à cette observation ; au contraire, pour évidente qu'elle soit pour qui regarde le processus de la réflexion morale du point de vue de la philosophie, à laquelle cette réflexion ne fait que conduire, pour l'homme à la recherche de la morale elle est, sinon invisible, du moins négligeable. Lui, il veut savoir ce qui est vraiment bien, ce qui est le Bien, ce qui constitue et produit le bonheur. Sans doute, il s'oppose à ce monde, il le juge ; mais le rôle de ce monde, sa fonction positive en ce qui concerne la possibilité de tout jugement même négatif, lui reste caché : il se voit soi-même comme pure volonté d'universalité.

C'est donc cette volonté d'universalité, cette *universabilité* de l'homme, pourtant toujours fini et particulier, qui constitue, aux yeux de la pensée morale, la « nature » de l'homme. Nature paradoxale, puisque contraire à toute nature donnée : au milieu de ce qui n'est pas infini, de ce qui est essentiellement passager, périssable, voué à la disparition, cette « nature » se conçoit comme capable de saisir ce qui, intemporel plutôt que permanent, permet au particulier de se comprendre et d'être compris en vérité. L'homme saisit la vérité, non de telle existence ou de telle nature, mais celle qui soutient et sous-tend tout ce qui est, et, capable de cette saisie de l'intemporel, il est, dans la temporalité de son existence, dans le fini et le périssable de son individualité empirique, intemporel lui-même, dans toute la mesure où il embrasse ce qui, dans tout devenir, ni ne devient ni ne périt et qui donne son sens à ce qui, toujours, est *aussi* arbitraire, fortuit, insensé — y compris lui-même.

Or, comme cet intemporel n'apparaît qu'à ses regards périssables, qu'il reste et se sait fini, sa saisie de l'intemporel s'effectue dans le temps. C'est l'individu qui veut et doit s'élever vers ce qui ne connaît pas d'individualisation, et il n'y parviendra que grâce à la médiation du discours et de la discussion : quand tout sera dit, quand tous les discours auront été formulés et réconciliés entre eux, alors, et alors seulement, l'individu saura ce qui, derrière toutes les opinions et toutes les morales, est vrai et vrai bien ; alors seulement il aura compris comment les apparences, réelles elles aussi en tant qu'apparences, sont nées de ce qui les fonde : l'apparence, en effet, qu'est-elle autre que la réfraction de la lumière du bien dans les cristaux différents des vues individuelles et finies ? Comment existeraient-elles à moins d'être apparences du vrai ? Et comment, alors, ne révéleraient-elles pas ce vrai dès que seraient mises à jour d'abord, réconciliées ensuite, les contradictions qui les opposent les unes aux autres au niveau de l'individualité, mais ne les y opposent que *naturellement*, c'est-à-dire, comme forces violentes ?

L'homme est donc volonté d'universalisation. Ce qui le caractérise, c'est qu'il n'a pas une *nature* à la façon des choses, qu'il est toujours au-delà de tout caractère donné, que ce qu'il trouve en lui-même comme fait, structure, détermination, n'est pour lui que point de départ d'une transformation en vue d'une universalité qui ne soit qu'universalité : il est caractérisé par l'absence de tout caractère défini, définitif. Mais il n'en est pas moins individu et fini, et l'universalité n'existe en lui que dans le mode de l'universalisation, de la volonté d'universalité. De même qu'il ne possède pas la vérité et le bien, mais les cherche, de même il n'est pas universel, il veut l'être. Il est capable d'infini, mais à chaque moment de son existence, c'est-à-dire, en tant qu'être fini, il n'en est que capable.

Aussi l'anthropologie philosophique n'est-elle pas achevée et ne le sera-t-elle jamais : elle n'existe qu'en tant que refus de toute définition de l'homme. Le savoir philosophique de l'homme, comme l'homme lui-même, n'est réel qu'en tant que saisie d'une possibilité, voire, en tant que possibilité de saisie, puisque la saisie ne serait totale que si elle pouvait s'appliquer à la possibilité réalisée, laquelle ne serait réalisée qu'en présupposant réalisée cette science qui, à son tour, la présuppose achevée.

*b.* Cette possibilité, jamais complètement réalisée (ce qui signifierait qu'elle fût épuisée), toujours en train de se réaliser, dépend de ce contre quoi elle se réalise. Mais, comme nous l'avons noté, la réflexion sur cette condition de sa réalisation ne se montre pas, d'abord, à l'homme pris dans et par la recherche de la morale ; elle ne devient pas, selon un terme devenu courant, thématique. La condition même n'en existe pas moins, et doit, à l'analyse, se montrer présente dans la réflexion de l'homme de la morale. Elle s'y exprime sous la forme de ce qu'on peut appeler le conservatisme des moralistes.

C'est un fait qu'on ne rencontre guère, parmi les philosophes de la morale, un seul révolutionnaire. De manière correspondante, les révolutionnaires, même philosophes, ne sont guère moralistes, si ce mot désigne celui qui est à la recherche de la théorie de la morale. Ils sont, en revanche, régulièrement moraux, parce qu'ils ne veulent que transposer dans le domaine des faits ce qui, à leurs yeux, est évidemment moral et bien. Sans doute, celui qui est convaincu d'avoir trouvé la morale vraie pourrait se transformer en révolutionnaire ; mais il le ferait après avoir trouvé, non pendant qu'il cherche : Socrate n'a pas d'évangile politique à annoncer, Kant sait seulement ce que l'homme politique n'a pas le droit de faire. Ce qui est vaut donc aux yeux du philosophe de la morale, à titre de fait — et ce n'est pas un titre négligeable : c'est un fait que la communauté nourrit le philosophe, que, sans la communauté et la morale concrète qui la tient ensemble, qui la constitue à proprement parler, il ne pourrait pas s'adonner à sa recherche, et le philosophe de la morale n'est pas suffisamment aveugle ou dénué de bon sens pour le méconnaître. Aussi évitera-t-il de troubler la paix, la cohésion de la communauté : s'il semait parmi les autres le trouble qui est le sien, comment pourrait-il être sûr que, voyant leur existence privée de tout sens, ils ne se livreraient pas au désespoir, à la violence pure, à la destruction ? Il est vrai que ce sens est, pour le philosophe moral, sans fondement, arbitraire, fortuit, que même les meilleurs parmi ses concitoyens, quoi qu'ils en aient, ne sont pas sincères. Mais c'est une raison de plus pour ne toucher à rien : mieux vaut une morale douteuse que pas de morale du tout ; même reconnu par un seul groupe et ne valant que pour lui — et encore très partiellement, car on ne suit pas cette morale, sinon il n'y aurait pas de problème moral —, cet universel fort particulier n'en réfrène pas moins les passions de l'individu empirique, biologique : Socrate meurt pour la morale d'Athènes qu'il désapprouve, convaincu qu'en n'obéissant pas aux lois, pourtant injustes, il détruirait, quant à lui, la loi de la communauté et ainsi la possibilité de toute morale.

C'est que l'action de l'individu sur l'individu, sur lui-même ou sur autrui, n'est possible que dans un cadre qui garantit un minimum de cohésion sociale : l'animal dans l'homme veut être nourri et protégé. Il est essentiel qu'il y ait une morale. Mais il est tout aussi essentiel aux yeux de l'individu moral de se dépasser — et il voit qu'il n'y réussira que par l'intermédiaire de la discussion, par la confrontation non-violente des opposés. Ce qui l'intéresse n'est pas le fait qu'il s'élève au-dessus de *cette* morale concrète, mais qu'il s'élève au-dessus de toute morale accidentelle. Il ne discerne pas, à cette étape, que son entreprise ne se comprend qu'à sa place dans l'histoire, que l'intemporel ne se montre que dans le temps, qu'il ne peut vouloir *la* discussion que parce que, déjà, sa communauté l'a introduit dans *une* discussion. Mais s'il ne comprend pas que sa pensée est *informée* par ce qu'elle met en doute et refuse, il constate aussi la nécessité, technique pour ainsi dire, d'une règle sociale, si arbitraire qu'elle lui paraisse. Cependant, dans sa pensée, ce n'est encore qu'une nécessité technique : l'individu qui se veut moral se projette tout entier dans sa volonté d'universalité.

*c*. Traditionnellement, cette volonté d'universalité consciente d'elle-même et qui s'interprête comme la « nature » même de l'homme, est désignée par deux termes différents : raison et liberté. L'homme, en tant qu'il vise l'universalité, est raisonnable ; en tant qu'il est capable d'universalité, il est liberté : étant capable de raison, mais n'étant pas raison, il est aussi capable d'opter contre l'universalité et la raison.

Le rapport des deux concepts constitue un problème qui n'a pas cessé d'occuper, non seulement les philosophes de la morale, mais tout autant les hommes religieux (dans la mesure où ils n'adhèrent pas à une religion purement ritualiste, à une morale de la certitude), les poètes, tout homme, enfin, qui réfléchit sur ce qui lui apparaît, dans la vie de tous les jours, sous les noms d'obligation, devoir, chose à faire ou à ne pas faire, tentation, égarement. Les analyses antérieures *(cf.* § 7 *a*, § 9 *d)* ont montré qu'il s'agit en cela du dédoublement caractéristique de l'être moral, toujours au-dessus, et ainsi également au-dessous, de lui-même. *Liberté* et *raison* sont les titres sous lesquels ce déchirement devient thématique après avoir été senti et vécu par l'homme moral : la réflexion sur la morale existante et les morales historiques se transforme en réflexion de la morale sur elle-même. Ce qui préoccupe tout le monde (dans un monde où rien ne va plus de soi), cela même doit, à présent, être saisi par la théorie et sous forme de théorie.

Il appert alors que l'universel n'est pas réductible à autre chose qu'à lui-même, que l'universel n'est pas compris à la façon dont est compris tel objet, tel fait, telle donnée : il est ce à partir de quoi toute compréhension particulière devient compréhensible. Il n'en est pas autrement de la liberté, qui, elle non plus, ne saurait être saisie, tel un fait : elle fonde jusqu'à la possibilité du fait, car ce n'est qu'à un être qui n'est pas entièrement déterminé qu'un fait peut apparaître sur fond de possibilité, au lieu de simplement agir sur lui comme un objet agit sur l'autre sans lui être présent. Un rapport très étroit entre les deux s'annonce ainsi ; mieux encore, puisqu'elles renvoient l'une à l'autre et se réfèrent au même sujet, les deux constituent les deux aspects de l'unité fondamentale, qui est désignée comme cette « nature » de l'homme qui est essentiellement opposée à tout ce qui s'appelle naturel au sens courant du terme.

C'est précisément ce qui rend difficile à la réflexion d'accepter ce rapport. Si raison et liberté ne se séparent pas, si donc l'homme n'est libre qu'à condition de vouloir s'universaliser, c'est-à-dire, d'obéir à la raison, l'homme, ce que chacun regarde comme l'homme *réel*, l'homme *concret*, l'homme tel qu'il est *en fait*, cet homme est nié par la morale, privé de toute possibilité de satisfaction, de ce bonheur dans lequel la morale avait pourtant reconnu le seul but de la vie morale. Il y aura, peut-être, un bonheur pour la raison, si une telle formule a un sens, si un sujet du nom de Raison existe quelque part et peut être heureux ou malheureux : l'homme, certainement, ne connaîtra pas le bonheur.

Il serait parfaitement légitime de remarquer qu'une telle façon de voir, qui oppose à l'être raisonnable l'homme « naturel », ramène tout droit au naturalisme relativiste et s'expose ainsi aux critiques péremptoires de la philosophie morale. Cependant, toute vraie qu'est une telle remarque, elle est incapable de forcer un adversaire décidé qui se réclame de l'opinion commune. Elle est irréfutable, mais seulement pour qui veut philosopher, c'est-à-dire, parler d'une manière cohérente, de cette cohérence formelle qui n'est pas la philosophie, mais sans laquelle la philosophie n'existe pas : la philosophie (comme déjà la discussion) présuppose une option dernière en faveur de l'universalité, contre la violence[1]. En ce qui concerne plus spécialement la morale, aucune discussion ne peut *forcer* l'individu à poser la question de la morale (*cf.* § 9 *h*).

1. Cf E. Weil, *Logique de la Philosophie*[2] (Paris 1967), Introduction.

Il serait vain de vouloir convaincre l'adversaire de la morale philosophique (ou de la philosophie morale et de ses premiers résultats) s'il se décidait pour la violence. Mais l'adversaire présent ne va pas jusque là. Il en appelle aux faits, à la science, à la psychologie, à l'histoire ; il refuse la violence ; il ne croit pas qu'un problème scientifique puisse être décidé à coups de trique ou de canon : c'est dans l'esprit le plus *objectif* qu'il se dresse contre les prétentions de la philosophie. Aussi suffira-t-il de montrer que son propre concept de *fait* le conduit inévitablement, à seule condition qu'il reste fidèle à son principe d'objectivité, au point où la coïncidence de liberté et de raison s'impose.

Qu'est un fait objectif, scientifique ? Tout ce qui existe dans le monde, dira-t-on, objets, événements, rapports. Cependant, cette définition est incomplète. En effet, le domaine des faits serait ainsi coextensif à la totalité des particularités et des individualités. Or, non seulement la totalité des faits n'est pas donnée ; ce qui importe davantage, c'est que, supposée donnée, elle ne serait pas utilisable : de toutes les données connues, à plus forte raison de toutes les données connaissables, seule une partie peut être utilisée par la science — les faits importants, intéressants, cruciaux, etc. Toute science distingue entre forces et apparences de forces, observation fondamentale et épiphénomène, données brutes et facteurs sous-jacents. Le concept du fondamental (spécifique à chaque science) détermine ainsi ce qui est expliqué, réduit, éliminé : c'est la question que pose l'homme de science qui définit ce qui est *fait* pour lui. Or, il n'existe ainsi aucun argument *scientifique* qui oblige de poser telle question plutôt que telle autre : une vue anthropomorphe du monde, avec ses questions posées du point de vue anthropomorphe, n'est pas moins (ni plus) cohérente et sensée qu'une vue mécaniste, et une interprétation religieuse de l'histoire ne le cède en rien à une conception économique ou politique et ne leur est pas supérieure. Est fait ce qui intéresse dans un contexte ; ce ne sont pas les faits qui déterminent le contexte, c'est le choix du contexte qui détermine ce qui sera regardé comme fait décisif ou comme simple apparence.

De là, l'impossibilité de toute discussion entre les fidèles de deux *conceptions* différentes : ce qui, selon le premier, démontre, clair comme le jour, qu'il a raison, n'est pour l'autre qu'un accident qui ne saurait rien prouver. Une seule exigence, cependant, reste commune à tous les contextes : ils doivent se présenter sous forme de théorie non-contradictoire et comme discours *objectif*, englobant tous les faits reconnus pour tels en fonction des questions initiales (des axiomes, des hypothèses fondamentales), sans quoi il ne s'agirait plus de science. En un mot, tout en étant libre en ce sens que rien ne détermine le choix de ses critères de départ, le discours de toute théorie *se veut* raisonnable.

Cette volonté ne sera pas entièrement efficace aussi longtemps que subsistera la pluralité non unifiée des discours et des principes. Il se peut donc que la lutte violente fasse sa réapparition. Mais elle le fera contre la volonté d'hommes qui ont pour principe fondamental commun celui de la discussion non-violente — volonté assez forte pour souvent leur faire établir un accord au sujet de leur désaccord, ainsi neutralisé. Or, si les faits scientifiques devaient s'opposer à la morale, au principe du non-arbitraire, il faudrait prendre position en faveur d'un axiome autre que celui du discours cohérent, et le seul autre serait celui de la violence : elle seule peut se refuser à la raison du discours, parce que, dès le début, elle a opté contre elle. Mais pour la violence, il n'y a pas de science objective ni de faits scientifiques, parce qu'elle ne connaît pas cette volonté libre de cohérence « objective » qui établit des faits valables pour *tout le monde*, c'est-à-dire, pour tous ceux qui refusent la violence et, avec elle, l'incohérence et l'arbitraire des simples affirmations. L'objection scientifique (qu'on nommerait mieux scientiste, puisqu'elle prend la science pour un fait premier, en un sens qui rendrait le terme de fait incompréhensible) qui veut combattre la philosophie de la morale en en appelant aux faits se contredit.

*d.* Il appert ainsi qu'en posant le problème de *la* morale, l'homme a opté pour l'universalité, c'est-à-dire, la raison — et l'a fait *librement* : il se détermine à la raison en toute liberté, et c'est en tant que volonté d'universalité qu'il se découvre libre. L'objection scientiste a révélé son impuissance. Il est vrai que la question de la nature du bonheur humain reste posée ; mais ce n'est pas le naturalisme qui y répondra : le philosophe moral sait que la science et ses faits ne réfutent pas la volonté morale, mais sont fondés sur elle et reposent sur une décision morale, sur la décision à l'universalité, la décision à la morale. Il sait ainsi que toute morale particulière, à plus forte raison ce qui est soumis et assujetti à chaque morale, les passions, les tendances, les désirs immédiats, l'animal dans l'homme, ressortit au tribunal de l'universalité : est immoral ce qui ne peut être universalisé, ce qui ne peut pas valoir pour tout homme, ce qui détruit la cohérence du discours humain par la contradiction, paravent de la violence prête à éclater. Mais il sait aussi que cette règle souveraine, et seule souveraine, est règle pour un être qui n'est pas seulement raison et universalité, qui reste sous la contrainte du besoin et du désir, qui peut seulement vouloir être universel sans jamais le devenir complètement : il n'y a pas de morale pour un être qui se suffit (c'est pourquoi toutes les « morales » de l'autarcie, religieuse ou autre, suppriment, idéalement, l'action et la communauté, reconnaissent tout au plus une communion des élus et des sages, et abolissent tout rapport entre des individus ayant besoin l'un de l'autre pour s'accomplir).

Il ressort de ces réflexions que l'homme choisit librement la raison, librement parce qu'il aurait pu, et peut, opter pour l'opposé de la raison, la violence. Or, s'il en est ainsi, il semble, une fois de plus, que la liberté ne coïncide nullement avec la raison. La thèse scientiste resterait, certes, réfutée ; la thèse du philosophe de la morale ne le serait pas moins et, ce qui serait particulièrement grave, par elle-même.

Si, en effet, la raison n'existe que pour celui qui la choisit, la liberté est antérieure à la raison : avant le choix de la raison (il n'est pas nécessaire de vider cet *avant* de tout sens temporel), il ne peut y avoir raisonnement, démonstration, nécessité logique, et la raison se réduit, par conséquent, à la liberté, ou, à tout le moins, la présuppose, tandis que la liberté reste irréductible à quoi que ce soit. Mais le simple fait de l'existence et de la validité affirmée de cette proposition conduit à une aporie. Ce raisonnement doit être vrai : s'il l'est, il ne peut l'être que raisonnablement ; et s'il est cela, c'est la raison qui fonde la liberté qui la précède. On se trouve en face d'un raisonnement circulaire.

De tels raisonnements, dus à l'emploi inconsidéré de termes mal définis et dont les différents sens n'ont pas été suffisamment éclaircis, fournissent à la réflexion une tâche précise et, en même temps, son point d'attaque : dans le cas présent, le paradoxe conduit à la distinction de deux sens du terme de liberté, l'un se rapportant à la possibilité de la philosophie en tant qu'activité humaine, l'autre, à la réalité de la philosophie constituée en auto-compréhension du discours humain. Il est vrai que la liberté choisit entre la raison et la violence et qu'elle effectue ce choix sans référence aucune à la raison constituée, qu'elle doit tout d'abord fonder : choix sans fond ni fondement, fond et fondement n'apparaissant qu'une fois le choix fait. Nul ne saurait donner de raison de son option pour la raison (il expliquerait, tout au plus, son choix, mais le ferait encore raisonnablement). En ce sens, on peut et il faut dire que l'homme est liberté indéterminée et toujours se déterminant : la liberté peut accepter, comme elle peut refuser, la violence, elle peut se placer du côté de l'animalité, de même qu'elle peut s'en détourner. Mais, et c'est ici le point décisif, l'homme ne peut *parler* de ce choix, il ne peut le découvrir (dé-couvrir) qu'après avoir choisi le discours cohérent et la raison. On a vu, et l'on voit, il est vrai, des hommes qui optent, délibérément et après mûre réflexion, contre la raison et cela, dans un monde qui est informé par elle et qui, ne serait-ce qu'en principe, s'est organisé contre la violence ; cela ne constitue, cependant, pas une objection : il suffit d'observer que, régulièrement, ces hommes *justifient* leur option, que, par conséquent, ils présupposent le discours avant de le nier ; ils ne pourraient le nier s'il n'existait pas. Le refus de la raison se produit chez eux trop tard : ils prétendent effectuer un choix raisonnable en optant contre la raison ; et ils amènent des raisons « scientifiques » qui rendent, à les entendre, cette décision inévitable pour qui, raisonnablement, se soumet aux faits. Bien malgré eux, ils confirment ainsi la thèse : raison et violence ne se séparent pour l'homme qu'après l'option pour la raison. Seul l'homme raisonnable *se sait* libre ; seul celui qui s'est tourné vers la raison peut comprendre, dire, proclamer qu'il aurait pu choisir autrement et que, à chaque moment, il peut encore le faire. Une fois que les hommes ont opté pour le discours, l'option de l'individu pour la violence elle-même est fonction de ce choix. Quant à celui qui serait violent dans un monde non informé par la raison, il n'aurait aucune conscience de son choix : il serait un animal.

Si donc la liberté est antérieure à la raison, cette antériorité même n'existe que du point de vue de la raison et du discours. On parlerait de la liberté comme de la *ratio essendi* de la raison, de la raison comme de la *ratio cognoscendi* de la liberté, si un tel langage ne présentait pas l'inconvénient de cacher, plutôt que de révéler, le rapport entre raison et liberté. La liberté, en effet n'existe que pour la raison : ce serait un contresens que de vouloir *parler* de liberté en faisant abstraction de la raison, de vouloir procéder d'un point de vue raisonnable, mais qui serait situé en dehors de la raison, de prétendre décider entre raison et liberté en juge détaché et désintéressé — en vertu de quelle loi ?, de quel principe ?, de quelle autorité ? La raison est liberté s'étant déterminée à la raison, mais qui se comprend seulement en raison comme ayant choisi et comme capable de choisir. La raison reconnaît qu'elle est incapable de se fonder elle-même et qu'elle naît d'une décision à la raison, qui ne saurait donc être imposée par des raisons. Mais elle voit aussi que l'homme n'est libre qu'en se sachant libre — qu'en se voulant raisonnable, si peu explicites que soient ce savoir et cette volonté. Pour la raison, la raison est la réalisation de la liberté, de cette liberté qui se saisit elle-même dans la raison et se comprend comme source et origine absolues, comme raison libre et comme liberté raisonnable. Parce qu'elle est *ratio cognoscendi* de la liberté, la raison en est donc aussi la *ratio essendi* : une liberté qui ne se saurait pas liberté serait simple indétermination, et ne serait même cela qu'au regard d'un être libre et ainsi capable de poser la question de la détermination. Et parce qu'elle est la *ratio essendi* de la raison, la liberté en est aussi la *ratio cognoscendi* : une raison qui ne serait pas libre serait une volonté d'universalité incapable de choisir et ne se connaîtrait pas, puisque seul un être libre est à même de se chercher, c'est-à-dire, de se détacher de soi-même pour s'opposer à soi-même.

11. *Dans le monde humain, tel qu'il lui apparaît, la liberté raisonnable (la raison libre) se veut elle-même.*

*a.* Tout désir, tout objet de désir, tout but particulier sont jugés par la morale (la philosophie morale) du point de vue de l'universalité (de la raison, du discours cohérent). Ce n'est pas que le désir ou le but particulier puissent être abolis ; mais pour être admis, ils auront dorénavant besoin d'une légitimation. La nature de l'homme, animal d'un côté, capable de raison de l'autre, reste ce qu'elle est, et il n'y aurait ni morale ni problème moral s'il en était autrement. Néanmoins, le désir naturel, immédiat, ne satisfait pas l'homme qui a posé le problème de l'universalité : l'animal humain connaît le plaisir comme il connaît des désagréments, l'un et l'autre parfois forts, transportant ou écrasant l'individu empirique. De bonheur et d'apaisement, il ne saurait être question à ce niveau, pas plus que de malheurs autres que biologiques (et, en ce sens, psychiques). L'homme de la morale et, de façon explicite, le philosophe de la morale cherchent autre chose et ne se contentent pas de l'euphorie et de la satisfaction accidentelles ; ce qu'ils demandent, c'est d'être réconciliés avec eux-mêmes, de voir rétablie l'unité de l'être double et déchiré. L'homme n'ignore pas qu'il est *besogneux*, plein de besoins et chargé de besognes, exposé à toutes les souffrances de l'animal, de l'être fini qui ne se suffit pas ; mais, tout en acceptant sa condition, il veut être heureux ; il demande — et il sait maintenant que c'est à lui-même qu'il le demande — un bonheur qui ne dépende que de lui-même ; ce qu'il cherche, ce n'est pas la simple abolition du malheur et du déchirement par l'anéantissement de tout contenu, du moi et du monde (*cf.* § 9 *c*), mais un bonheur positif, un contentement dont il puisse être sûr, un apaisement, sinon permanent — car l'être fini ne saurait être sans désir ou besoin à aucun moment de son existence empirique —, mais, en tout cas, tel qu'à chaque instant il puisse se le restituer en retrouvant, quelles que soient les circonstances extérieures, une paix en ce sens imperdable.

L'homme de la philosophie morale définit ainsi pour lui-même ce que *doit* être le bonheur. Il refuse ce qui pourrait le détourner de ce qui *doit* être la source intarissable de sa paix intérieure — et qui *doit* l'être, non point parce qu'une morale donnée, historique, « évidente », le voudrait ainsi, mais parce qu'il a compris que toute promesse de bonheur pré-établi est sans fondement. Ce *doit* est beaucoup plus philosophique (logique) qu'il n'est moral au sens de la morale traditionnelle : le bonheur *ne peut être* que la coïncidence de l'être raisonnable avec lui-même. Sans doute, cette coïncidence n'a de sens que pour l'être fini, à la fois animal et raisonnable, individu capable, mais aussi seulement capable, d'universalité ; cependant, l'individu, tout en restant individu, tout en étant mû par les ressorts du besoin et de la sensibilité, *veut* soumettre l'animalité en lui à la raison qui, l'élevant au-dessus de l'animalité, lui permet de chercher la paix et le bonheur : il n'y a pas de bonheur pour l'animal, qui, ne connaissant que des plaisirs et des peines venant de l'extérieur, dépend toujours de ce qui lui arrive ; seul le bonheur de l'universalité, de la réconciliation de l'être raisonnable avec lui-même, dans et malgré l'être fini, seul ce bonheur est au-dessus des contingences, qui sont le cadre et la prison de l'individu naturel.

Ce n'est donc pas *à l'aide* de la raison que l'homme cherchera le bonheur : la raison, l'exercice de la raison, la raison réalisée par l'homme lui-même en lui-même, *est* le bonheur. Certes, ce n'est pas l'animal qui sera contenté de cette façon. Aussi ne s'agit-il pas de contenter l'animal ou, plus exactement, ce n'est pas à la raison de le contenter : il s'en occupera bien lui-même, à quoi, d'ailleurs, la raison ne trouve pas à redire, à condition — mais cette condition est absolue — que ce contentement de l'animal ne s'oppose pas à l'exercice de la raison.

Bien plus, la raison n'existe que dans l'être fini, c'est en lui qu'elle s'actualise : elle est en acte quand elle domine ce qui n'est pas elle — et le mouvement que la raison doit dominer (*doit* du point de vue de la raison) n'est pas le mouvement de la raison, c'est celui de l'animal. Néanmoins, c'est l'être humain en tant que raisonnable qui veut être heureux—et il n'y a que lui qui puisse concevoir ce désir, essentiellement non-animal.

Ce qui précède peut se résumer dans la thèse que seul l'être raisonnable possède une volonté. Le concept de volonté a, en effet, ceci de particulier qu'il réunit en lui les deux concepts de liberté et de raison. La volonté est essentiellement libre, et tout aussi essentiellement est-elle raisonnable. Elle est, en elle-même, volonté d'universalité et de liberté : pour paradoxale qu'une telle expression puisse paraître, elle veut ce qu'elle est, elle se veut elle-même. Aussi la question ne peut-elle pas se poser de la liberté de la volonté. Le désir n'est pas libre et ne peut pas l'être, la volonté ne peut pas ne pas l'être : c'est elle qui s'oppose à toute condition, c'est pour elle, comme raison-volonté, qu'existent conditions, données, faits, c'est elle qui les découvre, les tire de la simple possibilité qui est la leur aussi longtemps qu'ils sont considérés, abstraitement, comme plongés dans la totalité indéterminée de ce qui est accessible à l'homme, et les découvre en posant librement sa question, en exigeant librement la cohérence des réponses.

En revanche, il serait parfaitement légitime de poser la question si les actes de l'être animal et raisonnable sont libres. La réponse est même évidente : puisqu'il s'agit du déterminé et de l'action dans le cadre de ce déterminé, tout acte dépend du donné, des conditions, des circonstances. Ce qui est libre, c'est le refus de tel acte ; l'acte choisi ressortit aux déterminismes du monde extérieur et aux déterminations intérieures de l'être fini, qui ne serait pas fini s'il n'était pas déterminé de l'extérieur et s'il ne connaissait pas de limites intérieures. Le choix n'est pas illimité ; les possibilités sont essentiellement restreintes. Ce qui reste, quelque étroit que soit le choix, c'est la possibilité d'opposer un refus à chacune des possibilités empiriques : à la limite, la volonté peut toujours abolir la nécessité d'un choix entre des possibilités qu'elle juge également inacceptables, en optant pour la mort : rien ne peut la forcer, pour nécessaire qu'il paraisse à l'animal de s'incliner.

Le critère qui guide son choix, la volonté raisonnable le connaît. Elle se l'est donné elle-même. Est illicite ce qui ne saurait être universalisé, ne serait pas acte admissible pour tout l'homme en tant que raisonnable — en un mot, mettrait la raison en conflit avec elle-même. L'homme est libre dans la mesure où il ne se soumet pas, sans plus, immédiatement, à ce qui conditionne, intérieurement et de l'extérieur, l'animal : la volonté n'est ainsi rien d'autre que l'être raisonnable et fini qui se veut raisonnable dans la condition qui est la sienne ; elle n'est pas une *faculté* de l'homme, elle est l'homme même, qui en elle se fait homme raisonnable et qui, se faisant homme raisonnable, se découvre soi-même comme libre d'une liberté que rien ne peut contraindre : encore la renonciation à la liberté reste un acte libre.

L'être raisonnable et fini est ainsi assuré de son bonheur à seule condition qu'il *se veuille* raisonnable : tout ce qui arrive à l'animal en lui ne sera plus, à ses yeux d'être raisonnable, qu'accident, plaisant ou terrible, mais accident. Il ne pourra pas s'empêcher de souhaiter que le bonheur soit *aussi* bonheur selon le désir de l'animal en lui, que le monde soit tel que le bonheur de l'homme entier soit assuré par l'ordre du monde. Il n'en reste pas moins que l'être raisonnable peut se réconcilier avec lui-même et peut être heureux en étant content de lui-même : si sa volonté s'est déterminée selon la loi qui est la sienne — sienne, puisqu'elle-même se l'est donnée —, la coïncidence avec lui-même de l'être qui, dans le malheur de son déchirement, cherchait une règle est présente dans l'être qui l'a reconnue. En tant que raisonnable, en tant que volonté raisonnable, l'homme n'a plus rien à désirer ; en tant que volonté purement raisonnable, l'être humain est infini et se sait maintenant infini, puisque à cet être raisonnable ne s'oppose plus rien qui le limite : si, animal, il reste soumis aux déterminations intérieures et extérieures, ces limites ne servent qu'à rendre concret et conscient l'infini de sa liberté. Le malheur de l'être fini ne sera plus jamais qu'un désagrément pour qui, libre, se veut raisonnable et ainsi libre. Décidé à ne jamais s'inspirer d'autres motifs que du respect de la loi de la raison, de la loi de sa propre volonté, de la seule volonté vraie et véritable, il sera un, en lui-même et pour lui-même, dans toute la mesure où il sera volonté de raison, volonté raisonnable, liberté qui se détermine selon sa propre loi et qu'aucune détermination naturelle ne parvient à déterminer.

*b.* Néanmoins, c'est l'individu qui agit, — ou plutôt, c'est la raison dans l'individu, mais non la raison tout court, qui n'aurait aucune raison d'agir. Aussi l'individu moral, pour universelle que soit sa volonté et sa raison, a toujours affaire à l'individu. Qu'il s'agisse de lui-même, qu'il s'agisse des autres, le champ de son action n'est jamais l'universel : l'idée même d'une volonté qui ne se *veuille* pas universelle, mais le *soit*, est contradictoire, toute action étant dirigée vers un but déterminé et ayant pour auteur un être qui, à partir de ses besoins et de ses désirs, doit se fixer des buts. L'infini de la raison humaine est celui d'un être fini, n'existe que pour un tel être et ne saurait être infini que pour lui : il n'y aurait pas d'infini pour un être qui serait infini, puisque cet infini ne s'opposerait à rien d'autre.

Le domaine de la philosophie morale reste celui des individus. Pour celui qui se soumet à la loi de la raison, qui veut, si l'on peut employer un tel terme, s'infinitiser, il y va de lui-même, de ce lui-même qui n'est ce qu'il est que parce qu'il est déterminé, celui-ci, non celui-là, et ainsi limité ; et ceux auxquels il a affaire sont comme lui, dédoublés en être animal et immoral et en raison universelle et universalisante.

Et il y a affaire : comme il a opté pour une vie dans le monde, qu'il a refusé l'accès immédiat à un universel vide (et du vide), sa vie morale est vie d'action, action sur soi, action sur les autres qui sont comme lui, action finie sur le fini.

Il n'y a, en effet, pas de différence entre les êtres raisonnables en tant que tels, tout être raisonnable soumettant ses décisions au critère de l'universalité, de *l'universabilité.* Chacun veut ce que chacun peut vouloir raisonnablement, c'est-à-dire, peut vouloir, puisque le terme de volonté raisonnable n'est qu'un pléonasme. Ce que l'homme moral s'interdit et s'impose, il peut le défendre et le demander à ses prochains, à ses égaux ; ce qu'il abomine ou approuve en lui-même, il peut, il doit le condamner ou le louer chez ses frères en raison. Il vit dans un monde moral, monde des êtres moraux où la victoire sur l'instinct et la violence aveugle est la vraie victoire, où la seule vraie défaite est de succomber à la tentation.

Or, ce monde est comme préformé dans le monde tout autre des ressorts animaux. A vrai dire, ce n'est que là qu'il peut exister, parce que là seulement existe le fond sur lequel il se détache. Sans tentations, l'homme ne saurait être moral, il ne serait pas homme, et c'est dans les besoins et les désirs immédiats, dans l'animalité que l'homme s'élève au-dessus de soi. Le monde moral est ainsi le monde des êtres composés, sa pureté est celle de l'impur, qui ne peut que toujours être en marche vers la pureté, mais ne sera jamais pur. La morale reste morale d'un être immoral dans un monde d'êtres immoraux (*cf.* § 6). Il serait insensé de parler d'un état dans lequel des hommes, tout en restant hommes, ne seraient plus exposés à la pression des besoins, ne dépendraient plus de leur nature, de leurs caractères empiriques, en un mot, seraient des dieux. Encore l'homme le plus moral n'agit, à moins qu'il ne renonce à la vie ou à tout contenu de l'existence, que parce que l'animalité en lui le rend *besogneux.* Il ne peut pas se libérer des besoins, il ne peut même pas désirer en être libre : ce serait encore un désir de l'animal, médiatisé par la réflexion, il est vrai, mais rien qu'un désir, contradictoire et qui voudrait exister tout en étant continuellement satisfait, c'est-à-dire, éteint. Il reconnaîtra, en l'admettant, le rôle du besoin et ce que la morale la plus pure lui doit.

Ce *dû* est grand : c'est le besoin qui, sous des formes plus ou moins évoluées, transformé peu ou prou par l'histoire et l'action passées de l'humanité, fournit à la morale le matériau dans lequel elle doit édifier le monde moral et trouver son contenu, ce à quoi elle s'applique. Car qu'est la morale historique, traditionnelle, positive, arbitraire que soumet à sa critique la morale philosophique, sinon l'organisation de la satisfaction des besoins humains ? Aussi la théorie morale ne peut-elle pas ne pas reconnaître la fonction de la morale « naturelle », celle qui, précisément, règle la vie des hommes « naturels », animaux calculateurs, mais animaux. La philosophie morale découvre ainsi (*cf.* § 10, *a, b*) qu'elle présuppose toujours une morale non-réfléchie, non philosophique, une morale qui existe et guide des hommes qui ne se posent pas le problème de la morale.

En face de cette morale, quelle est sa propre fonction ? Il est de son intérêt que cette morale se maintienne : les hommes ne sont pas naturellement philosophes, et ils tomberaient dans les pires égarements de la passion « naturelle » s'ils n'étaient pas tenus en bride par la tradition des habitudes, des mœurs, des institutions. Cela n'enlève rien au caractère fortuit, arbitraire, accidentel, de cette tradition, de ces traditions qui n'existent qu'au pluriel : elles ne sont pas les créations de la philosophie morale, qui les suppose créées, elles sont ce à quoi la raison a affaire. Non que la raison soit incapable d'aider la morale existante, au contraire ; ayant compris que le principe de l'immoralité est la violence immédiate, ayant compris, de plus, que la violence reprendrait son antique empire dès que les hommes ne pourraient plus s'entendre au moyen de la discussion et de la reconnaissance de principes communs, elle peut déceler ce que renferme de contradictions une morale historique, elle peut essayer de réduire ces contradictions à la contradiction première, celle entre violence et universalité du discours vivant et vécu, elle peut montrer aux hommes où les conduirait, contre leur désir le plus profond, l'incohérence de leur façon de vivre. Toutefois, la morale philosophique n'oubliera jamais que ce domaine des besoins et des nécessités naturels n'est que son champ et, en tant que tel, lui reste extérieur, qu'elle a intérêt à s'y intéresser parce que c'est là qu'elle doit et veut se réaliser, mais que ce n'est que son lieu et son terrain, non son âme : qu'il faille rendre le dépôt qu'on vous a confié si vous voulez à l'avenir pouvoir confier des dépôts à d'autres et en recevoir, cela est évident ; il ne l'est nullement que l'institution du dépôt doive toujours exister — il l'est, en revanche, que toujours et quelle que soit la forme particulière de la morale, il y aura, à moins que l'on n'accepte la destruction de toute possibilité de communauté, des formes du commerce entre les individus qui exigeront de chacun l'observation de règles bien déterminées.

Les formes particulières n'intéressent donc pas en elles-mêmes et par elles-mêmes la morale pure. Ce qu'elle exige, c'est qu'il y ait communauté formée et réglée, une forme et règle de la communauté telle que la cohérence (la non-violence) régisse les rapports entre les individus, tous également besogneux, tous également appelés à la raison. Mais allant plus loin, elle dépassera le niveau de ce qu'on peut appeler la vérification de la cohérence d'une morale donnée. Car s'il est nécessaire, du point de vue de la volonté raisonnable, qu'il y ait cohérence, la cohérence non-violente de la communauté et de son discours se montre rapidement comme condition nécessaire, mais insuffisante au regard d'une philosophie morale qui veut réaliser la possibilité de l'accord raisonnable avec soi. Si l'on se contentait de cette exigence première, l'homme ne serait qu'un être besogneux. Il ne sera, certes, jamais raisonnable à moins que l'animal en lui ne reçoive un minimum de satisfaction dans la sécurité d'une communauté réglée ; il ne sera cependant pas raisonnable parce qu'il la possède : pour l'être, il doit vouloir être lui-même, juger lui-même en vue de l'universel.

*c*. Sera donc supérieure la morale d'une communauté qui permet à chacun de se considérer comme être libre — ou, pour employer le langage de la communauté et des rapports entre les individus : comme responsable de décisions qu'il peut et doit prendre lui-même et lui seul. Et il ne sera libre et responsable que là où ses actes ne lui sont pas imposés par un maître, par un groupe dominant, là, par conséquent, où seul l'acte immoral, c'est-à-dire, opposé au principe de la non-violence et du respect dû à tout être raisonnable, est puni parce qu'interdit par la loi universelle, valable pour tous et pour chacun.

Il devient ainsi possible de parler de la moralité ou de l'immoralité d'une morale donnée, même en supposant que cette morale soit cohérente et qu'elle soit observée par ceux qui l'invoquent. Il ne s'ensuit cependant pas que, sous l'aspect de la positivité de ses règles particulières, même une morale hautement «morale» soit autre chose aux yeux du philosophe de la morale qu'une condition favorable : elle ne serait pour lui autre chose que si le philosophe s'arrogeait le droit d'édicter une morale concrète, *la* morale concrète. Or, une telle prétention serait insensée : *la* morale n'est jamais concrète, elle reste toujours critique, procédé d'amélioration d'une morale donnée et qui demeure, par définition, arbitraire quant aux formes historiques, aux conditions, aux intérêts qui lui donnent son caractère. Dans n'importe quelle communauté, à condition que les règles qu'elle suit soient cohérentes entre elles et n'interdisent pas à l'individu de chercher pour lui-même une vie raisonnable, le philosophe moral peut vivre en être moral, et peu lui importe qu'il soumette l'animal en lui à tel ou tel dressage, pourvu qu'il soit dressé et ne soit pas incité, par une morale moralement mauvaise, à se révolter à ou se prendre pour le tout de l'homme.

Ainsi poussé, le philosophe de la morale ira plus loin et portera, mais dans les mêmes limites, son intérêt sur la politique : n'est-ce pas elle qui arrange la collaboration, la coexistence des individus besogneux ? Mais son intérêt est, pour ainsi dire, négatif : il ne faut pas que la forme historique de sa communauté s'oppose à son propre progrès vers le bien moral, qu'en l'exposant à la peur et au besoin naturels, elle l'empêche de s'éduquer et de penser ses décisions, l'empêche, en un mot, de *vouloir*, d'être raisonnable. Il n'ira pas au-delà : avec cette seule restriction, il préférera un système cohérent qui satisfasse la majorité, serait-il peu satisfaisant du point de vue de la raison qui cherche la liberté et la responsabilité pour tous, à une politique insupportable aux autres, fût-elle bonne en soi, et qui provoquera donc, à la fin, la violence ; il se soumettra, s'il le faut, afin de ne pas détruire le bien de la paix en exigeant un bien absolu qui ne serait jamais atteint là où la paix ne règnerait pas : mieux vaut un mauvais maître que la lutte de tous contre tous. Aussi longtemps qu'il aura la possibilité de s'universaliser, d'agir selon la loi que la raison en lui s'impose et impose à son individualité empirique, il plaindra les autres, il ne se plaindra pas.

C'est aussi pourquoi l'histoire des morales ne l'attire guère, ni l'histoire tout court. Sans doute, il fallait à l'humanité un long progrès, une ascension ardue avant de se comprendre, dans la réflexion du philosophe, comme liberté et raison unies dans la volonté raisonnable de raison (de raisonnabilité). La pensée ne se serait pas dégagée de la gangue des besoins et désirs si l'animal n'avait été, à la fois, soumis et protégé. Mais arrivée à son terme, cette évolution n'a plus d'intérêt philosophique : ce qui est historique ne se comprend que comme préhistoire de la raison et peut être abandonné aux érudits. En elle-même, l'histoire est le domaine de la violence, de l'insensé ; elle cesse d'être absurde dans la mesure où elle cesse d'être histoire, où, quittant le champ des luttes, des compromis, des compromissions, elle se fait éducation idéale de l'individu raisonnable, biographie qui se construit, que l'individu raisonnable construit consciemment et consciencieusement, sur un sol que l'histoire s'est épuisée à lui préparer. En morale, l'individu a affaire à l'individu, à lui-même comme à chaque autre, rien de plus, rien de moins : de l'histoire, des circonstances passées, présentes, futures, il n'attend pas son salut, le bonheur de la réunion avec lui-même, et il n'en craint pas la damnation du déchirement inguérissable. Il désire raisonnablement, par la raison et pour la raison, que le monde se prête à la libération de l'homme et facilite à tout individu l'accès à la claire conscience de son être moral ; dans la mesure de ses possibilités, il agira pour contribuer à l'avènement d'un tel monde. Quant au succès, sans sentimentalité, sans peur, sans élan, calmement, il gardera sa foi en l'avenir et en un progrès constant, quoique peut-être non continu, vers la moralité des morales. Et il peut garder cette foi, parce qu'un monde qui n'est *donné* qu'à la liberté de la raison, ne saurait être absurde en sa totalité. Entre temps, c'est ici, maintenant, à sa place, dans les conditions présentes, que, libre et raisonnable, il pourra, parce qu'il le veut, se réconcilier avec lui-même en se réduisant à son vrai soi-même.

12. *La philosophie de la morale constitue, en se confondant avec elle, la morale philosophique comme morale universellement valable (pure) et, partant, formelle et négative. Son unique loi est celle du respect de la liberté raisonnable (de l'universalité) en chaque être humain. Elle garantit à l'être raisonnable qui suit la loi la possibilité du bonheur dans le respect justifié de la raison en lui-même.*

*a.* La philosophie de la morale s'était constituée à partir de la réflexion sur les morales historiques (positives), à partir, donc, du sentiment du malheur d'un individu qui voit que son monde a perdu la *certitude*, certitude d'un style de vie, d'une forme de l'existence, d'un code de comportement allant de soi. L'individu avait alors cherché une certitude non-arbitraire, et il l'avait découverte dans l'universalité : seul l'universel ne sera pas arbitraire, fortuit, douteux.

Ainsi, un nouveau concept de bonheur naît, non celui d'une satisfaction des besoins de l'animal, idéal trompeur puisque l'être fini ne cessera jamais de dépendre des circonstances qui limitent l'animal et l'animal humain, mais celui, essentiellement autre, de la coïncidence de l'être raisonnable avec lui-même en tant que raisonnable : faisant abstraction, non point de *la* détermination, de *la* particularité, *du* donné, en un mot, de son propre caractère fini, mais de tout *contenu*, nécessairement fortuit, de tous ces traits co-constitutifs de l'être humain, il s'assure de la possibilité d'un bonheur imperdable, du bonheur de celui qui n'a aucune raison (raisonnable) d'être mécontent de soi, combien grands et, à leur niveau, légitimes puissent être en lui les désirs insatisfaits de l'animal humain. Être à la fois fini et raisonnable, l'homme dépasse ce qui le définit.

La philosophie de la morale qui l'a conduit à ce point s'oppose à la réflexion sur les morales (qu'elle soit sophiste ou scientiste) en ceci que la morale n'est pas pour elle un *autre*, quelque chose qui lui soit extérieur : née dans l'individu esseulé, elle se comprend comme philosophie, comme pensée qui se veut universelle et qui est ainsi, elle-même en elle-même, volonté de raison et volonté raisonnable : elle-même est la morale, de même que la morale n'est ni séparée ni séparable d'elle dès qu'elle se veut universelle. La philosophie de la morale coïncide avec la morale philosophique : la réflexion achevée et qui se comprend ne fournit pas seulement la règle morale, mais l'est. Cette règle et ce concept de bonheur s'expriment, si une telle formule convient ici, l'une l'autre. Le bonheur de l'être raisonnable ne peut consister que dans la réalisation de la raison, de l'universel, en et par l'être fini et raisonnable ; la règle ne peut indiquer que l'obligation, pour qui veut ce bonheur, de cette même réalisation de l'universel : c'est cette réalisation qui *est* le bonheur de l'homme moral, c'est la recherche de ce bonheur qui guide les pas de l'être raisonnable.

Aussi discernera-t-on toute l'importance qui revient à un nouveau concept, celui du respect : le bonheur de l'être potentiellement raisonnable est de savoir qu'il n'a pas manqué à son obligation de bonheur raisonnable, d'avoir respecté en lui-même ce qui l'élève au-dessus de l'animalité et du malheur de l'animalité. Dans, plutôt que par, la philosophie morale, l'homme se comprend comme liberté raisonnable, raison libre, en même temps qu'il comprend qu'il lui reste toujours de se réaliser en tant qu'être raisonnable. Mais il sait qu'il peut toujours s'élever, que la possibilité d'un bonheur imperdable est, elle-même, imperdable pour qui la veut, pour qui, car c'est identiquement la même décision, *veut*.

L'universalité est ainsi, en même temps, fondement de la philosophie et règle de la morale. Est inadmissible toute action qui n'est pas dirigée vers l'universalité, la liberté, la raison, vers cette unité qu'est la liberté de la raison universelle ; est inadmissible toute action dont l'intention vise à autre chose qu'à la réalisation de cette liberté raisonnable dans le monde de l'individu empirique ; est inadmissible toute action dont la maxime est celle de l'être particulier, du désir, de l'intérêt individuel ; est inadmissible toute maxime qui traite l'être fini et raisonnable comme seulement fini, le transformant ainsi en instrument et objet ; est inadmissible toute maxime qui ne peut devenir celle de tout être raisonnable, qui ne peut devenir celle de tout homme sans que la violence et la lutte des intérêts personnels détruisent la communauté, en dehors de laquelle l'être besogneux ne concevrait même pas la possibilité de son propre dépassement.

Il s'agit, en somme, de vouloir la réduction du déraisonnable et, en ce sens, de l'inhumain dans le monde — de la vouloir : car l'individu reste sous l'empire des circonstances quant au résultat de ses intentions, et la meilleure, la plus pure des intentions peut produire le résultat le moins acceptable pour la raison. Mais aussi suffit-il de vouloir : que faut-il de plus que la conscience d'avoir voulu, au sens fort de ce terme, de n'avoir pas cédé aux tentations de l'individualité empirique, étant donné que c'est dans cette volonté, et en elle seule, que l'homme raisonnable atteindra ce respect de soi-même qui ne produit pas son bonheur, mais qui l'*est* ? Le monde est donné et ne peut être que donné, avec ses traditions, ses structures, sa morale historique ; mais dans ce monde, l'homme, en possession de la philosophie de la morale et de la morale philosophique, sait ce qu'il doit faire pour ne pas tomber dans le mépris de soi-même, pour n'être pas victime de ce seul malheur concevable pour lui. Il suffit, comme il est nécessaire, d'éviter ce qui s'oppose à la réalisation d'une universalité, d'une raison de plus en plus étendues dans le monde tel qu'il est, de respecter, en d'autres termes, l'humanité en lui-même, de respecter l'humanité dans tout homme, puisque tout homme, en tant que capable de raison, de volonté, de liberté, est mieux que son égal : il ne se distingue de lui que par ce que, tous deux, ils gardent d'animalité.

*b.* La morale philosophique sera, par conséquent, formelle et négative. Elle sera formelle, étant donné que le contenu des maximes vient à l'être raisonnable de la partie finie, besogneuse, de son être : un être sans besoins et sans intérêts ne connaîtrait pas l'action, ne connaissant aucun ressort qui pourrait le faire agir : la raison (la volonté), infinie en elle-même, est parfaitement incapable de se donner des intérêts, des penchants, des besoins ; elle est, par là même, incapable de formuler des maximes concrètes, lesquelles se réfèrent toujours à une situation, c'est-à-dire, à la nature besogneuse de l'homme. Tout ce que peut faire la raison, c'est de contrôler les maximes du monde et de l'être intéressé, pour décider si telle maxime correspond ou contredit à la règle de l'universalité, si, formellement, elle produit ou non une contradiction dans le monde qu'elle prétend maintenir en dehors de la violence : elle est acceptable si, pensée comme loi qui serait suivie par tous les hommes, elle ne détruit pas l'institution (des êtres besogneux et de leur communauté) qu'elle veut mettre à profit (de nouveau, en vue des besoins des êtres finis), si elle n'est pas en conflit avec le principe du respect de la raison (de l'humanité) en tout homme. Elle est correcte, si elle n'introduit pas la contradiction, si elle correspond à la forme de la loi (universelle et non-contradictoire). La morale pure ne promulgue aucune loi, elle vérifie la légalité, pour ainsi dire constitutionnelle, des lois existantes et des lois implicites dans les intentions.

Elle est ainsi négative, parce que formelle. Semblable au démon de Socrate, elle sait dire non, elle ne dit jamais oui. Que telle maxime, par ses implications et par ses conséquences, soit contraire au concept de la loi et de l'universalité, elle est parfaitement capable de le discerner ; mais le rejet d'une maxime ne conduit pas à la découverte d'une autre maxime. Si à la maxime immorale A répondait une maxime non-A à contenu positif, si, en d'autres termes, il n'existait que deux manières d'agir, la morale pure me fournirait une règle concrète. Ou plutôt, même alors, ce ne serait pas elle, étant donné que, de son point de vue, ce serait un fait brut que seules ces deux manières existassent dans le monde historique : elle-même n'aurait fait que me préserver d'une faute. Mais ce cas, favorable du point de vue de celui qui demande une morale positive, reste un cas idéal. Sans doute, il est vrai que je dois rendre le dépôt qu'on m'a confié, mais seulement à condition que je tienne à l'institution du dépôt ; si, en revanche, je tiens à ma maxime (de ne pas restituer le dépôt), il n'en découle, si je veux rester fidèle au principe de la morale philosophique, que l'obligation de construire un monde humain qui ignore le dépôt, peut-être, à la limite, la propriété privée, et l'impossibilité d'un tel projet, si elle peut être démontrée, ne le sera pas par des arguments moraux, mais à l'aide de raisons tirées, par exemple, de l'anthropologie empirique, sans même relever que l'homme, en tant que raisonnable, est libre, qu'il peut refuser tout système donné, fût-ce au prix de sa vie, voire, de celle du genre humain, et que rien ne s'oppose, au niveau de la morale pure, à une telle tentative de reconstruction de la société : sa seule condition reste entièrement négative puisqu'elle n'exige que le refus de l'incohérence technique des lois et de cette incohérence, également formelle mais autrement fondamentale, qui, le transformant en objet, empêcherait l'homme de choisir ses maximes en toute liberté et sous sa propre responsabilité.

*c*. La mentalité moderne a le plus grand mal, pas tant à reconnaître à cette morale une validité philosophique (d'ordinaire, on ne pose pas cette question) qu'à y voir autre chose qu'une sorte de tyrannie, scandaleuse et immorale parce que contraire aux plus profondes, aux plus naturelles aspirations de l'être humain, insupportable parce que dénuée de tout sentiment pour ce que l'existence humaine a de tragique, de grand et de noble. La réaction part de présupposés qu'il ne s'agit pas d'analyser ici à fond[1], mais qui sont autres que ceux de la philosophie morale, sans que leurs tenants remarquent qu'ils doivent s'appuyer, s'ils veulent être *vrais*, sur cette même morale de l'universalité et que ces arguments ne se conçoivent ni ne se comprennent que par référence à elle. On veut défendre les droits de l'individualité, nommée concrète probablement parce que ce concept est le plus pauvre de la réflexion sur la vie active (de la vie active), qu'il dépasse en universalité, mais en universalité de pure abstraction formelle, tout ce qu'a jamais exigé de ses adhérents la morale de l'universalité, concrète par comparaison parce que toujours s'appliquant, quoique formelle et parce que formelle, à une situation donnée. La preuve en est que devient concept fondamental — non seulement pour l'analyse critique, mais pour les penseurs du fini et de l'individualité eux-mêmes — celui de l'absurdité, de l'être-jeté (sans qu'il y ait lanceur ou dessein du jet), de l'énigmatique, tous équivalents en ceci que, tous, ils offrent à l'homme le confort du désespoir, confort réel puisqu'il dispense de toute décision fondée, c'est-à-dire raisonnable ; si l'on s'accommode de la nécessité, pour ainsi dire, technique d'une décision, on propose arbitrairement un sens de ce qui, par essence et définition, reste insensé, de telle façon qu'il suffit de se décider pour être soi-même, détaché des autres qui, eux, forment la masse, la *massa damnationis* de l'anonymité, de la mauvaise foi, de l'ordinaire.

La véritable destruction de tels préjugés s'effectue par la compréhension positive de leur sens et incombe à la logique de la philosophie (ou, si l'on préfère cette expression, à la philosophie développée en système) ; elle ne forme pas la tâche de la morale. Il est vrai que cette remarque constitue, sous un autre angle, une critique à l'adresse de la morale en sa totalité et en son intention. Comme nous l'avons noté dès le début (*cf.* § 1), la morale est accès à la philosophie, elle n'est pas la philosophie même : elle se tient et veut se tenir dans les limites du fini, de l'individu et des rapports entre individus (*cf.* § 10). Mais en le reconnaissant, on n'accorde rien à ces adversaires d'une morale qu'ils appellent formelle dans l'idée de lui porter un coup mortel : le problème dont nous venons de parler, ils ne l'ont jamais vu, et ils s'arrêtent à la protestation contre une loi qui leur paraît insupportable. Ce qu'on peut répondre à cette *prise de position* — car il ne s'agit de rien d'autre —, c'est que personne n'est obligé de penser, si par volonté de *penser* on entend l'obligation librement acceptée de développer un discours cohérent et qui comprenne ses propres présupposés, se comprenant ainsi lui-même. On est libre de choisir arbitrairement, de s'orienter comme on le désire dans un monde dont l'héritage historique rend le choix particulièrement riche. Il est plus difficile et, peut-être, moins amusant, de se demander ce que peut bien signifier l'expression de choix raisonnable. Ce que la philosophie de la morale fournit, c'est précisément une réponse à cette question : sous ce rap-

1. *Cf. Logique de la Philosophie*, ch. XII (Personnalité), ch. XV (Le Fini).

port, on peut regarder son entreprise comme destinée tout entière à donner une définition de ce que tout le monde veut dire en parlant de « bien » ou de « décision raisonnable », de « choix justifié » ou d' « acte convenable ». On peut protester contre ce qu'on appelle couramment raison et raisonnable et on peut le faire en toute sécurité intellectuelle : personne ne peut argumenter contre qui refuse l'argumentation. Mais il ne faut pas vouloir fonder la déraison sur la raison même : on ne dit plus rien quand on s'escrime à *démontrer* que l'universel, présupposé dernier en toute démonstration, n'existe pas.

Cela n'empêche pas que cette protestation possède un sens : la philosophie morale (la morale philosophique) ne refuse nullement la reconnaissance à ce qui s'exprime dans la protestation de l'individualité empirique. Au contraire, elle y voit le fondement de sa propre existence. Qu'est-elle d'autre, que veut-elle être d'autre que la conscience du conflit, constitutif de l'être humain, entre animalité et raison, désir et volonté ? Et serait-il possible d'insister plus fortement qu'elle ne le fait sur la révolte « naturelle » de l'être fini, l'être de besoins et de désirs ? Ce n'est pas elle qui ignore que la loi de la raison est loi, et contrainte en tant que loi, pour l'individu biologique, psychologique, historique, que la liberté de l'universel pèse à l'animal auquel elle s'oppose ; c'est qu'elle ne méconnaît pas ce qu'il y a d'irréductiblement besogneux dans l'être humain, qui n'est ce qu'il est que parce qu'il n'est pas naturellement satisfait, heureux, identique à lui-même. Elle ajoute seulement que l'homme qui cherche raisonnablement, qui veut s'affranchir de l'arbitraire, de l'accidentel, qui veut être heureux en tant qu'être raisonnable, non satisfait tel l'animal repu et dormant, — que cet homme, parce qu'il cherche en fonction de l'universalité, ne peut répondre à sa propre question qu'en termes d'universel, par l'universalité même. La logique n'amènera personne à poser cette question (bien que le cours de l'histoire ait amené une bonne partie de l'humanité à la poser — et à y répondre, sans qu'elle comprenne toujours ce qu'elle a en fait accompli quand le résultat de sa propre action passée lui est présenté dans un langage philosophiquement adéquat) ; mais la même logique veut qu'il n'y ait pas d'autre réponse que celle de la morale philosophique pour qui l'a formulée et veut la résoudre en évitant et en écartant des contradictions primitives.

Il est vrai que la philosophie de la morale ne fournit pas une morale concrète, qu'elle ne dit pas comment il faut s'y prendre pour construire un Etat ou en conduire la politique, transformer les structures de la société, choisir, ne serait-ce que pour soi-même, une forme de vie, bref, résoudre les problèmes qui se posent à la vie. Mais il est tout aussi vrai que les prises de positions nobles, profondes, authentiques et de quelque qualité qu'on veuille les orner, n'y servent pas davantage, à moins que, et avant que, elles ne soient pensées, c'est-à-dire, jugées selon le critère de l'universalité, critère que précisément la morale « formaliste » est seule à développer : même du point de vue du bon sens le plus ordinaire, il n'est pas souhaitable que des préférences arbitraires conduisent à la lutte violente et à la destruction de la communauté.

On peut remarquer à ce sujet que ceux qui parlent le plus volontiers de liberté concrète et de morale positive sont aussi ceux qui cherchent, et régulièrement croient avoir trouvé, des procédés infaillibles, scientifiques, nécessairement efficaces pour faire régner l'une et l'autre. Ils ne semblent pas comprendre que l'existence d'un procédé unique éliminerait précisément la liberté à laquelle ils tiennent tant : la nécessité existe dans la vie pratique, mais elle n'y est jamais qu'hypothétique, relative à des présupposés et à des buts librement choisis, et s'il est tout à fait possible de montrer que tel but, sous telles circonstances, ne sera atteint qu'à l'aide de tels moyens, il est absurde de vouloir montrer que ce but doive être choisi nécessairement, les termes de *devoir* et de *nécessité* n'allant pas bien ensemble. La morale n'indique qu'une seule chose, mais d'une importance absolue (absolue, puisqu'il s'agit de la définition de ce qui importe à la pensée et à la philosophie), à savoir, que certains buts, et certains moyens justifiés par de tels buts, sont intrinsèquement immoraux parce que l'homme y est réduit au rôle d'objet et parce qu'ils visent à le priver de sa liberté responsable et de la possibilité de trouver le bonheur de l'être raisonnable dans le respect de l'humanité en lui et en tout homme.

Sous un autre aspect, le même problème, mais vu comme celui de l'insensé de l'existence individuelle, donne lieu à des remarques analogues. La morale philosophique, formelle et formaliste, constituerait alors une tentative d'échapper à la temporalité de toute existence finie, une sorte d'évasion vers un éternel, un intemporel, qui déchargerait, de manière illégitime et déloyale, l'homme du poids de sa responsabilité authentique : au lieu d'assumer son sort, transcendant, mais transcendant seulement vers le néant de l'insensé, il se réfugierait, au lieu de donner, librement, un sens à ce qui n'en a pas et ne peut pas en avoir, dans la fausse sécurité d'une loi, non pour accepter sa responsabilité, mais pour la trahir. Il est visible que cette nouvelle présentation n'apporte rien de neuf. On parle comme si la philosophie de la morale s'efforçait de nier la limitation de l'individu, comme si elle promettait à l'individu que, tout en restant ce qu'il est, raisonnable et animal, il pût coïncider avec lui-même, comme si l'empirique, le biographique de l'individu dût être sensé par lui-même. La morale pure affirme exactement le contraire : selon elle, l'individu empirique n'*a* pas de sens, il doit se donner un sens et une dignité qui d'aucune façon ne sauraient lui venir d'un extérieur quel qu'il soit, et il ne faut pas en vouloir à la morale philosophique si elle ajoute que cela se fait, philosophiquement parlant, par et dans la raison. Ce qu'on peut lui reprocher — et nous aurons à y revenir —, ce serait plutôt d'aller trop loin dans cette voie, au point de s'interdire toute compréhension de ce qui est au profit de l'affirmation de ce qui doit être, oubliant ainsi que ce qui *doit* être *est* déjà en tant que c'est à présent qu'il doit être : le contenu dont, d'après elle-même, la morale pure doit se remplir pour pouvoir être — car si elle oublie facilement qu'elle est la morale pure d'une morale historique, elle sait que, dans le domaine fini, rien n'est qui ne soit quelque chose —, ce contenu reste, selon elle, l'apanage de l'arbitraire et de l'accidentel. Il faut dire, cependant, que les adversaires dont il est ici question sont le plus mal venus pour formuler ce reproche : la morale qu'on qualifie d'abstraite l'est bien du point de vue de la philosophie systématique, elle ne l'est pas le moins du monde du point de vue de ces critiques qui, par peur de perdre l'individualité, cette abstraction qui ne désigne que ce qui est le plus commun à tous les individus et est ainsi vidé de tout contenu, sacrifient jusqu'au lien entre l'universalité et l'individu qui affirme et veut cette universalité et décide raisonnablement dans des conditions qui restent toujours empiriques, — lien indispensable encore à celui qui affirme l'universalité objective de l'absurde et la morale pseudo-nihiliste qu'il en tire comme seule valable.

Poussés par une conscience obscure de la faiblesse de ces thèses, leurs auteurs essayent souvent de les étayer à l'aide d'une philosophie de l'histoire. A une telle entreprise, il n'y aurait rien à redire, bien au contraire ; mais la condition du succès est alors que cette philosophie de l'histoire soit *une*, et non seulement le titre d'une série, en principe illimitée, de constructions arbitraires. Le fait est, cependant, qu'aucune d'entre elles ne réussit à réduire ses concurrentes à l'aveu d'une contradiction interne ou, si un tel aveu ne les faisait pas reculer, à celui d'invoquer la seule violence. Dans le cas le plus favorable — et ce n'est que celui-là qui intéresse la discussion —, on se trouve en face d'un moralisme vague, d'une attitude qui reconnaît certains principes de certaines morales historiques et, frappée par les contradictions de son monde moral, cherche inconsciemment la cohérence sans jamais s'enquérir des fondements (ou de l'absence de fondements) de ses « valeurs » ou de son exigence de cohérence. Aussi ne rencontre-t-on pas facilement un plus grand choix d'appels, à la révolte, à la révolution, à la restauration des vrais liens, aux principes éternels, aux droits imprescriptibles, à l'autorité naturelle, chacun déclaré seul valable, seul fondé sur le vrai sens de l'histoire. A quoi il n'y a rien d'étonnant, puisque l'individu « concret », qui est ici le seul souci, est en tant que tel violent et ne se distingue des autres individus qu'en ce que chacun garde de *naturel* et de déraisonnable. Il est bien vrai que chacun peut, comme l'on dit, donner un sens à l'histoire ; il l'est également que rien ne peut obliger à changer de « sens de l'histoire » un homme prêt à assumer les risques très réels que comporte ce sens « personnel » au cas où la majorité des autres ou des puissants finirait par le regarder comme un danger public. Mais le martyre, qui est témoignage de ferme conviction, ne prouve pas que l'idée à laquelle adhère cette conviction soit vraie, et il se pourrait que les causes les plus mauvaises eussent trouvé plus de croyants héroïques que les bonnes, qui, elles, ne parlent pas souvent à la passion. En soi, pour le dire en passant afin de prévenir tout malentendu, la philosophie de l'histoire n'est pas seulement possible, elle constitue une exigence de la philosophie et, comme telle, elle existe, bien que souvent seulement de façon implicite : la philosophie, qui ne requiert que la constance dans la pensée, fournit à elle-même ce qu'elle exige d'elle-même. Mais cette philosophie de l'histoire est fondée — comment, autrement, pourrait-elle prétendre être vraie ? — sur l'universalité et ne peut donc trouver ses assises que dans la morale qui, ici, est mise en accusation.

*d.* La philosophie de la morale ne veut pas, parce qu'elle s'en sait incapable, donner une règle de vie ; elle n'entreprend pas, non plus, de réduire l'individu à l'universel : elle sait trop bien qu'ainsi elle le mènerait au silence et au vide. Elle reconnaît, elle présuppose, toujours et dans chacune de ses démarches, l'existence de l'individu fini, conditionné, absurde en tant que tel : mais tel qu'il est et ne peut pas ne pas être, elle veut qu'il se soumette à la raison, qu'il reçoive en lui cette universalité en laquelle lui-même — car cette philosophie n'existe qu'en lui — a reconnu le principe même de la question qu'il avait posée lorsqu'il s'était trouvé privé du contentement *allant sans dire* et de la certitude irréfléchie de la tradition. Elle soumet l'individu à une discipline, l'être fini et besogneux, non l'être raisonnable, qui, dans l'universalité, principe de toute morale justifiable, c'est-à-dire, non arbitraire, dans sa volonté d'universalité, se libère de la pression des circonstances, des sens, des désirs. Il s'en libère, il n'en est jamais affranchi : il se sait libre parce qu'il sait pouvoir dire *non* à tout ce que, à travers son animalité, le monde lui présente comme promesse et comme menace. C'est lui-même, en tant que raison-volonté, qui constitue le tribunal et juge les tendances qui sont les siennes en tant qu'il est être fini. Et le sachant, se reconnaissant tel que sa raison le présente, lui, être raisonnable, à sa réflexion, il sait aussi qu'il a toujours en son pouvoir d'agir de façon à se respecter et à être heureux (bien que l'être besogneux ne soit pas nécessairement content du même coup).

Pour montrer ce résultat sous un autre angle et le rendre ainsi, peut-être, plus acceptable, il peut convenir de le présenter à l'aide d'une autre terminologie. De nouveau, il s'agira d'une critique de la morale formelle, mais qui saisit le problème philosophique de la morale avec une conscience plus claire que ne l'avaient fait ses premiers adversaires, quoique la nouvelle thèse même ne soit pas mieux fondée que la première.

On procède en établissant d'abord que le langage de la philosophie ne saurait être que scientifique, objectif, sans préjugés traditionnels, qu'il ne saurait être qu'universel. A une telle thèse, le philosophe de la morale formelle n'hésitera pas à souscrire. La théorie affirme ensuite que toute morale concrète est arbitraire, mais que cet arbitraire ne peut ni ne doit pas être jugé d'après le critère de l'universalité. Au contraire, chacun doit construire sa morale, dans laquelle, sans doute, il respectera certaines règles traditionnelles, mais seulement pour autant qu'elles (et leur observation par les autres) sont requises pour permettre la construction d'une morale personnelle, d'une conduite qui incarne ce qui pour chacun est immédiatement le bien. En ce domaine, pas plus qu'en celui de l'art et des agréments de la vie, on ne saurait sensément discuter des goûts. Parce que la philosophie de la morale est objective et universelle, elle restera toujours incapable de fournir à l'individu le moyen de s'orienter dans la vie morale. Si donc quelqu'un prône une morale concrète, un style de vie, un système de valeurs, on peut être sûr de se trouver en face, non d'un philosophe, mais d'un poète ou d'un prédicateur, d'un homme qui ne veut pas convaincre à l'aide d'arguments, mais persuader en s'adressant à la sensibilité, aux intérêts, aux préférences de ses congénères. Ce qu'il recommande peut, ou non, correspondre à ce qui paraît bien à l'homme de goût moral que sera le philosophe (car ce n'est pas sa philosophie qui le guidera) ; mais aucun critère scientifique ou philosophique n'autorise à appeler bonne ou mauvaise une morale personnelle, la loi formelle pas plus que toute autre « loi ».

On accordera à la thèse tout — sauf ses conclusions. Nous aurons à développer en quoi elle à raison, même à renforcer et approfondir ce qu'elle contient de valable. Cependant, elle est erronée en ce qu'elle veut radicalement séparer la morale philosophique de la philosophie de la morale. On se contentera, pour l'instant, de noter que, ici encore, la critique repose sur un malentendu : on attribue à la morale philosophique une prétention qui n'a jamais été la sienne, et on ne discerne pas celle qui, d'après elle-même, la caractérise essentiellement. Elle ne veut pas prescrire à l'individu comment il doit vivre ; elle veut, en revanche, lui montrer qu'il y a des actions dont la maxime, quoi qu'il en pense et quelles qu'aient été ses intentions, n'est pas raisonnable, des actions donc qu'il ne peut pas *vouloir*, bien qu'il puisse les désirer et qu'elles puissent lui paraître, avant jugement raisonnable, désirables. Son but n'est nullement de dire à l'individu ce qu'il doit faire, et toute positivité de ses prescriptions n'est qu'apparente : si elle enseigne qu'il faut aider son prochain dans le besoin, la règle ne fournit pas la moindre indication pour telle situation donnée, elle ne laisse même pas apercevoir ce qui, ou non, est aide réelle dans tel cas et ce qui est, ou non, simple satisfaction accordée aux sentiments irréfléchis et en soi sans valeur morale de commisération et de pitié ; ce qu'elle exige, c'est qu'on n'abandonne pas un autre être humain qui a besoin de notre secours. Elle reste ainsi théorie, mais théorie morale, non seulement de la morale ; en tant que telle, elle laisse précisément la place à l'invention morale (terme qui ne sera justifié que plus tard, *cf.* ch. III), tout en soumettant les créations de cette inventivité au critère de l'universalité. Elle ne vise pas à constituer toute la richesse de l'individu : elle se veut juge d'une matière morale qui lui sera toujours, et nécessairement, fournie de sources dont elle ne dispose pas, mais qu'elle veut et doit (doit vouloir) contrôler. L'erreur de la critique est de ne pas voir que théorie de la morale et morale coïncident au niveau de la philosophie, probablement parce que, de façon plus ou moins consciente, on confond la morale philosophique avec telle morale historique positive, donc soumise au jugement de *la* morale, après avoir, pourtant, établi qu'aucune morale positive ne peut prétendre à la dignité de la vérité (philosophique). Au fond, on réfute une « philosophie de la morale » qui, n'étant que la mise en forme d'une morale historique, n'a jamais été la morale philosophique de l'universalité, du moins en droit et là où celle-ci se comprend elle-même (qu'il en ait été souvent autrement dans l'histoire de la philosophie explique l'erreur commise, mais ne lui prend pas son caractère d'erreur). Comme elle n'invoque que la vérité, la critique se fonde sur le principe même de la morale philosophique et ainsi, sans le comprendre, en reconnaît la validité, insistant seulement sur un aspect que cette philosophie elle-même n'est pas particulièrement portée à développer, à savoir la préexistence nécessaire d'une morale concrète et, en correspondance avec cela, l'existence actuelle d'une morale de l'individu qui ne saurait être purement formelle et négative, mais qui peut bien être bonne ou mauvaise.

*e*. Il y a lieu, cependant, de chercher ce qui fait la force persuasive des objections, depuis assez longtemps classiques, qu'on adresse à la morale formelle. On a pu juger de leur force probante. Il est d'autant plus probable qu'elles expriment une réaction qu'elles restent incapables de penser.

Ce que l'aversion contre la morale philosophique, formelle, négative, exprime n'est rien d'autre que la nostalgie de la certitude. Et en effet, ni la philosophie morale ni la morale philosophique ne fournissent à l'individu, à la fois animal et raisonnable, le contentement auquel il aspire ; elles ne le promettent pas, non plus. Mais loin de nier l'existence de ce désir et de cette nostalgie — désir naturel au sens aristotélicien, qui ne saurait être frustré naturellement —, la philosophie seule donne la possibilité de les *penser*, et la morale philosophique seule apporte, pour cette raison même, le moyen indispensable, quoique insuffisant, d'atteindre ce but. Elle ne fournit rien de plus, mais aussi rien de moins, que la possibilité de transformer un sentiment, toujours et toujours vainement révolté, en volonté d'action pour la réalisation d'un monde qui satisfasse à toute exigence raisonnable, c'est-à-dire, universalisable, de l'homme tout entier, de l'individu en son individualité raisonnable, de sa raison essentiellement individualisée par une morale historique et au sein de cette morale.

Concrètement, cela implique que seule la morale philosophique consciente d'elle-même peut conduire à la position correcte du problème philosophique de la politique, laquelle vise, fondamentalement, la satisfaction de tout individu raisonnable telle qu'elle vient d'être définie. Elle *peut* y conduire ; elle n'y conduit avec nécessité que celui qui, tout en reconnaissant comme absolument fondé ( et absolument *fondant*) l'enseignement de cette morale, ne se contente pas du respect de soi-même et de tout autre être humain ès qualités d'être raisonnable, mais exige, librement, l'aboutissement de l'action (action selon la morale autant qu'action de la morale dans et sur le monde). Or, comme la décision à une telle exigence est libre et ne peut pas ne pas l'être selon la morale, il n'existe pas d'argument moral qui puisse forcer l'homme moral à la prendre (ce qui ne doit pas faire oublier que, sans cette morale, l'exigence même deviendrait inconcevable). Il existe bien des réflexions qu'on peut suggérer à l'homme de la morale pour l'inciter à prendre ce chemin, il n'y a pas de démonstration ; tout au plus peut-on développer que, s'il refuse cette voie, il restera à jamais incapable de comprendre le tout de ce qu'il considère lui-même comme la réalité — observation à laquelle il peut se refuser en choisissant une définition convenable de la *vraie* réalité, en contestant le concept de réalité que son interlocuteur lui a attribué, et en niant que ce que lui-même désigne comme *fausse* réalité (apparence, épiphénomène, etc.) fasse, à un titre quelconque, partie de la *vraie* réalité. En un mot, la philosophie morale, aussi longtemps qu'elle ne se dépasse pas, rejette l'histoire et l'action politique en tant qu'action universelle[1].

Ce refus, du point de vue de cette philosophie, est justifié. Bien plus, même au jugement de la philosophie systématique, il n'est pas critiquable, mais seulement *dépassable*. Ce serait pourtant une erreur philosophique si l'on voulait voir dans un tel dépassement une sorte d'abolition de l'attitude de l'homme de la morale. On s'évertue souvent à supprimer la morale ; mais on joue alors les Balaam : plus on prêche la foi en l'histoire et en une science infaillible de l'action, et plus on rend évident que la morale ne saurait être écartée sans que tout fondement et toute possibilité d'une philosophie de l'histoire et de la politique sombrent dans l'absurde et l'arbitraire. Nous n'insisterons pas sur ce point, qui a été traité plus haut(*cf.* p. 62 s.). En revanche il importe de relever que l'histoire qui, comprise à partir de la morale, peut et doit guider les décisions et les actes de l'homme en tant qu'être politique (dans l'acception aristotélicienne de ce terme) ne réussit pas de l'orienter dans son existence d'individu fini.

Il est permis, et plus que cela, de dire à l'homme qu'il pose un problème moral s'il se limite à faire la paix avec lui-même, néglige tout ce qui a trait aux conditions d'existence de la morale dans le monde, traite son prochain en être raisonnable sans s'efforcer de lui procurer la possibilité de se voir lui-même dans ce rôle, sans tenter d'empêcher qu'autrui ne devienne ou ne reste l'esclave de la violence de ses propres passions et de celles des autres. Il n'en est pas moins vrai que l'individu ne peut pas attendre qu'un tel état de justice (ou un tel Etat juste) soit réalisé pour que lui-même vive raisonnablement, et l'histoire a

1. *Cf.* pour ce qui précède, E. Weil, *Philosophie Politique*[2], Paris 1966, ch. I.

produit assez de situations où l'individu ne pouvait pas viser plus haut qu'à préserver dans le secret de son for intérieur le souvenir historique et l'étincelle vivante de l'universel. La morale n'est pas seulement la condition philosophique de toute philosophie politique ; elle est, comme morale pratiquée par l'individu et par les individus, la condition de l'avènement d'un monde moral, monde qui, en tant que projet et réalité raisonnablement voulue, ne peut se dessiner qu'au regard de celui qui, ici et maintenant, cherche l'universalité, la justice, toutes les conditions morales d'une action en vue d'un monde moral, laquelle action ne saurait y conduire qu'à condition d'être dès à présent morale : sans quoi, pour situer le problème au plan le plus « réaliste », on se priverait de ce crédit dont a besoin toute entreprise, pour pure que soit son intention, si elle ne veut pas être interprétée comme intéressée et inspirée par cette forme civilisée de la violence qui s'appelle la ruse.

Ce qui précède ne constitue en rien une critique de l'entreprise politique, qui vise le bonheur, non de l'individu maître de lui grâce à la raison en lui, mais de tout homme, et cela par la création de conditions telles que celui qui n'est pas libre ne le soit que parce que, librement, il a renoncé sa raison et sa liberté. Il faut, néanmoins, retenir que la morale philosophique reste irréductible. Trop souvent, les promesses les plus nobles et qui méritent que tout homme collabore à leur réalisation ne servent que de paravent à la paresse morale, aux instincts les plus bas, à la lâcheté, à la froideur du cœur : le but justifie alors n'importe quel moyen, simplement parce que l'invocation du but doit faire taire toute objection, toute discussion au sujet de la valeur morale, voire de l'adéquation technique des procédés, et la tyrannie la plus arbitraire parlera de dignité, de liberté et de libération de l'homme pour imposer des mesures dont les effets moraux font oublier jusqu'au concept même de la liberté, tandis que leurs conséquences techniques vont à l'encontre du but premier de toute politique, la paix. Or, puisque la politique ne peut se *penser* que sous l'angle de l'universel, c'est-à-dire, de la morale, et qu'elle n'est pas là pour éliminer la morale, mais pour la réaliser en réalisant un monde moral, l'individu ne peut pas ne pas juger les actes des hommes politiques — non afin de découvrir dans la politique on ne sait quel principe du mal (parce qu'elle tient le plus grand compte du mal de la violence, la politique se propose précisément de l'écarter), mais afin d'empêcher la violence de se faire agréer sous les traits de la raison et de la fin raisonnable pour agir d'une façon d'autant plus efficace et pernicieuse qu'elle est plus sournoise. Il faut, certes, accorder, que le point de vue moral ne suffit pas à comprendre positivement la politique ; il reste cependant vrai que l'individu qui a posé la question morale (de la morale) est seul qualifié à poser celle du rôle de la politique dans sa vie d'individu moral, et que seul l'individu moral peut créer la possibilité d'un monde moral (que, par ses seuls moyens moraux, c'est-à-dire, entièrement négatifs, il est bien empêché de réaliser).

La compréhension politique dépasse (non point moralement, mais du point de vue systématique) celle de la seule morale pure : ce qui signifie qu'une politique qui n'aurait pas à la dépasser, qui donc ne commencerait pas par elle, qui ne se fonderait pas sur elle, serait un contresens moral et une impossibilité philosophique.

La morale ne s'oppose en rien au projet d'un monde qui satisfasse l'homme tout entier et qui ajoute au bonheur de la dignité le contentement de l'être sensible ; elle ne s'oppose pas, non plus, à l'idée d'un monde qui ne connaisse plus de problèmes moraux ni de problème de la morale, dans lequel les conduites morales ne soient plus ressenties comme imposées, comme lois que la partie raisonnable oblige la partie animale à suivre. Ce n'est pas à la nostalgie d'un monde, pour ainsi dire, moralement évident qu'elle se refuse, bien au contraire ; si elle se comprend, elle comprend aussi qu'elle n'est que la conscience de cette nostalgie, conscience explicite pour elle-même, transformée en volonté et ainsi raisonnable. Ce qu'elle repousse, c'est le saut immédiat, imaginaire aux yeux de ceux qui ne rêvent pas, dans un bonheur vrai seulement pour celui qui se contente des promesses qu'il se donne lui-même d'un avenir sans effort. La morale vise une fin, sa fin : ce n'est pas se rendre coupable d'un calembour philosophique que de relever l'ambiguïté du terme de fin dans ce contexte. Si le mot de morale est pris dans l'acception qui a été la sienne jusqu'ici (on verra que, dans un autre sens, la disparition des problèmes moraux est inconcevable, mais il s'agira alors de ceux de la vie morale concrète), la morale qui a atteint sa fin, le bonheur de l'homme dans la dignité, est arrivée au bout de son chemin et fournit la preuve de son succès par sa propre disparition en tant que problème pour l'homme qui se veut raisonnable ; au lieu d'être problématique, la morale sera présente dans les institutions, les mœurs, les façons de vivre d'un monde qui ne pose pas de problèmes moraux ni de problème de la morale aux individus. Ce qui est inadmissible, moralement et logiquement, c'est qu'on prenne pour but atteint le but pensé et se dispense ainsi de l'effort de moralisation de soi, des hommes et des institutions, au seul profit des passions, de la ruse et de la violence, qu'on ignore le seul fondement possible de tout ce qui dépasse la morale formelle et sa loi, universelle en sa négativité, qu'on prétende penser la morale en éliminant son concept.

# II

# LE CONTENU DE LA MORALE

13. *La vie de l'individu moral s'oriente selon la morale existante de sa communauté, qu'elle soumet, cependant, au critère de l'universalité.*

*a.* Il a été montré plus haut *(cf.* § 12 *b)* que la morale philosophique et la philosophie morale ne sauraient rester sans rapport à la vie morale ni sans rapports avec elle, en ce que celle-ci a d'historique, de donné, d'extérieur pour la morale pure et formelle. Ce contenu positif n'est donc pas négligeable : il est concevable qu'il soit autre qu'il n'est en fait, il n'est pas pensable que tout contenu, toute morale concrète soient absents du monde des hommes. La morale philosophique, pour agir, doit agir sur la morale historique (empirique, par rapport à la morale pure) dans le double sens de la systématisation de cette dernière et de l'universalisation de ses principes (« valeurs »). Dès que ce rapport est *thématisé,* il paraît insatisfaisant que la morale concrète, indispensable à la morale pure, ne soit saisi que comme le $x$ d'une fonction $f(x)$ dont on saurait bien que, sans $x$, elle n'existerait pas, mais dont la structure concrète resterait entièrement inconnue.

Sans doute, l'individu peut se contenter de la morale concrète épurée qu'il trouve, ou plutôt crée. Mais le philosophe moral, en tant que tel, serait limité à la seule réflexion sur la morale existante et les perfectionnements qu'on peut et doit lui apporter, soit du point de vue de sa cohérence, soit de celui de sa plus grande universalité : dans sa vie d'individu, il ne disposerait pas pour autant d'un guide et, dans toutes les situations qui l'obligent à des décisions positives, le principe de l'universalité de sa réflexion ne le pourvoirait que d'un garde-fou bon seulement à le préserver de la chute dans l'immoralité des maximes. Il se trouverait, par conséquent, amené à éviter, dans toute la mesure du possible, l'action positive, au profit d'une attitude qui lui garantirait l'avantage, négatif, de ne pas perdre le respect de soi-même. Cela, certes, ne l'obligerait pas à se retirer du monde et de ses affaires ; au contraire, en optant pour l'action morale, il a renoncé à la paix du silence et du vide de la conscience ; mais il ne s'en trouverait pas moins invité à écarter toute obligation qui ne lui fût pas imposée du dehors, à limiter, dans toute la mesure du possible, et elle serait grande, ses engagements : tout engagement constitue pour lui un lien supplémentaire, une obligation nouvelle, une addition aux responsabilités que, de toutes façons, il supporte déjà par le simple fait de vivre dans la société des hommes. Il serait donc, pour autant que cela dépend de lui, passif, non agissant, accomplissant les tâches qui lui incombent, et n'intervenant dans le cours du monde que pour autant qu'il ne peut pas faire autrement. Mais il ne saurait nier, de l'autre côté, que le monde des hommes est celui des besoins et des désirs et que les deux, à condition d'être légitimes, c'est-à-dire, universels et ainsi raisonnables, peuvent légitimement exiger d'être satisfaits : il serait fautif s'il n'y travaillait pas, s'il se repliait sur soi, comptant sur la peine et le travail des autres pour préserver une pureté qu'il refuserait implicitement à ceux qui lui préparent cette situation priviliégiée, reconnue en ce cas non universelle ni universalisable, en un mot : immorale. Sa prudence sera aussi grande qu'on voudra, elle ne saurait être absolue sans être immorale : il est engagé dans le monde, dans *ce* monde historique et *cette* morale et c'est là qu'il sera moral ou immoral, bon ou mauvais, c'est là, dans sa vie, que philosophie morale et morale philosophique feront, ou non, leurs preuves. C'est ce monde qu'il devra comprendre.

*b.* L'individu moral qui se penche sur la morale concrète de sa communauté, non pour la critiquer et l'amender, mais pour agir en son cadre, ne se fond pas dans cette morale : il reste individu et veut le rester. C'est de lui-même qu'il s'agit pour lui. L'universel relatif de la morale historique le concerne et l'intéresse parce que cette façon de vivre lui fournit la possibilité de participer à la vie d'une communauté. Mais il se refuse à reconnaître l'histoire comme fondement suffisant de ce qui est — en particulier, de la morale concrète. Il y est entré par un accident, l'accident nécessaire de sa naissance à tel moment et à tel lieu. Il est situé dans l'histoire et par elle ; mais l'histoire n'est qu'une parmi ces conditions de l'exercice de la liberté que révèle la liberté-raison, au même titre que les caractères biologiques de l'espèce ou son tempérament d'individu.

Or, cet accident est nécessaire : son contenu, ses déterminations auraient pu être tout autres, il devait pourtant se produire s'il devait y avoir individu. Il n'est donc pas pur arbitraire et doit renfermer la raison, *de la* raison, sous une forme ou l'autre : la science permet d'expliquer, du moins en principe, d'analyser et de décrire de manière cohérente le fait qu'il est né à telle date, avec tels traits du visage et du caractère, et les conditions naturelles, accidentelles du point de vue de la liberté qui n'y trouve que le cadre de son exercice, sont raisonnables sous l'angle de la science.

De même, qu'il pose la question de la morale à ce moment, ici, dans le cadre de cette morale concrète, ne saurait être pur accident. La différence consiste en ceci que, dès qu'il s'agit de morale, la science, fût-elle historique, ne sera d'aucun secours : elle fait partie du positif qui a besoin d'un fondement pour être reconnu et ne peut pas le fournir. La raison dans l'accidentel de la morale ne se révélera donc que si, au lieu d'être considéré comme simple condition de l'action concrète de l'individu, cet accidentel est regardé comme nécessaire à la prise de conscience de la liberté responsable dans, et devant, l'universel. Le lien du fortuit et du nécessaire est infiniment plus étroit ici qu'il ne l'est dans le cas de la nature. La nature ne parle pas d'elle-même ;

l'homme est l'objet de sa propre pensée, de son discours. Or, le fait qu'il se fait, qu'il s'est fait objet de son discours, ce fait fortuit apparaît comme le fondement même de la raison. L'accident dans la nature et dans l'histoire n'existe que pour le discours ; le discours lui-même se comprend comme accident naturel et historique et, à ce point précis, s'oblige à comprendre l'accident comme raisonnable puisqu'il est raison, est devenu raison, est raison devenue : l'accident est raisonnable *ex parte post*.

Mais c'est aussi à ce point précis que l'homme de la morale pure se rebiffe et refuse de passer à un autre niveau de la pensée philosophique, celui précisément qui saisit l'universel dans son existence concrète[1] : le point de vue supérieur aura beau maintenir la morale dans toute son étendue (sans quoi il ne serait pas supérieur), c'est le fait qu'autre chose que la seule morale pure de la pure universalité devient visible qui paraît à cette morale comme inadmissible trahison. S'il fallait chercher à ce refus des raisons psychologiques (qui ne seraient jamais suffisantes, vu que la liberté est à même de traiter tout facteur, fût-il psychologique, en simple matériau), on les trouverait sans difficulté. Une première a été indiquée plus haut (§ 12 *c ss.*), lorsqu'il fut question de ces conceptions, prétendues à la fois historiques et scientifiques, qui, refusant le critère moral, ne sont que les prétextes de l'immoralité et de la violence : rien de plus compréhensible que le recul sur les positions du pur formalisme devant une telle raison fausse et faussement concrète, qui n'accomplit pas, mais détruit la morale et toute morale. Plus profondément, la raison est que, au lieu d'entreprendre la critique de telles thèses, l'homme de la morale les accepte, à tort, commes seules représentatives de toute philosophie à la fois systématique et concrète et en conclut que *la* philosophie, dès qu'elle veut s'élever au-dessus de la morale de l'individu (et, en tant qu'universelle, de tout individu), se précipite dans l'enfer pavé des excuses « historiques » de la violence consciente ou, ce qui serait pis, inconsciente.

Philosophiquement, il s'agit d'un refus libre. Cependant, s'il n'est pas poussé jusqu'au choix du vide, ce refus, on l'a vu, ne saurait être total. La morale reconnaît à l'histoire un certain sens. Mais, selon elle, ce sens doit rester, comme elle-même, pur et purement formel ; à ses yeux, l'histoire ne présente pas de contenu sensé, si « sensé » signifie : suffisant pour donner un sens à l'existence de l'individu, ou s'il désigne ce qui constitue l'unité fermée d'un discours absolument cohérent et qui ne connaît aucun extérieur. Du moins, un tel contenu sensé, elle ne le rencontre pas dans les événements historiques pris dans leur succession d'événements individuels : ce qui est arrivé, comme ce qui arrive, est déterminé par ses causes, non par une finalité qui réglerait la suite de ce qui reste toujours accidentel et n'est nécessaire que sous l'angle de la causalité, à tel point qu'encore les projets et les buts des hommes,

1. *Cf. Logique de la Philosophie*, ch. XIII (L'Absolu).

en tant qu'événements (non en tant que décisions de valeur morale positive ou négative) sont déterminés et doivent être réduits à leurs causes quasi-mécaniques. Mais l'histoire n'est pas, non plus, insensée.

Ce n'est donc pas dans les événements qu'il faut chercher le sens de l'histoire, au contraire : les événements n'apparaissent comme importants ou négligeables que regardés du point de vue du sens formel qui seul constitue l'histoire en unité : l'unité n'est pas abstraite des événements, elle les précède logiquement.

Cette unité, ce sens formel de l'histoire en sa totalité, est désignée par le terme (et le concept) du progrès. Loin d'être arbitraire, immédiatement il se montre inévitable, et cela pour deux raisons : il n'est pas concevable que l'action morale se poursuive sans but, ou que ce but soit inatteignable, quelque distant qu'il soit ; il n'est pas concevable, non plus, que le passé, qui a conduit à la prise de conscience de la liberté dans l'universalité et la responsabilité raisonnable, soit pur arbitraire, accident, fortuit. Cependant, ces deux arguments de la morale pure doivent être compris, et veulent l'être, par référence à l'universel. Il ne s'agit pas le moins du monde d'une justification morale, logique, métaphysique des événements qui ont précédé le présent ou qui le suivront ; en *ce* sens du finalisme moral, l'histoire, passée ou future, n'est pas nécessaire, ne l'a pas été, ne le sera jamais, sinon il n'y aurait ni liberté ni responsabilité. En vérité, on n'a pas affaire à un concept scientifique qui saisit ce qui est « objectivement », sous le contrôle de l'expérience vérifiante, mais à un concept qui structure le tout du donné, à une *idée* qui permet de penser le donné comme totalité. Rien ne serait plus contraire à l'intention fondamentale de la morale que de transformer l'*idée* de progrès en *concept*, la vérité philosophique en vérité de science démontrée ou à démontrer à l'aide des moyens de la science. La morale n'exige pas tant ; plus exactement, puisque ce « tant » ne se conçoit que du point de vue de la science particulière et de son idéal de démonstration et que la morale se situe à un niveau plus élevé (ou profond), la morale ne peut pas admettre une telle démonstration qui, au lieu de la confirmer, la rendrait impossible en conduisant tout droit aux paradoxes insolubles de tout déterminisme prétendu total. La vérité de l'idée du progrès est autre : elle est prise de possession effectuée par la morale (la raison) sur le donné temporel du monde humain, en lequel elle introduit une finalité qu'elle sait bien ne pouvoir être ni prouvée ni refutée sur le plan de l'événement isolé, de ce qu'on pourrait appeler la *nature* historique. En dernière analyse, la morale *choisit* le sens de l'histoire, plus concrètement : l'idée du progrès moral vers une morale de plus en plus réalisée, incarnée dans le monde humain. Elle *choisit* de considérer les événements comme structurés par la présence, empiriquement décelable, de ce progrès : le monde est sorti de l'âge de la pure violence, il a parcouru celui de la morale concrète, inconsciente de sa nature universelle, mais déjà soumettant l'individu à l'universel particulier de la loi positive, il est parvenu au point où la vue claire du principe de la morale permet de viser, en connaissance de cause, ce qui, grâce à cette prise de conscience, s'est révélé comme seul but universel. Rien ne peut l'empêcher de prolonger cette ligne et d'espérer que ce qui suivra continuera ce que le passé à commencé à réaliser, d'autant plus que l'humanité, réveillée de son long sommeil et sortie de son enfance, est dorénavant à même de conduire les événements au lieu de les subir comme elle a fait jusqu'ici.

L'événement individuel ne saurait pas pour autant être directement rapporté au but. Le savoir de l'homme est fini, comme lui-même l'est au plus profond de son être, et ni les individus ni l'humanité, si on peut lui attribuer une conscience, ne seront jamais capables de dire ce qui conduit au but. Si, en revanche, on n'ignore pas ce qui en éloigne la violence et l'intention immorale, on ignorera toujours si l'acte le plus pur avancera la fin de l'histoire : le résultat n'est pas fonction de la pureté de la volonté ni de la moralité de la maxime, il résulte des circonstances dans lesquelles la volonté a pris sa décision.

Le progrès est progrès de la morale, et aux yeux de la morale ; il n'est pas un fait du monde de la détermination naturelle. L'idée justifie, philosophiquement, l'espérance, en montrant que cette espérance n'est pas une simple projection des désirs animaux, mais définit la ligne qui mène, en direction de l'avenir, vers le point d'aboutissement de l'action raisonnable et, en remontant du présent vers le passé, à la compréhension du propre devenir de la morale raisonnable et ainsi à la compréhension du présent. Espérance, non du coeur et du sentiment, mais de la raison, elle se sait pure espérance, irréfutable par toute instance prétendue scientifique, établie sur des fondements inébranlables par la seule liberté du choix raisonnable, par le choix raisonnable de la raison et de la liberté universelle. Elle ne procure pas un sens aux événements historiques : les événements découlent de l'intérêt conscient ou inconscient, de l'animalité de l'homme, de sa finitude d'être besogneux, — encore quand cette animalité tâche de se faire passer pour raison en se servant du discours comme d'un instrument à son service et le transforme en calcul, en activité de l'entendement tournée tout entière vers le particulier et le fini, en raison inconsciente de sa nature de raison (universelle). L'espérance ne fait pas plus, et ne fait pas moins, que garantir à la raison consciente d'elle-même que l'histoire, en sa totalité, *doit* posséder un sens : rien ne peut l'empêcher de garder sa foi en ce qui est possibilité au niveau de la nature et nécessité pour elle. L'individu ne peut pas savoir ; puisque le concept d'un déterminisme total de la nature est contradictoire, il *peut* espérer ; il le *doit* selon la morale. Il a le droit de se promettre que, du point de vue de la totalité que, pourtant, il sait ne pouvoir jamais atteindre, les résultats de ses actes, l'effet de ses décisions morales sur le cours du monde ne seront pas nuls. L'homme ne cessera jamais d'être individu et fini, mais il n'y a pas de limite « naturelle » à son universalisation, ni au degré de bonheur auquel il pourra toucher dans une réalisation de plus en plus poussée de sa dignité d'être raisonnable. Tout en étant formel, le sens de l'histoire n'en est pas moins (moralement) réel pour l'être qui, en saisissant l'essence de la morale, a saisi la possibilité de son bonheur dans la liberté de la raison. La philosophie morale reconnaît que la morale philosophique, c'est-à-dire, elle-même, se réfère au monde humain et à son histoire.

*d.* Le bonheur dans le respect de soi-même dépend, par conséquent, de ce que l'individu veut, décide, fait ici et maintenant. L'espérance, certes, lui est indispensable. Il est besogneux et n'admettra pas que ses besoins et désirs légitimes (universels par rapport à l'espèce) soient nécessairement (régulièrement) frustrés ; la raison morale elle-même exige (et fonde) l'espérance en la réalisation, naturellement possible et moralement nécessaire, du but qui la constitue autant qu'elle le constitue.

Mais cette espérance ne doit pas devenir motif des actes individuels de l'être moral. Elle ne peut pas, non plus, le devenir, puisque le résultat de tout acte donné échappe à la prescience finie de l'être fini, et, surtout, parce qu'aucun acte individuel, avec ses conséquences également individuelles, ne sera jamais de la nature de l'espérance, qui ne porte que sur la totalité du devenir ou de l'universel de la raison, qui, au lieu de l'action, ne connaît que le motif moral de la décision, la maxime, pour autant que cette maxime est et se veut sans (ou en) contradiction avec le principe de l'universalité, c'est-à-dire, est (ou n'est pas) universalisable. L'espérance est fondée, elle ne doit pas devenir fondement. Et elle est fondée sur la moralité de maximes qui inspirent des actes concrets.

S'il en est ainsi, si l'espérance n'est qu'espérance, non inspiratrice d'un plan d'action, de projets historiques et, en ce sens, concrets, l'individu moral se trouve de nouveau rejeté sur le monde dans lequel il vit. L'histoire, certes, possède un sens formel, et l'espérance a le droit de la comprendre comme progrès. Mais où se trouve, ici et maintenant, le sens, comment se réalisera-t-il, quels sont les détours que l'histoire prendra, où se situent les tournants ? Autant de questions auxquelles l'espérance s'interdit, si elle se comprend, d'apporter une réponse : l'individu sait le but dernier de l'histoire, il en ignore la route. La philosophie morale ne va dans sa compréhension d'elle-même qu'au point où elle découvre dans l'idée du progrès historique, non le principe de ses décisions et de ses maximes, mais le présupposé de son action dans et sur le monde ; et ce n'en est que le présupposé. En d'autres termes, sa réflexion arrive à son terme, sans que, pour autant, les problèmes moraux de l'individu vivant dans le monde des hommes (et décidé à n'en pas sortir) soient résolus. Il faut à l'individu, à moins qu'il ne se sauve, aux deux sens de cette expression, dans le silence et le vide, s'orienter selon la morale concrète de la communauté dont il fait partie et qu'il ne quitterait qu'au profit d'une autre communauté et d'une autre morale historique, toutes deux aussi fortuites et nécessaires par rapport à la morale pure et négative que celle qu'il vient d'abandonner. La morale philosophique peut l'obliger, devant lui-même, à un tel changement, car il se peut que la morale historique sous laquelle il se trouve soit, selon son jugement moral et raisonnable, inférieure à une autre dans laquelle il trouverait, certes, non la perfection de l'universalité, mais un degré plus haut de moralisation ; elle peut même l'obliger à protester, par une désobéissance passive et qui accepterait les conséquences de sa protestation, contre toute morale donnée de son époque. N'importe : sa négation sera toujours négation d'un positif et ne se comprendra pas autrement, sa réflexion morale pure sera toujours réflexion sur une morale donnée ou, à partir d'elle, sur des morales positives possibles, mais pensables seulement en tenant compte de ce qui s'est révélé de besoins et de désirs dans le cadre de *cette* morale. L'homme qui veut agir selon la morale ne peut vivre et rester en rapport avec d'autres hommes, il ne peut même pas protester contre la morale historique de sa communauté qu'à condition de reconnaître *une* morale concrète, de vivre selon elle, en attendant une morale plus parfaite. Il ne pourra pas se contenter de la seule réflexion sur la morale, sur cette morale-ci, à laquelle, que cela lui plaise ou non, il a affaire, et dans le cadre de laquelle toute affaire morale naît. La réflexion sur la morale dont sont nées la philosophie de la morale et la morale philosophique, non seulement admet, mais exige une réflexion morale qui, partant de la nature de la morale, réfléchisse consciemment sur ce qu'il faut faire et ne pas faire à l'intérieur de la morale donnée. La morale pure, qui se veut morale d'action, non contente de renvoyer à la morale historique, découvre qu'elle se doit de la comprendre positivement.

14. *La morale philosophique (la philosophie de la morale) exige et permet le développement d'une théorie des morales concrètes comme théorie des structures fondamentales de toute morale concrète. Elle exige et permet ainsi une théorie des catégories morales.*

*a.* Dans ce qui précède, il a été remarqué à plusieurs reprises que la morale concrète, toujours déterminée, existant en fait et à la manière d'un fait, peut devenir (et est devenue) objet de science positive. Les sciences positives ainsi constituées ont fini par jouer un rôle tel dans la conscience commune « éclairée », « objective », « libre de jugements de valeur » etc., que le problème philosophique de cette morale s'en trouve obscurci au point qu'il n'est d'ordinaire plus compris.

Notre tâche ne peut pas être d'analyser en détail ces sciences et les paradoxes auxquels elles mènent dès que l'on prend au sérieux leurs prétentions. Schématiquement, elles se distribuent en trois groupes, relevant de l'histoire, de la sociologie, ou de la psychologie[1]. Ces trois

1. D'après l'interprétation qu'elle donne couramment d'elle-même, la morale théologique se rattache à l'une ou à l'autre de ces conceptions, sans que cela l'empêche

formes ne se rencontrent guère à l'état pur et des contaminations non seulement naturelles, mais philosophiquement nécessaires se produisent partout. Pourtant, en tant que types pour ainsi dire idéaux, elles restent nettement distinctes. Nous ne parlerons que de cette typologie des sciences de la morale concrète (dont le vrai fondement est à chercher dans la logique philosophique), et ne le ferons que dans la mesure où cela peut aider à saisir plus clairement le problème philosophique de la structure du monde moral.

Ce qui est commun à toutes les sciences de la morale, c'est qu'elles considèrent les morales existantes du dehors, comme des faits, comme extérieures à l'observateur qui, lui, ne se trouve engagé par aucune des morales qu'il analyse. Les chemins se séparent par la suite. La sociologie tente de décrire le phénomène moral du point de vue de la cohérence : la morale d'une société ne peut fonctionner de manière satisfaisante que si elle ne renferme pas de contradiction ressentie comme telle. Elle analyse, ensuite, cette morale pour savoir dans quelle mesure elle est complète : une morale ne saurait guider ceux qui y adhèrent à moins qu'elle ne réponde à toutes les questions (morales) qui se posent à partir de ses propres présupposés (valeurs). Elle demande, enfin, si la morale est adaptée, s'il est possible de suivre ses règles sans que la survie de la communauté et de la morale qui la caractérise en soit menacée. Cela fait, la sociologie « compréhensive » n'a plus de problèmes à résoudre : une classification des morales est, sans doute, possible d'après les ressemblances entre les différents systèmes de valeurs et de règles ; mais il est inconcevable qu'on puisse situer les différentes morales à des niveaux moraux plus ou moins élevés : la science des morales ne serait plus objective, elle admettrait certains jugements de valeur, non plus au titre de jugements formulés par les morales observées, mais comme jugements qui l'engageraient elle-même. — La critique philosophique de ce procédé a été donnée plus haut (*cf.* § 10 *c*), lorsqu'il fut question des présupposés de l'objectivité, laquelle, pour le rappeler d'un mot, a pour fondement un choix libre, une option *fondante,* mais non fondée, en faveur de l'universalité et de sa morale. D'ordinaire, ce choix reste inconscient chez l'homme de science et le résultat en est que sa science, demeurant philosophiquement naïve, n'arrive pas à se comprendre.

Malgré son insuffisance philosophique, la tentative sociologique reste, cependant, supérieure aux entreprises historiques et psychologiques. Les deux se caractérisent par la volonté *d'expliquer* les morales à l'aide de concepts relevant de la causalité et les considèrent non comme phénomènes (car le phénomène se décrit et s'analyse, il n'est pas, essentiellement, objet d'explication), mais comme événements, comme ce

de s'interpréter à partir de (et sur le fondement de) la morale philosophique. Certaines de ses formes mènent à l'attitude de la négativité absolue, qui refuse la vie agissante au profit d'un idéal de bonheur dans le silence.

qui est arrivé ici ou là, dans telles circonstances, telles conditions : telle communauté s'est donné telle morale parce qu'elle était communauté de chasseurs, de pâtres, d'agriculteurs, parce qu'elle a vécu dans tel climat, a subi l'influence de tel groupe étranger, qu'elle possède telles structures familiales, pratique telles méthodes du sevrage ou de l'emmaillotement de ses enfants, et ainsi de suite. L'intention commune à l'histoire et à la psychologie de réduire le phénomène moral à ce qui, essentiellement, n'est pas moral, fait que la différence entre les deux est moins grande que celle qui les oppose à la sociologie de la compréhension. Pour simplifier à l'extrême des rapports et des interactions assez complexes, cette différence se réduit à celle entre explication dynamique (de l'histoire) et explication statique (de la psychologie), la première insistant sur l'évolution de telle morale particulière et des morales considérées globalement, la seconde s'en tenant de préférence aux influences réciproques entre morale de groupe et moralité individuelle. L'une considérera, avant tout sinon exclusivement, les conditions extérieures à la morale, celles donc qui à cette morale même apparaissent comme des données neutres, et l'influence qu'a le changement de ces conditions sur l'évolution de la morale. Le critère est, en dernière analyse, celui de l'adaptation aux circonstances naturelles et historiques dont dépend la survie de la communauté. L'explication psychologique, de son côté, part de l'individu et ne s'occupe que subsidiairement de la morale elle-même. Ce qui l'intéresse, c'est de savoir comment telle morale agit sur l'être humain qui a été élevé et vit selon ses règles ; elle suppose ainsi l'existence d'une nature humaine commune, modifiable à l'infini, mais fondamentalement identique en ce qu'elle tend, quelles que soient les lois morales auxquelles elle est soumise (ou se soumet), vers la satisfaction vécue et sentie. Comme, cependant, elle ne pense pas le concept du bonheur (auquel, à la vérité, sa réflexion ne parvient même pas), elle adhère, plus ou moins inconsciemment, à un idéal de satisfaction animale et se trouve ainsi obligée de juger toute morale comme une sorte d'aberration inexplicable ou explicable seulement par une faute au départ, une erreur, un égarement inexplicables à leur tour, se demandant en vain pourquoi les hommes, à un moment donné, se sont imposé des conduites qui les gênent et doivent toujours les avoir gênés, au lieu de rester, bien sagement, des êtres d'instincts et de satisfactions instinctuelles.

Tandis que la compréhension sociologique reconnaît, en la méconnaissant, la morale, les explications positives, psychologiques et historiques, renoncent en principe, voire par principe, à toute compréhension de la morale. Sans doute, la philosophie ne peut pas ne pas retrouver le concept de l'universel dans ces deux théories : il n'y existe pas seulement dans la mesure où toute explication qui se veut scientifique et objective en appelle à l'universalité, mais encore parce que parler de morale, ne serait-ce que pour la réduire, est admettre la volonté de validité qui caractérise toute morale. Sous ce rapport, la théorie psychologique est plus proche d'une prise de conscience philosophique

que l'historisme : il lui suffirait de prendre au sérieux son propre paradoxe, selon lequel l'homme fait son malheur d'animal en voulant son bonheur d'homme. Aussi en ressent-elle comme une sorte de mauvaise conscience, qu'elle exprime en déclarant que la civilisation, valeur absolue, est au prix de ce malheur, qui par conséquent ne serait point malheur absolu. Mais cet implicite ne devient jamais explicite : l'explication psychologique, loin de tout expliquer, ne comprend pas que sa question est, en droit, posée du point de vue de l'universel et se contente de réponses, qui, cachant le point de départ de toute son entreprise, expliquent — plus exactement sont destinées à expliquer — ce qui fonde toute possibilité d'explication. A quoi correspond que le sujet moral est transformé en objet pour un autre sujet, le psychologue, lequel ne réfléchit pas sur lui-même pour se saisir comme sujet, c'est-à-dire, source de déterminations. Une telle *objectivation*, qui fait partie intégrante de la théorie puisque celle-ci veut *expliquer*, et qui peut réussir, parfois splendidement quand il s'agit du sujet empirique, dans la mesure où l'individu n'a pas, comme être raisonnable, fait sien l'universel relatif de la morale concrète et n'y voit qu'un extérieur hostile et menaçant, échoue dès qu'elle se met à interpréter positivement une morale particulière (ou la morale tout court), parce qu'elle-même ne fait pas plus ni autre chose que ces sujets-objets auxquels elle a affaire : toute morale est jugée du point de vue de la satisfaction instinctive et se présente, par conséquent, comme appareil de contrainte, sans possibilité de bonheur raisonnable. La théorie finit ainsi, assez régulièrement, par conseiller aux communautés et aux individus de faire leur paix avec une morale quelconque, à condition que celle-ci n'impose pas trop de sacrifices à l'animal ; elle n'a pas de préférence pour l'une ou l'autre des morales existantes ou à venir, qui se valent toutes, étant toutes également désagréables et nécessaires. Qu'elle-même exige ainsi une morale positive et historique d'un certain type, qu'elle refuse un autre type, par exemple, celui de morales « socialement indéfendables », elle le voit si peu qu'elle n'essaie même pas de développer la morale de sa propre tentative.

Quant à l'interprétation historique, elle écarte dès le début l'individu et ainsi ne souffre guère d'accès de mauvaise conscience. A tel point que le problème de *la* morale n'apparaît jamais dans son cadre de référence purement explicatif : telle morale s'explique par tel climat, telle organisation de la production sociale, telles habitudes vestimentaires, telles pratiques sexuelles, et sur chaque point, la recherche des causes des causes peut continuer sans que jamais se pose la question du sens des phénomènes ou du sens de l'entreprise d'interprétation. On découvre des forces profondes, des réalités sous-jacentes, des facteurs fondamentaux, entre lesquels il nous importe peu de distinguer ici, pour importantes que soient ces différences à d'autres niveaux, particulièrement à celui de la politique, philosophique autant que courante ; ce qui caractérise ces théories, c'est que chacune d'entre elles est irréfutable pour ses congénères, étant donné que ce qui est événement décisif pour l'une n'est qu'éphiphénomène et simple conséquence pour l'autre[1]. Leur erreur commune est de confondre conditions nécessaires et conditions suffisantes. Il est parfaitement possible de montrer que telle morale n'a pu se constituer et durer que dans tel milieu naturel et social (en écartant les cas, qui pourtant mériteraient considération, de conflits entre morale et intérêts « naturels » et ceux des communautés qui ont préféré disparaître plutôt qu'abandonner une morale inadaptée à de nouvelles circonstances), il est erroné d'en tirer la conclusion que les facteurs ainsi décelés aient produit telle morale : la preuve en est que, sous des conditions sensiblement égales (aussi égales qu'on peut les trouver dans l'histoire), les réponses des communautés (et des individus à l'intérieur des communautés) ont été radicalement différentes.

Les critiques précédentes à l'adresse de ce qu'on peut appeler le scientisme ne constituent pas, est-il besoin de le dire ?, une objection aux tentatives de détermination scientifique de l'être naturel qu'est et reste l'homme. De telles recherches positives sont plus que légitimes, elles sont indispensables ; leurs résultats sont précieux pour une connaissance plus étendue et plus profonde de l'humanité telle qu'elle est (et il n'y en a pas d'autre), et, ce qui importe surtout dans le présent contexte, elles rappellent à l'ordre et au bon sens ces tenants d'un certain angélisme qui oublient trop facilement que l'homme n'est raisonnable que parce qu'il est animal (pour un être non-animal, il n'y aurait pas de raison, parce que la raison ne se détacherait plus de rien qui fût son autre) et qui se contentent d'exiger, non quelque chose de précis dans et pour le monde qu'ils habitent, car toute précision les rejetterait sur l'animalité, mais *la* vertu, *la* perfection, *le* bien. Les méthodes, les concepts, les principes de ces sciences ne sont donc pas en question ici : c'est d'après leurs propres présupposés que leurs résultats positifs doivent être jugés positivement. C'est à elles-mêmes qu'il revient de séparer, dans le progrès de leur travail, l'erreur de la vérité et l'affirmation gratuite de l'énoncé démontré.

Il est probable qu'elles-mêmes découvriront, au cours de ce travail, l'insuffisance des fondements philosophiques dont elles se contentent pour l'instant : leur volonté de cohérence se heurtera, comme cela s'est produit dans d'autres domaines, aux contradictions résultant d'un système d'axiomes et de postulats incomplet ou (et) contradictoire en soi. Ce que la philosophie doit et peut rejeter, ce sont les prétentions qui dépassent les possibilités de toute science particulière en portant sur le discours (la pensée) en tant que totalité : les sciences ne réfléchissent pas (ni ne sont tenues de réfléchir) sur le sens de ce qu'elles font et, d'ordinaire, font admirablement. Les sciences positives de l'homme sont, par nature, incapables de réduire la morale à autre

1. *Cf. Logique de la Philosophie*, p. 34 ss.

chose que la morale, pour capables qu'elles soient d'indiquer les conditions nécessaires de la formation de telle morale concrète (mais qui se forme toujours à partir d'une morale déjà existante), d'expliquer les raisons de la disparition de telle autre (mais par suite d'actions et réactions déjà morales). Elles l'oublient — ce qui est leur bon droit aussi longtemps qu'elles ne s'attaquent pas à ces problèmes philosophiques qui se réfèrent aux questions initiales et irréductibles du domaine de chaque science, donc au tout de ce domaine et à sa situation à l'intérieur du tout du discours ; elles oublient que le concept d'objectivité sur lequel, très justement, elles veulent se fonder est le résultat, plus exactement : l'expression concrète, d'un choix libre, que l'homme peut vivre sans développer ce concept, sans la science objective qui en est née, que, en un mot, l'objectivité ne peut pas être démontrée objectivement comme valeur fondamentale, étant donné que toute tentative de démonstration présuppose déjà la reconnaissance d'un principe de la cohérence comme principe premier *(cf.* § 10 *c).*

*b.* Comme il a été exposé, la réflexion morale a son origine dans la conscience de la pluralité des morales ; elle naît de la découverte que la morale qu'on a suivie ne va pas *sans dire,* n'est pas *naturelle,* ne possède pas d'*évidence.* Les sciences des morales concrètes ont le mérite de rappeler constamment ce fait originel à la conscience du philosophe moral et de l'homme de la morale philosophique : elles conservent, dans le mode du scepticisme moral et du scientisme, il est vrai, ce sentiment d'insécurité morale que la philosophie a voulu vaincre et qu'elle a vaincue à la satisfaction du philosophe. Mais cette victoire, pour le rappeler, est celle de l'être raisonnable dans l'être sensible, et si elle promet et assure le bonheur de l'être universel, elle laisse sans protection l'animal, auquel elle n'ose même pas promettre la satisfaction dans le cours de son existence empirique, de ses besoins et de ses désirs, quand bien même les uns et les autres seraient ceux de l'espèce tout entière.

C'est avec cette constatation que la morale philosophique avait découvert un premier lien entre elle-même et la morale particulière, historique, concrète. Sans doute, elle peut se contenter, par un acte de volonté, du bonheur de l'être raisonnable dans le respect de sa propre universalité. Mais un autre lien, organique celui-là, lui apparaît aussitôt : l'universalité de l'individu agissant ne se prouve et ne s'éprouve que dans la maxime particulière d'une décision individuelle — et toute décision renvoie au monde historique et à sa morale concrète. La philosophie morale ne pourra plus éviter de penser cette morale ou, pour employer des termes plus clairs, d'en parler de façon cohérente. Cependant, comme la cohérence particulière des sciences positives ne lui sera d'aucun secours, elle aura besoin, pour parler des morales concrètes et de la morale concrète, d'un langage à elle, qui se caractérisera par la volonté, non d'expliquer, mais de comprendre et de se comprendre dans son intention propre ; sa tâche première sera de déterminer ce qui constitue une morale aux yeux de la morale.

Il faut s'attendre à ce que cette exigence soit rejetée comme découlant d'une conception « essentialiste » : il s'agit, déclarera-t-on, de fixer, une fois pour toutes, une essence immuable, intemporelle, a-historique de la morale et, plus grave encore, de la morale concrète. A une telle objection, on opposera d'abord qu'il n'est pas prouvé que ce qu'on appelle essentialisme soit insoutenable ; il peut, au contraire, être montré — ce qui est chose faite depuis Socrate — que, sans un certain essentialisme du langage, toute discussion et tout développement d'un discours cohérent deviennent impossibles. On se demandera ensuite dans quelle mesure on échappe à cet essentialisme-là : il n'existe, en effet, pas de domaine de la compréhension qui puisse se constituer en indépendance du langage, étant donné que c'est le langage seul qui le délimite, saisit, justifie jusqu'en sa prétendue indépendance. On ajoutera, enfin, qu'on se fait une idée erronée en présupposant, avec un arbitraire total, que le temps, l'âme, il est vrai, et la structure fondamentale de tout ce qui est concret pour l'homme, soit écarté du champ du concept et de l'essence, en alléguant que certaines doctrines « classiques » (sur l'interprétation desquelles on aurait intérêt à s'entendre préalablement) auraient procédé de cette manière ; de tels exemples ne prouveraient rien s'ils étaient vrais — ce qu'ils ne sont pas : il est probable que Platon n'a pas tout à fait oublié que l'idée du lion devait contenir le lionceau au même titre que le lion pleinement développé et le lion décrépit, et il est sûr qu'Aristote a attaché à ce fait philosophique plus qu'une valeur marginale.

A ces considérations générales et qui relèvent, par conséquent, de la philosophie systématique, des arguments propres à la morale s'ajoutent. En effet, ce qu'on nomme essence de la morale (concrète) n'est rien d'autre que la totalité des catégories dans lesquelles toute réflexion morale formelle et celle de toute vie morale s'expriment. Ces catégories, qui ne sont pas les premières catégories philosophiques puisqu'elles sont celles d'un domaine limité et se laissent réduire aux catégories philosophiques — ou à certaines d'entre elles —, sont les concepts fondamentaux en fonction desquels les concepts particuliers aux morales reçoivent leurs places dans le tout du discours moral, qui ainsi devient cohérent ou, plus exactement, montre sa cohérence en fondant celle des discours moraux particuliers. Pour la réflexion sur la morale concrète, elles forment les têtes de liste des questions que l'analyse philosophique (et, mais d'une manière irréfléchie, scientifique) pose à ce qui est pour elle son donné, comparables en cela à toutes les catégories, qu'elles soient scientifiques, philosophiques ou catégories de la philosophie même.

Ces catégories ne sont pas nécessairement visibles à la morale vécue, ni même leur fonction de catégories à la philosophie morale. Elles se révèlent à la pensée systématique, à condition que celle-ci ait préalablement réfléchi sur les conditions universelles de tout discours humain et, en particulier, de tout discours formellement cohérent ; elles sont découvertes par une réflexion seconde, et une philosophie morale cohérente peut ne pas poser leur problème explicitement : elle n'en perdrait pas sa cohérence, elle perdrait seulement la possibilité de se comprendre dans ses propres présupposés (et ainsi de se faire passage à la philosophie). Cependant, les catégories n'en seraient pas moins présentes et à l'œuvre, encore dans la vie morale la plus éloignée de tout doute, dans l'attitude de la certitude la plus sûre d'elle-même, là où le problème moral n'est pas posé ni ne peut se poser. Elles ne sont pas des concepts concrets, si *concrets* doit signifier : qui ont immédiatement prise sur ce que présentent expérience et observation, et c'est seulement par l'entremise de tels concepts concrets qu'elles agissent (ou se révèlent à l'analyse), de même que la catégorie de causalité (ou, si l'on préfère, de régularité déterminée) ne mord pas directement sur les observations, quoique ce soit elle seule qui permette de poser et de comprendre les questions auxquelles répondent les lois particulières. Elles expriment la pensée qui se retourne sur l'attitude de l'homme moral (ou du physicien), tandis que les concepts permettent à cette attitude de s'exprimer en un discours particulier et de se déployer en actions. Les premières constituent le domaine, les seconds le remplissent (du point de vue logique) ; les secondes précèdent les premières dans le temps de l'histoire, et les catégories apparaissent, sous cet angle, comme formées par abstraction (transcendentale) à partir des concepts. Ce qui importe à la philosophie, ce sont, nonobstant cette antériorité historique (et psychologique), les catégories, car la philosophie a affaire aux questions que les catégories ouvrent et organisent, non aux réponses, sinon dans la mesure où elle est obligée de remonter des réponses conscientes aux questions fondamentales qui ne sont jamais formulées par les discours particuliers. Quand elle se tourne vers la morale concrète, la philosophie ne cherche donc pas comment telle morale règle tel problème qui se pose pour, et dans, cette morale particulière ; elle demande ce qu'est un problème moral, comment il se pose et comment il est résolu, quelle que soit la morale.

*c*. Si la philosophie morale est capable de développer son propre système des catégories, c'est une question dont la solution définitive ne pourra être donnée que par l'exécution du projet. Il est cependant permis de dire, en guise de remarque préalable, que la réalisation ne présuppose rien d'autre et rien de plus que la prise de conscience des structures de ce que la philosophie morale a déjà développé au titre de morale philosophique. Car cette morale ne se veut pas seulement universelle, elle n'est pas seulement volonté d'universalité, elle est, en même temps, l'analyse universellement valable de l'homme moral, analyse effectuée par cet homme même. Ayant compris le lien qui existe entre elle et la morale historique, donc les morales historiques, elle peut et doit s'interpréter comme aboutissement du dé-veloppement de ce qui a été, depuis toujours, en-veloppé dans toute *volonté* en son opposition à l'arbitraire, au naturel, à l'animal, à la violence : en toute morale, elle cherchera et trouvera ce qu'elle est elle-même, et cela sans artifice aucun puisque à présent elle se comprend comme philosophique et *sait* qu'elle veut le contraire de tout choix arbitraire (ayant choisi librement le non-arbitraire). Mais elle reste obligée de le chercher et de le trouver, puisqu'elle ne découvre ce qui la lie au monde historique et à sa positivité qu'après avoir débuté comme pure volonté de pureté négative.

C'est une autre question de savoir si cette compréhension de la morale par elle-même est philosophiquement suffisante, par rapport à l'exigence d'une compréhension qui se comprenne comme compréhension et comprenne ainsi ce qui, irréductiblement, reste son *autre*. Cependant, comme il ne s'agit pas ici de discuter des limites de la philosophie morale, mais de la laisser se développer, il est légitime, et même nécessaire, de refuser, du moins pour l'instant, cette question. Il est vrai que la philosophie systématique est à même de montrer pourquoi et comment la réflexion morale, comme toute réflexion particulière, doit se dépasser si une compréhension totale doit être atteinte. Mais afin que cet idéal de compréhension soit, en tant que tel, compréhensible à la morale, il faut qu'elle-même, simplement en suivant son chemin, arrive au point où elle ne voudra plus récuser le problème. Comme néanmoins ce développement, immanent à la morale, se présente ici à nous, qui nous situons en dehors de lui, il sera utile de préciser davantage ce qui distingue catégorie logique (de la philosophie) et catégorie de domaine particulier (*cf.* § 15 *a*).

15. *Le devoir constitue l'unique catégorie fondamentale de la morale. C'est à partir d'elle que se développent les concepts qui déterminent le contenu de tout système moral positif.*

*a.* Tout domaine philosophique est constitué par une seule catégorie, celle qui fixe ce qui, à l'intérieur de ce champ, est essentiel et qui délimite ainsi ce domaine en le détachant de tous les autres. La catégorie constitue, par conséquent, le principe organisateur du discours particulier qui développe les concepts (les catégories particulières) d'un domaine. Il s'ensuit qu'aucune catégorie de domaine n'est à même de fonder, ou seulement de faire comprendre, la philosophie en tant que totalité du discours infini (qui ne connaît plus rien qui lui soit extérieur) : pour la philosophie, rien n'est essentiel définitivement, rien n'est inessentiel de façon absolue, et elle sait qu'elle n'aura accompli sa tâche qu'au moment où elle sera capable d'indiquer pour tout particulier l'endroit (logique) où il devient essentiel, pour tout essentiel celui où il se montre aspect transitoire. Du point de vue de la philosophie, la catégorie isolée constitue ainsi, non une solution, mais un point de départ : c'est pourquoi la morale reste problème pour la philosophie, sans qu'elle cesse pour autant d'en constituer un des aspects et une des entrées, peut-être l'entrée « naturelle » pour certaines époques.

Aussi n'est-il pas surprenant que la catégorie fondamentale de la morale n'apparaisse pas sous le même titre à la morale même et à la philosophie. Pour celle-ci, elle est Conscience[1], pour celle-là, elle est devoir, c'est-à-dire, ce qui, pour la conscience qui ne se dépasse et ne se comprend pas comme une des catégories philosophiques (conscience comme attitude), structure le contenu qu'elle considère comme son thème authentique, à savoir, la liberté, concrète dans la volonté raisonnable et dans l'opposition de cette volonté à l'animalité, à la violence intérieure et extérieure, et concevable seulement en cette opposition à l'animalité. La morale est incapable d'aller au-delà de l'affirmation du devoir, qui oppose dans l'individu le désir et le besoin naturels à l'exigence de l'universalité.

*b.* Le devoir existe, pour l'individu, sous la forme des devoirs, au pluriel : *le* devoir est rencontré dans *les* rapports avec autrui et avec soi-même considéré (et traité) comme un autre. Il est ainsi multiple en tant qu'il est positif, et il devient positif par sa diffraction dans le monde historique (à partir de laquelle l'analyse philosophique remonte à l'unité catégoriale).

Cette positivité des devoirs semble contredire ce qui a été affirmé plus haut au sujet de la négativité de la morale (*cf.* § 12 *b*) : comment, demandera-t-on, le principe de la négativité de la règle morale peut-il être concilié avec la nature positive des devoirs, d'autant que les devoirs, comme il se montrera bientôt, ne sont pas seulement des devoirs d'abstention, de simples interdictions, d'apparence positive par le fait d'être formulées en langage positif, mais prescrivent certaines façons d'agir, des actions déterminées ? Je ne suis pas seulement tenu de ne pas tuer mon prochain, je suis obligé, par telle morale, de donner de mon superflu à celui qui est dans le besoin : l'observation de toutes les morales historiques confirme l'existence de devoirs positifs, l'expérience morale de chacun révèle leur réalité. Faudra-t-il en conclure que la thèse de la négativité formelle (formaliste) de la morale pure est erronée, ou qu'une telle morale ne se rencontre nulle part, quand bien même elle pourrait être conçue sans contradiction ou absurdité ?

Ces remarques, qui se présentent pour ainsi dire naturellement, possèdent une réelle importance philosophique en ce qu'elles obligent à préciser les rapports entre morale formelle et morales concrètes. Elles ne sont pas sans fondement ; en revanche, elles acquièrent leur caractère d'objection seulement par un malentendu philosophique. On notera d'abord que la morale formelle elle-même avait renvoyé à la morale concrète — et y avait renvoyé parce qu'elle avait engendré, en elle-même et d'elle-même, le désir de la positivité. Elle exige et accepte donc la positivité ; mais elle reste négativité et négativité formelle : elle ne peut pas créer, et elle se sait incapable de créer, une morale positive ; mais elle sait en même temps que, en l'absence de toute

1. *Cf. Logique de la Philosophie*, ch. X.

positivité, elle demeurera, en ce qui concerne le monde, inopérante. La morale formelle juge la morale concrète, dont elle postule l'existence. Son jugement sera négatif si elle rencontre un système moral en conflit avec son propre principe de l'universalité ; elle suspendra son jugement aussi longtemps qu'elle ne constatera pas un tel conflit ; mais elle ne donnera sa garantie à aucune morale historique en particulier, puisque toutes les morales universelles, plus exactement : universalisables, sont également admissibles à ses yeux. Son jugement, même s'il semble positif, n'est que la négation de l'affirmation de l'existence d'une immoralité formelle dans la morale considérée. Ce n'est pas malgré le fait qu'elle est négative, mais à cause de lui que la morale pure appelle une morale positive, des morales positives, précisément pour trouver à sa propre négativité son point d'Archimède. Pour paradoxal que cela paraisse, la morale formelle et négative exige des devoirs positifs. C'est l'obligation de faire, non celle d'éviter, qui permet à l'homme moral de mener une vie morale au niveau de la vie vécue, et le devoir négatif n'est que la contre-partie de l'obligation positive : c'est parce que je dois respecter autrui que je n'ai pas le droit de le tuer, c'est parce que je dois maintenir la paix dans *cette* communauté qu'il m'est interdit de conserver pour moi ce qu'autrui m'a confié. Le paradoxe provient d'un glissement catégorial, d'une métabasis dans un autre genre logique, et il disparaît dès que la différence des plans et le rapport précis qui séparent et lient morale formelle et morales concrètes sont pris en considération.

Ce glissement ne se produit, cependant, pas sans raison. En effet, la morale formelle, comme nous l'avons remarqué à plusieurs reprises, ne passe pas *nécessairement* à l'exigence de la positivité. Elle peut se maintenir dans sa pureté absolue : rien n'empêche l'homme qui y adhère et ne veut s'en éloigner en rien, d'accepter les conséquences de sa décision et de nier le sens et la valeur de toute morale positive, partant, de toute action dans et sur le monde. Qu'il aille ainsi au silence et au vide, qu'il n'atteigne le bonheur que dans l'extinction de ce qui fait qu'il est lui, cet homme déterminé, cela ne rend pas une telle décision impossible, ni historiquement, ni logiquement : tout problème de morale historique, de devoirs particuliers positifs (et même négatifs) disparaît, et il n'y a rien à redire à cela. Reste que la décision à l'action, elle aussi, est libre, qu'elle n'est pas réfutée par la décision libre opposée, pas plus que celle-ci n'est réfutée par celle-là : dans les deux cas, la cohérence du discours est sauvegardée. Elle ne l'est plus dès qu'on voudrait profiter des avantages des deux pour son confort moral, c'est-à-dire, arbitrairement et immoralement refuser les devoirs et refuser le silence, le vide, la mort du moi mondain, renvoyer les obligations du monde en invoquant l'insuffisance de toute morale concrète, toujours en effet impure parce que concrète, et refuser l'exigence du vide, qui, très honnêtement, peut promettre le bonheur à l'être empirique qui le cherche, mais ne le lui apporte qu'à condition qu'il s'annihile. On ne concilie pas la solution, par l'absurde voulu et accepté, du problème de la positivité absurde du moi, avec le désir de se préserver dans le monde où l'on ne se préserve pas comme être moral sans obéir aux devoirs de ce monde.

*c.* Puisqu'il s'agit du concept fondamental de la morale, il n'est pas étonnant que ce concept en sa pureté soit, historiquement, de formation tardive : la conscience catégoriale suit partout et toujours l'attitude vécue. La morale philosophique est, certes, agissante ; en tant que philosophie morale, elle n'en est pas moins conscience et elle ne peut naître qu'après que la morale inconsciente a *informé* le monde des hommes. Ce n'est pourtant pas un anachronisme logique, une projection en arrière, l'erreur d'une réflexion tardive, que de déceler dans le devoir la catégorie fondamentale de la morale. Il est vrai qu'il n'apparaît pas dans la plupart des morales passées et présentes et que le terme fait partie du langage des philosophes et des prédicateurs beaucoup plus que de celui de la vie courante, où il reste réservé à ces grandes occasions dans lesquelles n'importe qui fait fonction de prédicateur ou de philosophe (ce qui a pour résultat que ces occasions ne sont guère prises au sérieux). Mais les oiseaux n'ont pas fait des études d'aérodynamique et les hommes, à la poursuite de leur avantage, ont appris à organiser leur travail avant d'avoir développé les fondements de l'économie politique, sans que cela empêche ces sciences de saisir après coup, dans leurs concepts, ce que les uns et les autres font réellement et ont fait longtemps avant l'apparition de ces théories ; il n'est pas requis, non plus, pour qu'il puisse constituer le fondement de la morale, que le concept du devoir joue un rôle prépondérant dans la conscience théorique de l'individu moral. L'homme qui vit selon une morale ne demandera pas : qu'est-ce que le devoir ? Peut-être ne demandera-t-il même pas : qu'est mon devoir, ici et maintenant ? Mais loin de constituer une objection contre la thèse, c'en est la meilleure confirmation, le concept fondamental (la catégorie) étant celui en fonction duquel la vie pose ses problèmes, non celui qui lui devient problème : il ne le devient que pour la réflexion philosophique. Il n'y a pas, et il n'y peut pas y avoir, de morale sans devoirs ; il en existe — et c'est la majorité, sinon la totalité des morales vécues — où *le* devoir ne joue aucun rôle. Le concept contient (au sens de : embrasse) la totalité du problème moral, il ne peut donc devenir thématique qu'au moment où le problème philosophique se pose. La pensée grecque ne possède pas de terme qui corresponde à celui de devoir ; elle se contente d'expressions qui renvoient à *ce qui convient,* à ce que prescrivent la loi politique ou l'usage social, à ce qui est nécessaire dans la communauté et pour elle, elle ne procède jamais à l'intériorisation du devoir (elle procède, en revanche, à ce qu'on peut appeler l'intériorisation de la nécessité, là où le *sage* l'accepte) : le devoir en tant que tel, non tel devoir d'Etat ou d'état, religieux, juridique, mais le devoir comme concept entre en scène (sur la scène de la philosophie) avec la découverte du caractère fondant, non fondé, de la liberté raisonnable, découverte due à Kant (et, pour une part non négligeable, recouverte de nouveau par lui).

*d.* Le devoir se présente comme double, devoir de faire, devoir de ne pas faire, devoirs positif et négatif : la morale concrète en tant que telle (c'est-à-dire, quelle qu'elle soit) étant le guide dans le choix entre possibilités matériellement et moralement différentes, le devoir doit introduire dans l'attitude cette bipolarité (que, d'un point de vue complémentaire, il fonde en logique). Prescription et interdiction se correspondent ainsi, tout devoir de faire produit un devoir de ne pas faire, toute défense trouve sa contrepartie dans un commandement.

Il serait erroné, et philosophiquement dangereux, d'en inférer que la vie de l'homme moral consistât dans le seul accomplissement de ces devoirs positifs et négatifs : cette vie se poursuit dans la société, dans la communauté, à l'intérieur d'un système de mœurs et d'habitudes qui, pour la plupart, sont moralement neutres ; et, en même temps que morale, c'est aussi la vie d'un être naturel et en contact avec la nature. Ce qui fait de lui un être moral, c'est que des problèmes moraux existent pour lui, non seulement des problèmes techniques ; mais ces problèmes ne sont pas les seuls qu'il rencontre et ce n'est pas aux concepts moraux qu'il soumet toutes ses actions sociales, encore moins toutes ses activités d'être naturel. Dans le monde de l'homme moral (et de la morale pure), le moral est essentiel ; c'est-à-dire, il s'y trouve également l'inessentiel, ce qui, du point de vue de la morale, est sans importance : il est sans importance morale que je prenne tel moyen de communication pour arriver à mon lieu de travail à condition que j'y arrive à l'heure et que, le cas échéant, la dépense supplémentaire qui en résulte ne fasse pas tort à ma famille, mes créanciers, etc. ; il importe peu que je respire plus ou moins vite, que j'aille, pour me délasser, au cinéma ou au théâtre, que je mange plutôt des fèves que des haricots. Certes, il est possible d'imaginer des situations où même de tels choix deviendraient immoraux ou moralement recommandables : je peux faire de la peine à un de mes proches, je peux m'abaisser en choisissant le plaisir, quoique la détente soit une nécessité naturelle, à un moment où il faut savoir résister aux exigences de l'animalité ; il s'ensuit seulement que tout peut devenir problème moral, nullement que tout le soit, à tout moment et dans toutes circonstances.

*e.* Comme il s'agit d'un problème central, quelques remarques d'ordre général peuvent se justifier à cet endroit. La morale, comme morale de l'action morale, ne dirige pas le tout de la vie et ne permet pas de le comprendre. Elle n'en est pas réfutée, loin de là : c'est un principe d'autant plus facilement oublié qu'il est plus important, qui affirme que le nécessaire peut ne pas être suffisant, sans qu'il cesse pour cela d'être nécessaire. La morale ne constitue pas le tout de la vie humaine (à moins qu'on ne parle d'une « morale » du silence et du vide, qu'on ne prenne donc le mot dans un sens que nous avons formellement exclu), et sans elle il n'y a pas de vie humaine à proprement parler. La vie de l'homme, pour moral qu'il se veuille, n'est pas un tissu de devoirs ; elle ne serait ni morale ni humaine sans ces mêmes devoirs.

La vérité ainsi rappelée est banale. Mais la vérité a ceci de particulier que, une fois reconnue, elle l'est toujours, banale comme le four banal qui sert tout le monde et dont tout le monde peut et doit se servir. Il est banal d'affirmer que deux plus deux font quatre, il est original de dire que leur somme est de 3,9 ; mais, très banalement, il est préférable de s'en tenir à la première de ces équations. La philosophie, en particulier, si elle tient à être vraie, n'est qu'une collection de banalités et ne peut être que cela : si elle ne dit pas ce que tout l'homme sait (mais ne sait la plupart du temps, il est vrai, que de manière inconsciente, ce qui fait que la vérité apparaît dans les actes, et se cache ou est niée dans les paroles), si elle ne dit pas ce qui permet à tout homme de reconnaître qu'il s'agit de lui-même et de ce qu'il fait, sent, voit, pense, la philosophie sera originale, c'est-à-dire fausse, et sa fausseté se montrera, soit dans son incohérence, soit dans son incapacité de retrouver ou de conserver la possibilité de comprendre positivement ce qui, selon les discours et les actions de tout le monde, importe.

L'entreprise de la philosophie n'est d'ailleurs pas plus facile pour avoir trait aux banalités : les indiquer toutes et les indiquer dans l'ordre n'est pas un simple passe-temps, — ce qui, de nouveau, constitue une banalité. Il faut pourtant parler, non seulement de ces banalités, mais encore du caractère banal de toute vérité, et spécialement des vérités philosophiques de la morale, parce que trop souvent la volonté d'échapper à ce qu'on considère comme l'ennui des évidences premières a eu des conséquences fâcheuses dans ce domaine. Il est banal de parler du devoir, il l'est moins, du moins en apparence, de proclamer que la vraie vie humaine n'a rien à voir avec le devoir et son accomplissement. Il est naturel, en d'autres termes, affaire de modeste réflexion, de passer immédiatement à une morale créatrice, à de nouvelles tables, à la liberté abyssale qui ne saisit rien et ne se saisit pas, parce que, pour elle, tout ce qui est saisissable n'est pas elle et que toute volonté de saisie, serait-ce de soi, est déjà trahison, retombée dans l'anonymat de la vérité morale qui, en effet, n'est pas la mienne ou la vôtre, mais anonyme parce que vraie pour chacun. On fait bien de protester contre une façon de penser qu'on désigne traditionnellement comme moralisme et dont l'erreur consiste dans l'affirmation arbitraire de la prédominance absolue et exclusive des problèmes moraux. On fait moins bien quand, pour échapper à ce danger réel, on nie l'exigence d'universalité sur laquelle on s'appuie pour affirmer la vérité des propres thèses.

*f*. Pour la pratique de la vie, la morale philosophique, une fois qu'elle s'est décidée à l'action et a refusé l'extinction de toute positivité, y compris celle de l'individu moral, enseigne que les devoirs de la morale concrète à laquelle l'individu appartient par sa naissance ou par un choix historique (biographique) doivent être remplis. On a ainsi pu dire qu'il n'existe qu'un seul devoir, celui de l'honnêteté, et que ce devoir contient en lui tous les autres.

En effet, est honnête celui qui remplit ses devoirs parce qu'il est moral, non par crainte des conséquences ou sous la pression sociale, politique, économique, celle des lois, etc. Il a reconnu comme obligation ce qu'il sait pouvoir exiger de tout autre membre de la communauté, parce qu'il a compris que seule l'obéissance au devoir rend possible une vie en commun et que toute paix deviendrait impossible si les individus s'arrogeaient le droit de tricher : l'on peut compter sur l'homme honnête, sachant qu'il accomplira son devoir quand bien même celui qu'il aurait pu léser n'aurait aucun moyen de le confondre ou de le punir. En un mot, la possibilité de la non-violence à l'intérieur de tout groupe humain repose sur l'honnêteté.

L'honnêteté est ainsi le vrai résumé de toute morale positive. Mais cela même suffit à montrer qu'elle est devoir formel : quelle que soit la morale, elle ne vivra qu'à condition que ceux qui s'en réclament soient honnêtes. Il en découle que l'honnêteté, devoir formel, constitue, comme tout formel, la condition nécessaire, non la condition suffisante de la moralité des actions : on a très tôt remarqué qu'il existe une honnêteté des voleurs entre eux et qu'ils ne cessent pas pour cela d'être des voleurs. Nous sommes donc renvoyés à la morale formelle : ce n'est qu'à elle que nous pouvons demander des critères complémentaires si nous voulons pouvoir nous prononcer sur la moralité d'une morale, plus exactement — car, comme il a été exposé plus haut, la morale formelle ne peut pas sanctionner l'une quelconque parmi les morales concrètes comme *la* morale concrète — si nous voulons pouvoir décider si telle morale donnée est admissible.

Les critères cherchés existent, allant du formel pur au formel du concret, à ce qu'on pourrait appeler les aspects techniques des morales positives. Le premier est celui de l'universalité de la morale concrète : si la morale philosophique ne peut pas déduire les devoirs concrets, elle peut soumettre tout système donné à son jugement. Et ce jugement sera de condamnation dès qu'une morale distingue entre hommes essentiellement libres et d'autres qui ne disposent pas du *don* de la liberté, que la liberté, la raison, la responsabilité y deviennent des cadeaux que la nature fait aux uns et refuse aux autres et que même la liberté des hommes libres se transforme en détermination extérieure. Une telle morale ne reconnaît pas la définition de l'homme qui est celle de la morale philosophique (et de la philosophie morale) : l'homme, en tant qu'homme, n'y a plus la *faculté* d'être raisonnable et libre — la faculté, la possibilité de réaliser, dans et contre la violence, le sens de la vie, de sa vie, dans l'universalité. Sans doute, cette faculté, beaucoup d'hommes, la plupart des hommes si l'on veut, ne font rien pour l'exercer ; comme faculté et possibilité, elle ne peut pourtant être contestée à personne. La constatation que tel homme ne mène pas une vie d'être libre et raisonnable n'a de portée morale qu'à condition qu'on lui reconnaisse la faculté de la raison : ce n'est que parce qu'ils possèdent une faculté qu'ils n'exercent pas, que le fou et le criminel restent des êtres humains et que l'enfant en deviendra un.

La morale pure n'est cependant pas obligée de se contenter de ce rappel de son propre fondement. Comme elle a ici affaire au concret et à l'historique, d'autres conditions se présentent, qui peuvent se résumer dans la formule : il faut que toute morale soit praticable. Ce qui s'entend de deux façons. Une morale n'est pas praticable au sens strict si elle contient des contradictions : si elle impose des obligations qui se contredisent, elle ne peut guider personne et, par conséquent, n'oblige personne. Si je suis obligé de défendre la patrie par tous les moyens et qu'en même temps il est exigé que je respecte la vie humaine quoi qu'il arrive, je ne suis pas seulement désemparé, je ne peux même plus concevoir l'universalisation d'une telle incohérence : deux impératifs mutuellement exclusifs ne peuvent être conçus comme fondant une loi suivie par tous et toujours. Mais à côté de ce premier sens de l'expression d'impraticable existe un autre, moins directement relié à la morale formelle. La morale positive est morale d'un monde donné, conditionné, déterminé : il se peut que telle morale soit en contradiction avec les circonstances dans lesquelles elle prétend régler la vie. S'il faut prendre des bains au désert, s'il faut offrir des sacrifices coûteux dans une période de famine, ou bien la morale disparaîtra, ou bien la communauté qui voudrait lui rester fidèle. Il ne s'agit pas, en ce cas, d'une opposition directe entre morale positive et morale pure, étant donné que l'homme *peut* préférer la mort à l'abandon de sa morale ; l'opposition existe cependant dans les conséquences : universalisée, une telle morale mènerait à la mort de tous les individus moraux, détruirait la possibilité du progrès moral et réintroduirait la violence.

L'honnêteté n'est donc la seule règle que dans le cas d'un groupe humain qui possède une morale remplissant ces deux conditions — ce qui, à la limite, présuppose que cette communauté vive selon une morale évidente et ne se trouve en face d'aucun problème moral : l'honnêteté, plus exactement, la possibilité offerte à tout individu de régler sa vie sur ce seul concept, désigne plutôt un idéal philosophique et politique, l'exigence d'un monde humain en parfait équilibre moral, qu'elle ne constitue une règle utilisable partout. Cela ne réduit pas son rôle à néant, au contraire ; là où l'honnêteté ne suffit pas, où des situations typiques ne possèdent pas de solutions qui vont sans dire, on peut être sûr qu'il n'y a ni communauté morale parfaite, ni collaboration sociale sans violence. Mais si la seule règle de l'honnêteté suffisait, il n'y aurait pas de problèmes moraux, pas plus que de philosophie morale ; le problème moral apparaît à celui qui se veut moral, aux brêches de la morale sociale, là où celle-ci ne fournit pas une règle de conduite sans ambiguïté, où l'individu ne voit plus ce qu'il serait « naturel », « évidemment » moral de faire, où les intérêts vitaux et la règle morale ne se rejoignent pas.

On ne justifie pas ainsi, encore moins prêche-t-on, le romantisme moral qui trouve dans les « problèmes » des assassins et des voleurs de quoi se délasser de l'ennui des vérités trop simples : le monde des hommes civilisés est arrivé à un point où celui qui se demande sérieusement s'il a ou non le droit de voler ou de commettre un assassinat n'est pas moral : un homme moralement civilisé ne se pose plus de telles questions, et même le voleur et l'assassin savent bien qu'*on* ne vole et n'assassine pas. Certes, les exemples de l'assassin et du voleur, parce que dépassés, fournissent des illustrations commodes à qui développe le principe de l'universalité de la morale : ils présentent des cas devenus évidents de conduite immorale. Ce ne sont cependant que des exemples d'école, et, employés exclusivement, ils présentent le grave inconvénient de faire apparaître les problèmes moraux comme dénués de tout intérêt « réel », c'est-à-dire de tout intérêt, pour celui qui parle et celui qui écoute. Or, que des problèmes « réels » subsistent, il suffit, pour s'en convaincre, de demander en quoi la « véritable » honnêteté consiste là où la morale historique ne satisfait pas aux exigences de la morale de l'universalité ou à celles du lieu et du moment. Est-il honnête d'exécuter honnêtement les ordres d'un gouvernement tyrannique et qui, dans ses actes comme dans ses déclarations, nie l'universalité ? Est-il honnête de dire la vérité à quelqu'un qui se servira du renseignement obtenu pour commettre un crime ? Est-il honnête d'adhérer honnêtement à une morale de fait qui contredit, peut-être pour de bonnes raisons, à la morale proclamée de la communauté ? L'est-il d'être honnête envers une façon de vivre qui, serait-ce inconsciemment, conduit à la destruction de toute conscience morale ou, à l'opposé, à celle de la communauté ? On ne conclura pas de ces questions qu'en chaque cas la réponse doive « évidemment » être négative : s'il en était ainsi, le problème ne serait pas un problème moral du tout. La réponse n'est évidente en aucun cas, parce que des arguments existent qui vont contre les « évidences » : une morale moralement insuffisante est moralement supérieure à la violence pure, le mensonge, quel qu'en soit le motif, détruit la confiance, la destruction de la conscience morale n'est que prédite et peut résulter aussi bien d'une révolte morale qui abolirait la paix : c'est précisémemt ce qui montre qu'on se trouve en face de « cas de conscience », et que la règle de l'honnêteté se révèle insuffisante.

*g.* Il appert de cette façon que le devoir est bien devoir de faire et devoir de ne pas faire, mais que la morale universelle (de l'universalité), encore sous la forme du devoir d'honnêteté, renvoie l'homme moral (qui se veut moral) à la morale concrète et historique, tout en lui faisant une obligation de l'examen moral de cette même morale. Sans doute, l'individu doit satisfaire à l'attente légitime de ses prochains ; mais d'autre part, il lui incombe aussi de décider ce qui est « vraiment » légitime et ce qui ne l'est pas. Le dédoublement de l'individu reparaît au niveau des devoirs : le devoir se présente comme devoir double, comme double allégeance, double fidélité, du sujet envers la propre raison, et de l'individu envers la morale concrète, que, néanmoins, il doit vouloir universelle et telle qu'elle permette à chacun de vouloir être raisonnable (non-violent et non-arbitraire) dans les circonstances où il se trouve placé, de s'élever suffisamment au-dessus du besoin immédiat et des désirs naturels (*naturels* selon le jugement historique de la communauté) pour considérer besoin et désir comme problèmes de morale, de sa morale, et pour pouvoir chercher, au delà des satisfactions, le bonheur de l'être raisonnable, (ce qui suppose qu'il n'ait pas à choisir, toujours de nouveau, entre l'acte pour lui immoral et la mort).

Avant de procéder plus loin, il est nécessaire de considérer quelques points, auxquels des confusions graves pourraient facilement s'installer et, en fait, se sont installées par la faute de traditions tenaces, nées de la décomposition de théories en soi cohérentes, mais philosophiquement insuffisantes.

La morale découvre dans le devoir sa catégorie. Cette catégorie ne saurait coïncider avec un autre concept présenté comme fondamental (fondant) en morale, celui du bonheur. Il est vrai, et nous-même avons insisté sur ce thème, auquel, d'ailleurs, nous aurons à revenir, que c'est la recherche du bonheur qui est au début de l'enquête de la philosophie morale et que la morale philosophique promet à l'homme précisément le bonheur. Mais le bonheur définit la visée de la morale — visée qui peut rester inconsciente —, il ne lui fournit pas la catégorie de son discours : des morales historiques ont pu déterminer leurs règles par l'appel au devoir, en refusant toute référence au bonheur. Sans doute, le bonheur y a été pris dans un sens matériel (non « matérialiste »), comme déterminé par la nature biologique, psychique, historique de l'homme (bonheur-plaisir, bonheur-puissance, bonheur-personnalité, etc.), tandis que pour la morale pure, le bonheur reste entièrement formel (« abstrait » selon le langage ordinaire, qui oublie que la véritable abstraction n'est que la détermination particulière quand elle est conçue comme exclusive d'autres déterminations également légitimes et nécessaires). Mais la quête du bonheur, dans laquelle l'homme se découvre comme être raisonnable-libre-responsable, ne peut, en tout cas, pas se guider sur la seule indication du bonheur. Précisément parce que le bonheur voulu est *voulu*, c'est-à-dire, bonheur de l'être raisonnable et bonheur dans et par la raison, il ne peut se montrer à l'individu fini que sous la forme du devoir, du respect de soi comme d'un être indéfiniment universalisable dans et par sa volonté, jamais universalisé dans son existence finie.

De même, la théorie des valeurs ne peut présenter la valeur comme catégorie philosophique de la morale qu'à l'aide d'une confusion. Elle peut donner naissance à une science positive, celle de la description des morales historiques selon une conception qui se propose d'expulser de l'histoire tout jugement de valeur[1]. Malgré l'erreur philosophique que constitue une telle conception *(cf.* § 8 *b)*, la méthode qu'on emploie dans ce genre de recherches peut produire des résultats du plus grand intérêt pour l'histoire (et même pour la philosophie, mais d'un intérêt autre que moral). En tout cas, il s'agit de science, non de philosophie : si les valeurs obligent, elles ramènent au devoir ; si elles ne font qu'exister, elles guident, ou peuvent guider, en fait, mais ne sont plus justifiées (ni, à plus forte raison, justifiantes). Dès qu'on l'oublie, qu'on tente de remplacer la philosophie par cette science, on aboutit au scepticisme, et non seulement en ce qui concerne la morale. Précisément ceux qui ont poursuivi de telles tentatives avec le plus grand sérieux ont fini par nier, souvent, il est vrai, à leur insu, la valeur du concept de valeur, dont pourtant ils étaient partis. Le fait est que, en l'absence d'une morale philosophique, toutes les valeurs se valent, ce qui signifie qu'aucune d'entre elles ne vaut rien : l'homme, vide et nu, entrerait dans un magasin de valeurs pour y choisir ce qui lui conviendrait, sans qu'il ait le moyen de savoir ce qui fera, ou non, son affaire ; le résultat inévitable sera que le philosophe de la valeur se trouve rejeté (ce qui n'implique pas qu'il en prenne toujours connaissance) sur une liberté vide, la pure obligation purement impensable de se déterminer à il ne sait quoi, en fonction de rien ou, si l'on aime mieux l'expression, du néant de tout sens. Il est facile de voir comment la prise de conscience d'une telle situation conduit à la négation vide de ce vide des valeurs sans valeur, comment sous les apparences d'une profondeur infinie, le nihilisme se présente comme la dissolution du problème, et comment, en fait et pour la philosophie, qui ne se contente pas de cris et de balbutiements, cette prétendue révolution de la pensée laisse chaque chose à sa place et fait du choix arbitraire de valeurs arbitraires une nécessité insensée, et insensée selon la thèse même, aux tenants de laquelle le problème, pour être nié, ne cesse pas de se poser.

Par rapport à ce raffinement de la réflexion vide (vide parce qu'elle a fait le vide), la science historique des valeurs a le grand mérite de permettre la saisie du positif dans sa positivité. Dès qu'elle veut dépasser la description historique, elle devient, il est vrai, insuffisante ; mais cette insuffisance même peut conduire celui qui ne cherchait pas la compréhension philosophique à une réflexion sur le contenu des systèmes de valeurs, donc sur la forme philosophique, ouvrant une issue du cercle que le formalisme historisant ne sait pas rompre : elle rend ce cercle insupportable et rejette ainsi l'homme, non sur une prétendue liberté de toute détermination, mais sur la liberté de se déterminer dans les déterminations qui sont les siennes : pour revenir à

1. *Cf. Logique de la Philosophie*, ch. XI (Intelligence).

une image déjà employée, elle peut faire découvrir à l'homme qu'il n'est jamais nu et que tout nouveau costume n'est que changement[1].

Une autre confusion se produit souvent par suite de l'introduction prématurée du concept de vertu. A la vérité, le danger est moins considérable. Il suffit de faire remarquer que la vertu se définit, à ce niveau, comme la qualité de l'homme qui accomplit ses devoirs, ce qui réduit avec évidence le concept de vertu à celui de devoir (*cf.* ce qui vient d'être dit de l'honnêteté). Les inconvénients sont plutôt d'ordre psychologique. Ce n'est pas seulement qu'on gaspille un terme nécessaire ailleurs, en l'employant là où il est superfétatoire et crée des malentendus ; c'est surtout que cet emploi prématuré évoque le moralisme, cette façon de parler, exceptionnellement aussi de vivre, qui présente l'accomplissement, d'ordinaire anxieux, des devoirs comme le seul contenu de l'existence humaine : le devoir, entièrement négatif et ne consistant que dans la fuite devant la faute, devient la négation de toute action positive. Une telle attitude de repli constitue, nous l'avons noté, la tentation, bien plus, l'aboutissement logique de toute réflexion morale qui se veut pure : comme, par elle-même, elle ne sait indiquer ce qu'il faut faire, mais seulement ce que, à tout prix, il faut éviter, il faut un nouveau départ et une nouvelle décision avant que l'homme ne se saisisse comme capable et obligé d'agir par sa négativité sur la positivité du monde. Cette décision prise, c'est la morale pure elle-même qui constate que l'obligation de ne pas accomplir d'acte moralement répréhensible comporte celle d'agir positivement : le risque de l'erreur morale est toujours présent, mais le renoncement à l'action constitue à présent plus qu'un tel risque, il *est* erreur morale. Le moralisme voudrait se tenir dans le monde, mais dans le monde, il voudrait éviter tout risque de faute, il voudrait tirer de la loi morale formelle une règle positive, tout en sachant que cette loi restera toujours formelle. Le terme de vertu couvre cette contradiction du moralisme : pris tantôt comme désignant la qualité de celui qui, sans jamais poser la question de la valeur morale de cette morale, observe les devoirs d'une morale historique, tantôt comme désignant l'excellence de celui dont l'universalité ne fait que juger toute obligation déterminée, il se rend suspect à juste titre à ceux qui, ne serait-ce qu'en leur sentiment, exigent une décision entre deux attitudes possibles, mais inconciliables. Le plus souvent, d'ailleurs, on se contente d'énumérer les vertus que l'homme moral (ou, comme on dit parfois, de valeur morale) doit posséder et pratiquer : entreprise très légitime, mais qui n'a rien à voir avec la philosophie. On décrit, mais en langage impératif, la morale positive dans laquelle on vit, sans que la réflexion mette en question cette morale ; tout au plus essaie-t-on de la reconstruire selon

1. Cette référence à l'histoire montre que le problème qu'on vient de toucher ne peut être formulé que dans le contexte de la philosophie systématique, que donc la philosophie morale n'est pas à même de le poser correctement et de le résoudre ; mais particularisé et réfracté par la réflexion morale, il garde toute son importance : une théorie morale se montre comme non-philosophique quand elle empêche, quand elle n'impose pas le passage de la morale à la logique philosophique.

l'idéal de la cohérence formelle et fournit-on un effort qui, sans être à proprement parler philosophique, n'est pas étranger à celui de la philosophie, et qui, honnêtement poursuivi, est d'une valeur éducative certaine, moins en inculquant telle vertu qu'en montrant comment toute vertu isolée est abstraite et devient impraticable dans son isolement : le courage sans la prudence non seulement n'est plus vertu, il devient vice. — Ajoutons qu'une théorie philosophique des vertus, loin d'être vouée à l'échec, reste, au contraire, une tâche essentielle ; mais ce qui à présent est en question, c'est le problème du fondement catégorial de la morale, et c'est en ce contexte que le concept de vertu et, davantage encore, celui d'un système de vertus se montrent insuffisants. L'énumération naïve des vertus n'est rien d'autre que la théorie des valeurs, seulement débarrassée, ou plutôt privée, de toute référence à l'histoire ; elle est, à la limite, l'essai d'affirmer un monde de morale concrète *évidente*, de certitude — essai contradictoire en lui-même, puisqu'une morale de la certitude se caractérise, avant tout, par le fait de n'avoir pas besoin de reconstruction ni de théorie réflexive, et de n'avoir pas de place pour elles.

16. *Tout devoir de l'homme moral est fondé sur le devoir envers soi-même, qui est devoir d'être heureux. Le devoir envers soi-même devient concret dans le devoir envers autrui.*

*a.* Il faut craindre que même ceux qui laissent passer l'emploi du concept démodé du devoir ne protestent contre celui du devoir envers soi-même. Qu'il y ait des obligations envers autrui, passe encore ; que le respect intéressé de la force supérieure du nombre et la sage peur des conséquences ne soient pas toujours seuls à inspirer les actes, on l'admettra à la rigueur ; on tirera même, une fois la question posée de cette façon, une révérence plus ou moins sincère au principe de l'universalité, de l'égalité de tous les hommes. Il en est autrement du concept du devoir envers soi-même, et pour diverses raisons.

La plus simple et la plus profonde des objections se formule ainsi : si des devoirs envers soi-même existent, qui sera le juge de ce qui est devoir et qui appréciera si tel acte, ou telle intention, est contraire ou non à ce devoir ? L'objection est profonde, c'est-à-dire, elle va directement au problème de ce devoir, et elle aide ainsi à en saisir l'essence. Cela, cependant, ne la légitime pas. En effet, elle confond devoir et obligation, et elle construit le devoir envers soi-même d'après le type de l'obligation envers autrui. Or, s'il est parfaitement correct de considérer le devoir envers autrui *aussi* comme une obligation, il n'est pas seulement cela, étant donné que le devoir implique l'acceptation raisonnable et libre, en un mot *voulue*, de l'obligation ; mais l'obligation subsiste même si elle n'est pas acceptée, et autrui *exige* de moi que je respecte ses droits et il se réclame du principe de l'universalité, même si je refuse ce principe, en en appelant à l'opinion, aux tribunaux, etc. Il n'en est pas de même du devoir envers soi : personne ne peut en exiger l'accomplissement, personne n'a le droit ou la possibilité d'en contrôler l'observation, et il ne se trouve pas de juge qui puisse m'y contraindre : en ce sens, le devoir envers moi-même ne peut jamais devenir obligation. Ce qui s'ensuit n'est pas qu'il ne puisse pas y avoir un tel devoir, mais seulement qu'il ne doit pas être interprété sur le modèle du devoir envers autrui et de l'obligation.

De là, une autre objection. Moi, je suis le juge, je suis aussi l'accusé et, le cas échéant, je suis condamné et puni par moi-même : je suis mon propre persécuteur et la victime de ma propre folie persécutrice. L'argument, d'apparence impressionnante, doit être débarrassé, avant toute discussion philosophique, de certaines connotations d'ordre psychologique. Le sentiment de culpabilité, d'insuffisance morale, de non-valeur personnelle n'est pas seulement répandu à une époque qui, pour des raisons que nous n'avons pas à élucider ici, fait de l'individu un objet à ses propres yeux, sans lui fournir la possibilité de comprendre ce que « à ses propres yeux » signifie (à savoir, du point de vue de l'universalité du discours) ; ce n'est pas, non plus, seulement le fait que l'individu, ainsi déséquilibré et empêché de concevoir un équilibre possible, verse trop souvent dans les rationalisations, illégitimes en ce qui concerne leur vraie nature, de ses craintes et, se croyant à la recherche de l'universalité pensée, s'en éloigne pour tomber dans la folie ; c'est surtout que, maintes fois, une forme de la conscience morale historique de notre époque, conscience décomposée, incohérente et qui s'interprète comme victime d'une histoire à la fois héroïque et catastrophique, mais jamais comme volonté raisonnable, montre elle-même les traits d'une telle folie et du désir obsessionnel d'auto-punition qui lui correspond. Les raisons profondes de cet état de choses ne relèvent pas de la morale, sauf dans la mesure où la morale exige la cohérence concrète dans l'universalité formelle ; elles ressortissent à la philosophie politique. Or, la politique, philosophique ou empirique, ne peut ni ne doit servir d'excuse à une réflexion morale défectueuse : si personne n'est obligé (ne peut être forcé) de penser la morale, ceux qui pratiquent mal la réflexion ne peuvent pas, en revanche, s'abriter derrière les malheurs du temps, étant donné que ce sont ces « malheurs » qui fondent leur réflexion, inconcevable dans un monde « heureux », c'est-à-dire, inconscient de tout problème moral, étant donné aussi que personne n'a la possibilité d'attendre, on ne sait de qui ou de quoi, l'occasion de devenir être pensant et moral. On peut refuser le problème moral comme on peut refuser la morale, toute morale, tout devoir ; on ne peut pas parler de morale et de devoir de l'individu en tant que raisonnable et ajouter que ce sera pour demain et que, entre temps, on reste objet aux mains de l'histoire, des forces profondes, de la civilisation actuelle. Que la morale de notre époque soit incohérente, rien ne le montre mieux que l'apparition de problèmes moraux et politiques qui, loin de constituer de simples problèmes techniques, sont de vraies mises en question du sens de l'existence humaine en sa totalité ; mais cette incohérence de la morale existante n'est pas corrigée et guérie quand on ne fait qu'en accuser l'existence, dans les deux acceptions du terme d'accuser : échappatoire qui, au contraire, aggrave le mal en introduisant la contradiction dans la pensée et dans l'individu pensant. Au lieu d'envisager la situation de la communauté telle qu'elle est (sur le plan politique) et de l'individu tel qu'il est et ne peut pas ne pas être, au lieu de comprendre ce qu'est le devoir d'être raisonnable, on condamne le monde et les hommes (et donc soi-même), tout en refusant tout tribunal légitime et tout critère fondé. Aussi ne faut-il pas s'étonner de rencontrer les jugements les plus curieux. Au nom de la morale (on se garde la plupart du temps de prononcer le mot), on refuse toute morale concrète et, en particulier, celle qui a mené l'humanité au point où, consciemment, elle peut vouloir dépasser toute non-universalité : le scepticisme total reçoit sa justification d'une exigence absolue et d'absolu. Sur le plan des individus, c'est l'auto-condamnation : on comprend facilement que l'homme d'action se moque du théoricien, puisqu'il se laisse guider par la pensée incarnée dans les institutions et par les problèmes que lui posent (c'est ainsi qu'il le voit) les situations ; on comprend moins bien que ceux qui déclarent penser, c'est-à-dire, traduire en un discours en principe cohérent, ces problèmes et qui doivent, s'ils réussissent dans leurs analyses, contribuer puissamment à la modification de ces situations en établissant d'autres points de vue et, partant, d'autres situations — que ces mêmes hommes affichent souvent le mépris de la pensée, développent une sorte de nostalgie de l'inconscience et de l'action brutale ou rusée et ne connaissent pas de pire insulte que celle d'*intellectuel* : par quoi ils ne veulent pas dire que celui qui veut penser le réel et ce qui doit être devrait connaître son métier, ce qui est, en effet, souhaitable, mais que la pensée abstraite — et ils appellent abstrait tout ce qu'ils ne regardent pas comme instrument possible au service de leurs buts arbitrairement choisis — est mauvaise parce qu'elle produit ce qu'eux appellent scepticisme, le « scepticisme » de ceux, s'entend, qui, avant de reconnaître les prétendues nécessités et évidences de ces choix, désirent apprendre sur quoi celles-ci se fondent et de quel droit on parle d'évidences irrécusables. Qu'ils se condamnent ainsi eux-mêmes, cela leur échappe avec grande régularité, heureusement pour eux. Pour la philosophie morale, leur faiblesse apparaît clairement dans cette réfutation d'eux-mêmes par eux-mêmes et dans le fait complémentaire qu'en condamnant toute pensée qui veuille comprendre et, pour y arriver, se comprendre, ils privent leur propres thèses jusque de la possibilité de s'affirmer vraies.

Ce sont de telles proclamations inconscientes de culpabilité inconsciente qui ont rendu suspect le concept du devoir envers soi-même — et il faut avouer qu'il serait préférable de l'abandonner, s'il devait enfoncer l'homme dans les ténèbres de l'anxiété moraliste pour le tirer de l'obscurité du faux nihilisme ratiocinant et aveugle (ou l'inverse). Mais ces thèses, sur le plan de la pensée, n'ont aucun lien avec lui, si elles en ont pour la psychologie de l'inconscient : celui qui se juge n'est pas nécessairement un angoissé, un malade, un fou, quoique ce soit une des spécialités des angoissés de s'accuser et de se condamner sans *raison.* Pour l'instant, il suffit de montrer quelles sont les racines (immorales) de cette angoisse, qui est souvent angoisse de l'angoisse ; il suffit, en d'autres termes, de combattre la confusion que les angoissés et l'angoisse de l'époque ont créée. La présentation positive du concept complétera les remarques précédentes, en montrant en quel sens l'individu moral peut être, raisonnablement et en plein équilibre, juge et accusé en la même personne.

Auparavant, il faut cependant faire justice d'une autre objection : le concept du devoir envers soi-même, fait-on remarquer, est de formation tardive et ne se rencontre pas dans la totalité, ni même dans la plupart, des systèmes moraux. En ce qui concerne la question du fait, on ne contestera pas l'affirmation : il n'est pas douteux que le concept et les problèmes qui s'y rattachent n'apparaissent, du moins de façon explicite, qu'avec l'apparition du christianisme, voire, au moment de la sécularisation de la morale chrétienne. L'erreur philosophique de l'objection est de procéder d'une fausse conception de l'universalité, qu'elle confond avec la généralité empirique : le problème moral tout entier n'a pas été présent comme problème formulé, pas même comme problème formulable, à n'importe quel moment de l'histoire ; mais que toute vérité porte une date de naissance ne fait pas qu'elle soit autre chose qu'une vérité ou qu'elle soit moins universelle. Certes, le problème universel de la morale universelle et de l'universalité est devenu thème de pensée à un moment donné (qu'il est facile de fixer, puisque c'est celui de la révolution kantienne, infiniment plus radicale et importante dans le domaine de la morale que dans celui de la métaphysique, au point que ce dernier aspect du système ne se comprend qu'en fonction du premier) ; mais ce qui alors a fait son entrée est une vérité et il le reste, nonobstant le fait que, comme toute autre, elle a dû être découverte. Cela ne signifie pas qu'il n'y ait en ce fait aucun problème ; il y en a, au contraire, et de grande conséquence, mais pour la philosophie de l'histoire et, par là, pour la philosophie systématique ; cependant, comme il a été dit plus d'une fois dans ce qui précède, cette constatation ne doit pas tourner à l'excuse et au refus du problème moral dans sa spécificité. Le problème philosophique de l'universalité morale (de la morale de l'universalité) existe parce qu'existe le problème de cette universalité dans le monde humain, tel qu'il est devenu par l'effort inconscient des hommes vers la conscience : le seul sens de l'objection, si tant est qu'elle en possède au niveau de la philosophie — il en est autrement au niveau de l'histoire et des sciences positives de la société —, est le même que celui de la nostalgie d'un monde de la certitude, nostalgie qui ne peut se justifier en raison qu'à condition de se traduire en concepts et discours cohérents. On n'échappera pas aux problèmes de son temps en alléguant la situation non problématique d'autres époques. La philosophie cherche ce qui est vrai toujours et partout ; mais elle le cherche ici et maintenant et il faut que les vérités qu'elle énonce soient accessibles et acceptables aux hommes *hic et nunc*. Que le problème de la morale philosophique et celui du devoir envers soi-même, qui lui est inhérent, n'aient pas été les problèmes de toutes les civilisations et de toutes les communautés, qu'ils ne le soient pas devenus pour tous et pour chacun, cela n'en réduit pas la validité, cela l'augmente, s'il est permis de distinguer des degrés de validité.

*b*. Le concept de devoir envers soi-même exprime le fait que, pour lui-même, l'individu n'est pas pure raison et ne se réduit pas à ce que la tradition appelle sa partie raisonnable. Il se *veut* raisonnable : lui, raisonnable, veut agir, selon le principe de l'universalité, sur lui-même, être fini, passionnel, être de besoins et de désirs et exposé à la tentation. En ce sens, l'individu devient véritablement objet et matériau pour lui-même, l'être fini pour l'être raisonnable, et veut le devenir, puisqu'il s'agit de devoir : ce n'est pas parce que son intérêt bien compris, ni parce qu'un devoir envers autrui l'exigerait, qu'il *veut* observer la règle morale ; c'est qu'il se doit à lui-même d'être raisonnable, puisqu'il a choisi d'être heureux par et en la raison, quand bien même il s'interdirait ainsi toute satisfaction de son être empirique. Le devoir envers soi-même se détermine comme le devoir d'être heureux en tant qu'être raisonnable.

La formule ne manquera pas de choquer. En effet, quoi de plus contraire, de plus mutuellement exclusif, que les concepts de devoir et de bonheur ? Le devoir n'est-il pas la négation du bonheur, le refus d'en envisager seulement la possibilité ? Et le bonheur n'est-il pas, avant toute chose, l'absence de cette contrainte intérieure par laquelle s'exprime le sentiment du devoir ? De telles observations négligent non seulement l'acception qui a été donnée ici aux termes — et un des droits les moins contestables d'un auteur est celui de définir les termes dont il se sert —, elles ne voient pas, ce qui est infiniment plus important, que l'usage courant, très différent en effet de l'usage philosophique, conduit à des paradoxes insolubles. Le problème moral naît du sentiment du malheur moral, c'est-à-dire, du sentiment que la vie est devenue insensée : en un mot, le début de la réflexion est la recherche du bonheur. On oublie également que ce qui d'ordinaire est considéré comme bonheur, la satisfaction des besoins et des désirs naturels ou historiques, est un but qui, s'il est atteint, l'est à la faveur de circonstances entièrement fortuites : toute l'expérience de l'humanité, antérieure à toute réflexion morale, se résume en ces plaintes répétées de génération en génération, de civilisation en civilisation, qui exposent le malheur de l'homme qui cherche son bonheur dans ce qui ne dépend pas de lui. S'il veut pouvoir être heureux, il ne doit s'en remettre qu'à lui-même, au point que c'est de lui-même en tant qu'être empirique qu'il doit se libérer. Tâche impossible, dira-t-on, à moins que l'homme ne se tourne vers le vide et le silence, où en effet il n'y a plus de problèmes à résoudre puisqu'aucun problème ne subsiste. Mais c'est parce qu'elle apparaît comme impossible à celui qui veut rester dans la positivité de la vie, que la tâche elle-même, une fois reconnue, permet de disperser cette apparence qui fait du bonheur de l'être raisonnable le malheur de l'individu empirique et qui restera, nécessairement et toujours, empirique pour lui-même.

Le bonheur existe, pourrait-on résumer, et nul homme n'est heureux : la formule montre qu'il s'agit d'un emploi ambigu du terme central. Or, il suffit de faire remarquer, ou plutôt de rappeler, que le bonheur dont il est question dans le contexte de la morale universelle ne prétend nullement apporter à l'individu la satisfaction de ses désirs, même pas celle de ses besoins. En tant qu'individu biologique, psychique, social, historique, l'homme est être fini, et il ne se libérera pas de ce caractère qui le constitue et qui constitue tout ce qui vit. La morale lui promet, en revanche, qu'il pourra être heureux, quelles que soient les circonstances, les privations, les souffrances, dans la mesure, dans toute la mesure et seulement dans cette mesure, où il *veut* être heureux d'un bonheur raisonnable, dans le respect de sa propre dignité d'être raisonnable. Le stoïcien qui déclara que la goutte pouvait bien le torturer, mais qu'elle ne l'amènerait jamais à avouer qu'elle fût un mal, disait la vérité de la morale : pour l'être raisonnable, sa propre indigence est un fait et n'est qu'un fait, c'est-à-dire, moralement neutre, plus exactement, d'importance purement matérielle pour la morale. Il est facile de se moquer d'une telle attitude ; elle est pourtant identique à celle qui pousse des hommes à subir toutes les douleurs et la mort pour une cause bonne ; et ces hommes rencontrent des admirateurs encore parmi ceux auxquels ces causes sont parfaitement étrangères, abominables ou incompréhensibles : il est illogique de trouver en même temps justifiée l'admiration pour autrui et ridicule celui qui pratique le respect envers la raison en lui-même, ce respect qui fonde celui pour une cause qui n'est jamais celle de l'individu en son individualité, mais devient sa cause seulement si l'individu se soumet et se subordonne à un universel (pour mal conçu et compris qu'il soit). L'individu moral *veut* (raisonnablement) se dépasser en tant que pure donnée pour lui-même, il place le bonheur dans le respect de la raison en lui-même, dans la volonté d'être, non satisfait, mais heureux de pouvoir, à chaque moment, s'assurer de la possession de tout ce dont la possession dépend de lui. Il n'en cherchera pas moins, n'en exigera pas moins, il est vrai, la satisfaction, et les problèmes qui naissent de là sont d'une grande importance pour la philosophie morale même ; nous aurons à y revenir. A présent, il suffira de rappeler que le fondement de cette exigence en tant qu'exigence non-arbitraire se trouve dans le concept de l'universalité, partant, dans celui du devoir, donc du devoir envers soi-même, et que, si le fondement n'est pas l'édifice, s'il n'a de sens qu'en vue de celui-ci, rien ne sera bâti sans lui.

Il n'en reste pas moins, continuera-t-on, que l'homme, quand bien même on accepterait ce concept de bonheur, ne sera jamais heureux. Il sera raisonnable et heureux, mais dans la mesure de ses forces essentiellement limitées, seulement pour autant qu'il réussira à faire prédominer sa raison sur ses penchants, instincts, passions, désirs — et il n'y réussira jamais parfaitement ; c'est son devoir d'être heureux, mais ce devoir sera toujours devoir, devoir-être, et ne sera jamais accompli : précisément en y reconnaissant un devoir, son devoir, il reconnaît en même temps que ce n'est qu'un devoir, qu'il n'est pas heureux et, bien pis, que, si par impossible il l'était jamais, il aurait perdu jusqu'au concept du bonheur, défini comme bonheur d'un être qui peut toujours être malheureux et qui n'est heureux que dans les limites de la conscience du malheur évité.

Il n'y a nullement lieu de contester ces développements : ils sont parfaitement vrais. Le bonheur de l'individu raisonnable n'est en effet pas un état ni ne saurait le devenir. Il est conscience de la dignité du propre être et des propres décisions, d'une dignité qui, toujours de nouveau, doit se prouver à elle-même. Mais cela explicite la thèse, cela ne la réfute pas. On a eu beau se moquer, comme l'a fait Hegel, de l'ennui du stoïcisme ou de la non-réalité de ce qui toujours doit être et n'est donc jamais ; il n'en reste pas moins que l'affirmation de l'autarcie de l'être raisonnable est vraie, pour pauvre que soit son contenu (plus exactement : pour pauvre que soit cette thèse parce qu'elle ne possède aucun contenu), et que sa répétition n'est ni plus ni moins ennuyeuse que celle du Binôme de Newton ; il n'en reste pas moins vrai — et cette remarque est plus importante — que ce qui existe dans le mode du devoir-être existe néanmoins et existe comme l'expression de la possibilité fondamentale de l'homme, qui est de pouvoir nier, par le discours et par l'action, tout donné, serait-ce celui de sa propre nature d'individu empirique : le devoir-être exprime, pour l'individu lui-même, la force la plus réelle qui soit pour lui, force assez grande pour le détacher, par la possibilité de la mort librement voulue, de la nature. Que cette liberté de la négativité soit liberté négative, il n'y a en cela rien qui doive surprendre ; il n'est pas plus paradoxal que, parce que négative, elle ne soit jamais *réalisée*, présente comme une chose, qu'elle soit toujours volonté de se réaliser, qu'elle soit, au sens aristotélicien du mot, une *énergie*, une force dont la réalité consiste dans son exercice, non dans ce qu'elle produit (quoiqu'elle soit productrice). L'homme moral, l'homme de la volonté raisonnable, ne sera pas heureux d'un bonheur statique ; il sera heureux en se moralisant. L'individu, se dépasserait-il au plus haut degré, ne sera jamais que dépassement de l'individu par lui-même, et toute idée de bonheur acquis, établi, non agissant, est pour lui un rêve : l'individu, pour moral qu'il soit, n'est moral que parce que, toujours à nouveau, il se trouve exposé à la tentation, à la passion, au danger de déroger et de trahir ce que la raison en lui a reconnu comme son devoir. Et c'est pourquoi il sait qu'à chaque instant il peut être heureux en le voulant.

Le concept du devoir envers soi-même a été, il faut l'avouer, discrédité dans une certaine mesure par ceux qui y adhéraient. On l'a interprété comme le fondement d'une sorte de rapport juridique et l'on a parlé comme si l'individu devait se considérer comme entièrement extérieur à lui-même ; ce rapport de droit a été alors conçu comme entièrement indépendant de toute condition historique et de toute morale concrète, de toute relation avec d'autres hommes, comme valable toujours et partout. Kant, par exemple, déduit ainsi l'interdiction absolue du suicide : l'homme, aussi longtemps qu'il vit, n'a pas le droit de se soustraire à ses devoirs ; il serait contradictoire qu'il puisse se donner la mort sans y être autorisé, car ce serait détruire le sujet de la moralité, qui pourtant est fin en soi. Il n'est guère nécessaire d'insister sur la faiblesse de l'argument : l'absence d'autorisation n'est pas moralement rédhibitoire aussi longtemps qu'il n'existe aucune interdiction, et c'est un cercle vicieux que de vouloir fonder l'interdiction sur l'absence de l'autorisation. Mais il est plus important d'observer que cette argumentation n'établit aucun conflit entre l'être raisonnable et sa propre raison libre, que donc le devoir envers soi n'y est pour rien : aucune contradiction ne découle de l'idée du suicide, et l'universalisation de la maxime est parfaitement concevable, étant donné que, si tout homme doit observer la règle de la morale de l'universalité aussi longtemps qu'il vit, la moralité ne serait nullement menacée par le suicide d'un individu raisonnable, d'un nombre quelconque ou même de la totalité des êtres raisonnables, et la paix de la communauté ne courrait aucun risque de leur fait. En revanche, il est aisé de trouver d'autres arguments moraux qui conduiraient, dans le cadre d'une morale historique, à l'interdiction du suicide (devoirs envers autrui, envers Dieu, envers la communauté historique, dont le suicide ne détruirait pas la possibilité morale, mais mettrait en danger la survivance matérielle) : il est évident, cependant, que de tels arguments procèdent du devoir envers autrui, nullement de celui envers soi. L'extension indue du concept de devoir envers soi le discrédite[1].

*c.* On sait que le devoir d'être heureux, fondement de tout devoir envers soi, est le seul que connaisse le stoïcisme ; son accomplissement, ce que l'école appelle la vertu, n'est pas moyen en vue de l'obtention du bonheur, il est le bonheur même : le bonheur est la volonté

1. La thèse kantienne n'est qu'une *rationalisation* de l'interdiction religieuse (parfaitement valable dans le cadre d'une morale historique donnée). Sans humanité, la création perdrait tout sens pour le créateur. C'est la peur obsessionnelle de la faute, caractéristique de la personnalité de Kant (il a toujours évité tout lien personnel dans la mesure, très large, où cela lui paraissait moralement soutenable) qui l'a empêché de reconnaître dans la recherche du bonheur raisonnable le fondement, non seulement de la morale, mais même de la recherche morale et d'une morale, du moins dans ses écrits éthiques (il en est autrement dans la partie morale de la *Critique de la Raison Pure*).

d'être heureux qui s'impose à l'insatisfaction de l'être empirique. On sait également que Kant, se réclamant d'Epicure, exige de plus (mais seulement de plus) la satisfaction de l'individu en sa totalité et l'exige pour tout individu, en en faisant ainsi une exigence de la raison même, mais que, regardant comme impossible la réalisation de ce bonheur-satisfaction dans cette vie, il en déduit la nécessité universelle, partant, la légitimité d'une foi de la raison en un règne de la juste récompense. Il maintient l'idéal stoïcien, mais nie que le juste sentiment de la propre dignité, du mérite moral, et le bonheur de l'individu total aient entre eux un lien empirique ou nécessaire : le bonheur complet est placé dans l'obtention de la satisfaction, à seule condition qu'elle soit moralement méritée — idéal dont la réalisation est, sinon impossible, du moins non assurée sur terre.

Contre la thèse stoïcienne, qui affirme que la morale est assurance de bonheur valable ici et maintenant pour l'individu radicalement mortel, Kant reconnaît donc l'existence de besoins et de désirs irréductibles de l'être qui n'est pas raison, mais seulement raisonnable. Mais pour pouvoir les introduire dans sa morale, il se trouve obligé de se servir, contrairement à son propre principe de pureté transcendentale de la morale, d'un notion empirique, celle de nature humaine, puisqu'il est incapable de déduire la légitimité des exigences naturelles d'une loi purement *a priori*. Sa thèse est d'un côté supérieure à celle du stoïcisme en ce qu'elle admet le besoin et qu'elle ne fait pas de la *raisonnabilité* totale et absolue une possibilité concrète de l'individu empirique ; la difficulté de la position stoïcienne se montre, d'ailleurs, à l'intérieur même du système, et cela de deux façons : dans la question de l'existence historique du sage, question à laquelle l'école très tôt n'osera plus répondre, et dans le problème de la vie qui sera celle du sage, problème que les stoïciens savent si peu résoudre qu'ils considéreront la libre sortie d'une existence sans contenu comme l'unique possibilité, aboutissant, sans le remarquer, à ce vide de la conscience que, consciemment, ils refusent en faveur de l'action morale. D'un autre côté, la morale stoïcienne évite le scandale de la morale kantienne, qui se voit contrainte de répéter sans cesse que l'homme moral ne peut pas ne pas demander une satisfaction que, en tant que moral, il ne doit jamais viser. Les stoïciens oublient que l'homme n'est pas raison, mais irréductiblement individu raisonnable ; Kant, qui se rappelle le caractère *besogneux* de l'homme, ne fait pourtant que se le rappeler, et la règle morale de l'homme et sa nature finie restent deux facteurs séparés, coexistants, il est vrai, mais non collaborants, *faits* irréductibles, et situés sur des plans incomparables, non point aspects différents du même être. En poussant à la limite, on dirait que le fondement que Kant donne à la morale est du pur stoïcisme, mais que sa critique du stoïcisme est fondée, et que, par conséquent, sa propre position est exposée à sa propre critique.

Cela ne signifie pas qu'il faille choisir entre la thèse et la critique ; le problème est, au contraire, de montrer comment les deux peuvent être pensées à partir d'une unité plus profonde. Et ce résultat ne peut être atteint qu'à condition qu'on fonde la morale sur la volonté pure de bonheur de l'être raisonnable : l'exigence de la satisfaction de l'individu ne sera justifiée comme raisonnable que s'il peut être montré comment elle se développe à partir de ce principe formel de bonheur formel — se développe, c'est-à-dire, se détermine en déterminant au concret le principe formel de l'universalité sans lequel elle ne serait qu'une donnée et sujette à la négativité de l'être qui, tout en se voulant concret, se veut aussi libre. Le concept du devoir envers soi exprime l'unité indestructible de la volonté de l'individu raisonnable : se choisissant raisonnable, il se refuse au néant de l'inaction et du silence.

*d.* Pris au sens qui vient d'être fixé, le devoir envers soi constitue la totalité du devoir. En effet, je n'ai de devoirs envers autrui que pour autant que c'est moi qui *veux* agir de telle façon, ne pas agir de telle autre, parce que, en suivant une autre ligne d'action, je serais en désaccord avec moi-même et que, en contradiction avec la raison en moi, je serais malheureux. Me forcera-t-on à trahir la raison ? On n'y réussira que dans la mesure où je refuse les conséquences de ma résistance : c'est encore par mon choix que je me laisse soumettre et c'est moi qui décide de conserver ma vie quelles que soient les conditions à remplir ; la contrainte extérieure n'est réelle pour moi que parce que je désire m'incliner, et encore ma règle immorale ne m'a engagé qu'envers moi-même.

Le contenu, si ce terme est à sa place ici où il ne s'agit que de la forme, mais d'une forme qui se détermine au concret en se développant, le contenu du devoir envers soi-même apparaît clairement dans le premier principe du stoïcisme (premier dans l'ordre de la pensée, premier aussi dans l'ordre de l'histoire, où cependant il a été rapidement obscurci par des tentatives de le « préciser ») : la vertu du stoïcien n'est rien d'autre qu'une vie menée selon un seul et même *logos* (ὁμολογουμένως ζῆν), une vie unie et en accord avec elle-même. On n'a peut-être pas suffisamment remarqué que c'est cette détermination de la sagesse, de la vertu, du bien, du bonheur, tous non seulement unis entre eux mais identiques, qui fait que le stoïcisme n'a jamais pu prendre tout à fait au sérieux les devoirs envers autrui : le sage a fait son devoir, tout son devoir, s'il est heureux ; s'il montre ainsi aux hommes le bonheur qu'ils doivent chercher et peuvent atteindre, ce n'est pas là un devoir en ce sens qu'il devrait viser un tel résultat ; il a simplement rempli sa fonction dans le monde ordonné et raisonnable. Des devoirs envers autrui existent, certes ; mais ils sont secondaires, à telle enseigne que le sage en est complètement dégagé, lui qui sait qu'ils ont leur racine dans les besoins des hommes non-sages et trouvent leur formes précises dans le contexte d'une société qui n'est pas naturelle, c'est-à-dire, n'est pas régie par la sagesse ni organisée en vue d'elle ; le terme même par lequel le stoïcien les désigne montre suffisamment qu'ils sont essentiellement extérieurs : ce sont les choses qui viennent vers vous et dont vous vous occupez à l'occasion de leur apparition (καθήκοντα, *officia*), et encore à condition qu'ils ne vous détournent pas de la poursuite de la sagesse et que vous n'oubliez jamais leur nature d'inessentiel. Ce n'est pas le monde humain tel qu'il va qui puisse imposer ses exigences au sage, c'est le sage qui seul juge de ce qui, du point de vue de la sagesse, est exigence admissible (mais ne devient jamais exigence absolue pour lui), et c'est une preuve du progrès vers la sagesse que de comprendre l'importance toute relative de ces devoirs qui, en dernière analyse, ne font que rendre supportable la vie de la communauté des insensés.

Il y a plusieurs points à relever dans cette vue de la morale. C'est d'abord l'insistance sur la cohérence nécessaire de toute morale qui se veut fondée en raison et non simple préférence personnelle pour tel « idéal ». C'est ensuite la conscience claire du fait, essentiel lui aussi, que tout devoir envers autrui est, et ne peut être s'il doit être fondé philosophiquement et en morale, que devoir envers soi-même, devoir de cohérence et de bonheur raisonnable. C'est, enfin, la constatation que toute exigence extérieure ne peut devenir obligation morale pour un être libre qu'à condition qu'il la reçoive en lui, comme voulue par lui-même et pour lui-même : il n'y a d'obligation morale que librement acceptée, imposée par sa propre raison à l'individu empirique.

Cependant, cette réduction des devoirs envers autrui au seul devoir envers soi-même produit, par une sorte de renversement, une affirmation en apparence (et, quant au stoïcisme, historiquement) contraire, en fait complémentaire. Le devoir envers soi-même s'accomplit dans l'acte de la volonté qui se veut raisonnable, c'est-à-dire, libre (raisonnablement, dans et par la raison). Or, cet acte ne peut s'accomplir, ne peut même se concevoir qu'en tant qu'acte d'un être qui n'est pas entièrement raison, liberté, cohérence : le devoir est devoir d'un être fini et qui, par conséquent, n'est pas encore moral. Il n'est pas encore sage, il est encore insensé ; il n'a pas encore réalisé l'accord avec lui-même, il souffre encore de la contradiction et du déchirement, apanage de l'individu empirique. Pour être sage et heureux, il ne devrait pas seulement dominer ses penchants, ses désirs, ses passions, il devrait en être débarrassé au point que les données naturelles n'eussent plus de prise sur lui, qu'il ne rencontrât plus la moindre résistance en lui-même, qu'il eût cessé d'être individu et fût devenu pure universalité, pur *logos*. Le fait est qu'il est encore en chemin et que ce chemin se prolonge indéfiniment : il dominera de mieux en mieux son caractère, il résistera de mieux en mieux et toujours plus facilement aux tentations, il ne sera pas pour cela sans caractère défini, donc fini, ni sans tentations.

Or, ce progrès en lequel il gagne constamment du terrain sur lui-même, il ne pourra l'effectuer qu'à l'aide des autres, du moins ne le pourra-t-il qu'en se référant à la communauté des insensés, cette communauté à laquelle il appartient encore, malgré toute sa volonté de lui échapper. Seul, il ne saurait pas ce qui est passion, ce qui est raison ; seul, il serait nécessairement en accord avec lui-même, non d'un accord raisonnable, mais parce qu'il vivrait sans horizon, pris dans l'instant, dans une coïncidence avec lui-même qui serait celle de l'animal ou de la pierre, unité instantanée et, parce que telle, sans discours et sans *logos*, sans possibilité de désaccord, sans négation. Ce n'est que l'opposition entre les passions des uns et des autres, entre leurs besoins, leurs désirs, leurs tempéraments, la nécessité de lutter et de l'emporter, la crainte, enfin, et l'expérience de la défaite dans cette lutte qui ont donné à l'homme le désir d'une règle apte à remplacer la lutte entre les hommes par la lutte des hommes contre le besoin, qui ont, enfin, fait que la morale empirique, encore en conflit avec d'autres règles de même caractère et de même but, se soit montrée insuffisante et soumise au jugement de la pure universalité, du *logos*. L'homme moral n'a de devoir, il est vrai, qu'envers lui-même ; mais ce devoir n'apparaît que sur fond de devoir envers autrui, et il ne devient réel que par cette référence aux autres. Le progrès vers le bonheur n'est, et ne peut être, que progrès vers l'universalité, à travers la soumission de tout ce qui est individuel. Mais le désir non-universel, individuel, personnel, ne se montre tel qu'en opposition à d'autres de même nature : l'individu ne peut s'éduquer, ne peut se moraliser qu'en se plaçant, comme on dit couramment, au point de vue de l'autre : le premier progrès vers l'universalité est celui vers la reconnaissance du droit égal de tout désir à la satisfaction.

L'universalité ne peut être visée que dans la généralité des désirs en conflit : non qu'elle en devienne elle-même généralité empirique au lieu d'universalité, puisque l'universalité, qui ne saurait être celle du désir et ne peut être que celle de la volonté raisonnable, s'oppose aux désirs en général (il serait plus exact de dire qu'elle s'y superpose) ; mais elle naît, pour l'homme, pour l'individu qui, au commencement, n'est qu'individu déterminé, de ce conflit et n'a de sens que par référence à ce conflit qu'elle se destine à arbitrer et à régler en développant un critère universel et visant la seule universalité. En un mot, vouloir être raisonnable, chercher la cohérence, adhérer au critère de l'universalité, tendre vers le bonheur, tout cela, qui est une seule et même chose sous ses différents aspects nécessaires, n'est concevable et n'est praticable que dans un monde de la déraison, de l'incohérence, du non-universel, du malheur. Le sage est parfaitement raisonnable ; c'est pourquoi personne parmi ceux qui en ont parlé n'a été capable d'indiquer comment le sage, le sage parfait et parfaitement heureux, pourrait encore mener une vie d'action dans le monde ou seulement continuer à vivre ; seul l'individu fini vit, et même ceux qui semblent être sortis vivants du monde des vivants pour entrer dans le vide et le silence y sont entrés en *sortant* du monde, dans lequel ils ont *vécu* et ont dû vivre avant de gagner, dans cette vie, l'issue qui leur a permis d'y échapper (encore s'agit-il d'une supposition, vu qu'il est impossible de vérifier si le silence extérieur correspond au vide intérieur :

les témoignages sont suspects, puisqu'ils viennent de ceux qui parlent du silence).

Ce qui en découle, c'est que la sagesse du stoïcien constitue un idéal qui oriente la vie sans que jamais la vie y parvienne. Le bonheur du sage n'existe pas, au sens le plus strict de ce terme : là où il y aurait sagesse, il n'y aurait plus de possibilité de bonheur, le bonheur étant celui d'un être pour lequel le malheur constitue une possibilité omniprésente. Il n'en est pas moins vrai que l'homme peut être heureux (raisonnablement) à chaque instant, car à chaque instant il peut prouver, se prouver, qu'il est capable de se soumettre à la raison en lui-même, de vaincre le dédoublement qui le déchire ; ce qui lui est interdit, c'est un bonheur établi une fois pour toutes, un bonheur qui ne serait pas victoire toujours nouvelle, toujours précaire quant à ses suites, mais jouissance d'une victoire définitive et qui rendrait superflue toute lutte ultérieure. Le devoir de l'homme moral est envers lui-même ; et parce qu'il est devoir envers lui-même comme être de discours et être dans le temps, être fini qui, pensant l'infini, se veut infini sans l'être, ce devoir ne se détermine, et ainsi n'existe pour l'homme que sous la forme du devoir envers autrui : c'est seulement en tant qu'il est en contact moral avec d'autres êtres humains qu'il est en contact avec lui-même, et il ne peut développer le concept, voire, le sentiment d'un tel devoir que dans la mesure où il a affaire à d'autres.

Il serait possible de présenter ce rapport sous une autre forme, d'un autre point de vue. Il n'est possible, dira-t-on alors, de parler de devoir envers soi-même qu'à condition qu'on ait la possibilité d'en *parler* — et l'individu vraiment seul avec lui-même ne parle pas, à tel point que l'expression « seul avec lui-même » en devient absurde ici, puisque ce dédoublement suppose déjà le discours dans lequel l'être constaterait sa solitude. Par sa nature même, le concept du devoir, senti, reconnu, pensé, renvoie à une pluralité d'êtres humains en contact entre eux, et le devoir envers soi-même apparaît, sous cet aspect, comme obligation (non nécessairement ou primitivement comme devoir moral) envers moi en tant qu'un parmi les autres, donc envers autrui (en moi), accueillie dans et par la conscience. On ajoutera que l'histoire confirme cette interprétation : le concept du devoir et, auparavant, le devoir vécu sont nés de l'obligation imposée et de la contrainte extérieure.

De tels développements, pour valables qu'ils soient, ont cependant l'inconvénient, précisément parce qu'ils sont plus satisfaisants du point de vue de la philosophie systématique, de ressortir à une conception de la morale qui n'est pas celle de l'homme moral. Dans le cadre de la morale, le devoir envers autrui repose sur le devoir envers soi-même, de telle façon néanmoins que celui-ci ne devient réel qu'en celui-là : le bonheur de l'être raisonnable, pour remonter au principe de la présente recherche, consiste dans le respect légitime de soi-même, dans la conscience de la victoire remportée par la raison en moi sur moi-même comme être déterminé, victoire qui ne peut avoir lieu que sur le champ où se poursuit le combat, celui du conflit des besoins et des désirs d'êtres finis. Le bonheur de l'être raisonnable ne se réalise, le devoir envers soi ne devient concret que dans l'accomplissement des devoirs de l'être raisonnable envers d'autres êtres humains, également finis et raisonnables.

17. *Les devoirs de l'homme moral envers autrui découlent du devoir fondamental de justice, qui se* développe *grâce à sa référence à la morale concrète et donne naissance aux devoirs de modération, de véracité et de courage.*

*a.* Ce qui précède implique que le devoir envers autrui est circonscrit par le concept de justice *(cf.* § 12 *a).* La justice exige que je traite autrui comme moi-même et moi-même comme autrui : avant l'action, tout individu est, pour la morale, équivalent à n'importe quel autre individu. La justice exprime ainsi le principe de l'universalité à l'intérieur du monde historique. Formelle et négative, elle interdit, elle ne prescrit pas ; plus exactement, si elle prescrit, c'est de manière indirecte, en interdisant la faute par omission. Elle proclame ainsi le devoir d'aider le prochain en danger ou dans le besoin, de rétribuer celui qui a bien agi et de punir celui qui a agi contre la justice. Or, de telles règles, qui se présentent comme positives, reçoivent leur contenu de la situation historique de la communauté : qu'est le besoin (raisonnable) ?, qu'est le danger (raisonnablement à craindre) ?, qu'est le crime, l'acte qu'il ne faut commettre, dans ces conditions, sous aucune condition ? La règle formelle interdit seulement l'introduction du passionnel et de l'égoïsme dans les maximes de l'action ; on ne sait pas *à priori* ce qui est juste, on sait de science certaine ce qui ne l'est pas. Il est injuste de ne pas tenir compte du désir légitime du prochain, de ne pas agir en vue de la satisfaction de ce désir ; mais ce qui est, quant à son contenu, désir légitime, c'est-à-dire, concrètement universel ou universalisable, cela ne se détermine que par référence à la morale et à la situation historiques du lieu et du moment : un désir reconnu et partagé par tout le monde ici et maintenant peut avoir été, a été en fait, incompréhensible à une autre civilisation ou à la nôtre à un autre stade de son évolution, et ce qui est nouvelle exigence d'universalisation peut choquer la masse des contemporains, qui en ce renouveau de la morale concrète ne voient que destruction et trahison. La règle morale ne donne de réponse directe et immédiate à aucune de ces questions. Mais c'est cette règle formelle qui, appliquée en sa négativité au monde positif, donne à celui-ci une structure morale.

*b.* Une telle conception de la justice a de quoi rebuter le sentiment. Il n'est pas douteux que ce devoir envers autrui manque de cœur ou, dans un autre langage, de charité, qu'il ne tient guère compte de ces aspirations d'autrui qu'on désigne comme les plus personnelles. La réponse de la philosophie et de la morale est simple : quand il s'agit d'universalité, ce qui est le plus personnel est aussi ce qui possède le moins d'importance — plus exactement : possède l'importance de l'immoral, l'importance d'une forme « noble » de cet arbitraire qu'il s'agit de vaincre et d'éliminer autant que possible. Mais sans parler philosophie, le simple bon sens, s'il veut bien réfléchir, ne parlera pas autrement. Ce qu'on appelle altruisme, charité, cœur est, pour dire le moins, ambigu. Si je dois agir en tenant compte des désirs d'autrui, c'est qu'autrui est mon égal, et l'équation entre lui et moi peut et doit être lue dans les deux sens : s'ils sont raisonnables, ses désirs seront compris par moi puisque je les retrouve en moi, mais rien ne montre que les siens devraient être satisfaits avant les miens. L'altruisme, qui met par principe l'intérêt du prochain au-dessus de celui du sujet moral, court le danger de verser dans un égoïsme de transfert qui ne vaut guère mieux que l'égoïsme solitaire. Que l'amour puisse inspirer des sacrifices auxquels aucune morale, même pas celle de l'amour en tant que morale, ne peut obliger, cela fait la grandeur de l'amour ; mais cette grandeur n'existe pas au niveau de la morale stricte, et sa grandeur consiste précisément en cela. La morale sait seulement que l'individu est défini, universellement, par l'existence de désirs et d'intérêts personnels, ni universels ni universalisables en soi ; elle en déduit que le désir personnel doit être respecté dans la mesure où il n'est pas violent et ne conduit pas à la violence ; elle ne voit pas pourquoi le désir de l'un aurait, parce qu'il est le sien, la préséance par rapport à celui de l'autre, cet autre fût-il moi.

Cela n'enlève rien aux droits du sentiment. Mais ces droits ne sont pas ceux dont parle la morale, bien qu'elle puisse les reconnaître : elle ne refusera pas son approbation, voire son admiration, à celui qui abandonne, pour l'amour d'autrui ou pour préserver la paix et la communauté malgré la déraison des autres, ce qu'il pourrait exiger. Elle fera seulement remarquer que cet abandon ne doit pas augmenter le désordre et la violence — et de nouveau, elle se trouve en accord avec le bon sens et l'expérience : il faut que le désir de l'autre soit légitime pour qu'il soit légitime de l'écouter, sans quoi une bande de brigands constituerait une association morale, et l'éducateur qui, par paresse et négligence, aiderait ceux qui lui sont confiés dans l'exécution de leurs projets stupides et violents ferait son métier. Le sentiment à lui seul est un mauvais guide, il n'est pas guide du tout ; pour le préserver de ses égarements, il faut, au contraire, qu'il soit discipliné et conduit par la justice qui, elle, ne relève pas du sentiment. Seulement à cette condition le sentiment peut couronner l'œuvre de la justice. Si la sensiblerie et le sentimentalisme ont du mal à le reconnaître, cela ne juge pas la justice, cela les juge.

*c.* La justice exprime le principe de l'universalité à l'intérieur du monde historique : pour le montrer, nous pouvons nous servir d'un concept déjà utilisé (§ 15 *g*), celui de l'attente légitime. Comme le concept équivalent de désir légitime, il ne reçoit sens et contenu qu'au moyen d'un renvoi aux convictions (ce qui veut dire : à la morale concrète) de la communauté et de l'époque. C'est en ce contexte, et en ce contexte seulement, que le devoir envers autrui devient positif.

Toute communauté présuppose que ses membres accomplissent leurs devoirs, c'est-à-dire, ne déçoivent pas, dans les affaires qui les relient aux autres, l'attente légitime de ceux auxquels ils ont affaire. La morale philosophique ne connaît pas ces affaires, elle se sait parfaitement incapable de les déterminer, même de les saisir sous l'aspect qui les rend affaires et affaires importantes pour la communauté : pour reprendre notre exemple, elle ne sait pas si une communauté doit ou non connaître l'institution du dépôt. Ce qu'elle sait, en revanche, et affirme avec la dernière rigueur, c'est que les règles de la communauté doivent être observées (quoiqu'elles puissent être contestées, modifiées, remplacées — *cf. infra*, sous *d*) et que l'attente légitime, telle que la définit cette morale concrète, ne doit pas être déçue sans raison légitime, parce que toute faute contre cette règle (négative quant à la forme et comme règle de morale philosophique, mais qui fonde moralement toutes les obligations positives de la morale concrète, de toute morale concrète) réintroduit la violence dans le monde des hommes et détruit ainsi, pour l'homme qui se veut moral, la possibilité de s'universaliser dans et par le contact et la collaboration avec d'autres êtres humains qui, comme lui, bien que peut-être inconsciemment, cherchent le bonheur de l'être raisonnable, non la satisfaction immédiate du besoin et du désir.

C'est ce qui explique le rôle prépondérant que la plupart des systèmes de morale ont reconnu à la « vertu » de véracité. Rien de plus naturel, étant donné que c'est le discours qui constitue la communauté et, avant la communauté, la communication qui la rend possible, étant donné que toute faute contre la véracité constitue un péché contre le principe de la vie en commun et un danger pour la possibilité d'une existence morale, c'est-à-dire, raisonnable et dont les actes procèdent de la justice : pour le menteur, le trompé est un objet manié, non son égal. Il est à peine nécessaire d'ajouter que le mensonge n'est pas limité au discours : non seulement l'expression, le geste, le silence peuvent mentir, des actes qui directement n'expriment aucune opinion peuvent y servir ; il n'y a rien d'humain qui ne puisse tromper l'homme, tout peut être mis au service de la ruse, à tel point que la vérité même non seulement peut tromper, mais peut remplir, selon l'intention de celui qui ainsi « dit la vérité », les fonctions du mensonge ; dans des milieux civilisés, c'est la forme parfaite de la tromperie, et l'histoire est remplie de vérités dites dans des conditions et avec des formules telles que, paraissant incroyables et interprétées comme vantardise ou contre-vérité, elles ont rendu à leurs auteurs plus de services que n'aurait fait le déguisement le plus habile d'une pensée et d'intentions que, par un habile calcul, on a exprimées avec une franchise brutale — assez brutale pour être considérée comme mensonge.

Il importe dans ce contexte de dissiper une erreur qui n'est pas moins erreur pour être celle d'un grand philosophe. Il s'agit d'une prétendue obligation de dire, quelles que soient les circonstances, la vérité sans déguisement ni arrière-pensée, d'observer, toujours et en toute sa rigueur, le devoir de véracité. La règle n'exige pas tant, vu qu'elle découle de cette règle de justice qui interdit de tromper l'attente légitime d'autrui. Or, il est évident que, dans une morale concrète, on ne s'attend pas à une telle véracité mécanique, et tout homme, dans toute civilisation, s'est toujours attendu à certaines contre-vérités ; de même, on a partout considéré comme preuve de mauvaises manières, voire comme incompréhensible et aberrant, le refus de tels mensonges. Un médecin qui trompe son malade parce qu'il sait que la connaissance de son état réduirait ses chances de guérison ment au sens matériel, il ne ment pas du point de vue de la morale, l'attente légitime du malade concernant sa guérison, non l'acquisition de connaissances biologiques ou physiologiques : le critère de l'universalité des maximes s'y oppose si peu que le médecin lui-même sera raisonnablement d'accord pour être trompé si jamais, dans le rôle de malade, il se trouvait dans la même situation.

Un autre exemple éclairera mieux le problème. Dans un bref écrit dirigé contre Benjamin Constant, sous le titre significatif : D'un prétendu droit de mentir par humanité, Kant soutient que, interrogé par un assassin, je suis tenu de lui révéler la direction qu'a prise celui qu'il veut tuer ; la raison en est qu'en mentant je ruine, quant à moi, le crédit de toutes les déclarations et, par conséquent, prive de force tout droit fondé sur un contrat. Il se peut que je nuise à la victime en disant la vérité (il se peut, parce que le succès de l'entreprise du persécuteur n'est pas inévitable) ; en tous cas, je ne fais pas tort au persécuté, étant donné qu'il est logiquement et moralement impossible de construire un droit d'autrui qui m'obligerait à mentir pour lui. — Il ne suffirait pas d'opposer à cet argument kantien le sentiment, probablement unanime, qui considère une telle véracité comme une action inhumaine et immorale ; la philosophie ne se contentera pas des protestations du sentiment ; si elle doit en tenir un compte autrement grand que n'a fait Kant, puisque seule la morale concrète sentie et vécue donne à la loi morale de la philosophie un contenu en lui garantissant son emploi de forme informante, il n'en est pas moins concevable que ce sentiment, pour répandu qu'il soit, soit mal informé. Ce qui décide de la question, c'est que l'assassin de l'exemple a rompu le contrat de la non-violence : l'argument kantien ne porte pas, parce que la rupture est accomplie au moment où le problème se pose. Ou, pour revenir au concept proposé ici, il n'y a plus lieu de parler d'attente légitime là où la violence a déjà nié toute légitimité ; l'assassin lui-même, s'il recevait un renseignement donné sans hésitation, serait probablement si pénétré de la vérité de cette remarque qu'il se méfierait de la réponse. La possibilité de tout contrat, en termes kantiens, serait vraiment abolie si une obligation quelconque pouvait mettre l'être moral au service de la violence. Il n'y a plus d'obligation envers celui qui me traite comme pur moyen en vue de l'obtention de ses fins arbitraires ; en me soumettant, je ne renierais pas seulement la possibilité du discours comme lien essentiel entre les êtres raisonnables, mais encore toute possibilité de morale concrète quelle qu'elle soit. En dernière analyse, l'erreur kantienne provient de son oubli de la fonction de la morale formelle et philosophique, qui n'est rien sinon en référence à une morale concrète, qu'elle peut et doit juger, mais dont elle présuppose toujours l'existence. Les maximes qui doivent être soumises à l'impératif catégorique, l'impératif ne peut se les donner ; elles ne trouvent leur contenu qu'en fonction de l'intérêt « naturel » et ne deviennent universalisables que dans la mesure où l'intérêt l'est ; or, cet intérêt est, de son côté, fonction de la morale concrète (des mœurs, des traditions, des « valeurs »). Et la seule attente légitime que puisse nourrir l'assassin dans le cadre de cette morale est celle de sa propre punition et de la résistance de tous. Il n'existe pas seulement un droit au mensonge, il existe une obligation de mentir dans certaines situations — ce qui n'apporte, d'ailleurs, aucune sorte de justification au menteur intéressé ou habituel : il faut que, dans chaque cas, ce droit soit établi par recours au seul critère moral, celui de l'universalisation possible. En somme, il s'agit d'une interprétation fautive du devoir envers soi-même, qui serait concret sans la médiation de la morale concrète et de la vie en commun d'hommes qui raisonnablement veulent se rendre raisonnables ; une sorte d'égoïsme moral cherche à se mettre à l'abri de toute responsabilité dans la réalité et de la réalité et se replie sur une bonne conscience qui, pour rester pure de toute souillure possible, devrait se vider de tout contenu et abjurer tout contact humain. — Nous aurons à revenir sur le problème, en parlant de l'unité et du conflit entre la moralité des intentions et celle de la responsabilité.

*d.* Les interprètes et les critiques de la morale philosophique de Kant n'ont peut-être pas suffisamment remarqué que celle-ci s'éloigne de toute la tradition en passant sous silence deux des « vertus cardinales ». On comprend qu'elle ne traite pas expressément de la modération, puisque cette vertu (ce devoir) constitue implicitement tout son contenu concret. Mais elle ne traite pas, non plus, de la *sophia* pratique, de la prudence, et elle ne traite guère, et cela est plus curieux encore, du *courage*. Oubli plus curieux, parce que, si cette vertu avait joué son rôle dans la réflexion kantienne, le dilemme qu'on vient de discuter ne se serait pas produit : supposé, en effet, qu'il existe une obligation absolue de ne jamais mentir, il aurait été naturel de dire que celui qui se trouve sous la menace de l'arme d'un assassin et ne veut pas trahir son principe, n'a qu'à lutter et, si ses forces ne le lui permettent pas, qu'à accepter la mort — solution analogue à celle qui a été prônée par nombre de penseurs qui, ne pouvant accepter la loi de leur pays, mais ne voulant pas, non plus, réintroduire la violence dans la communauté, ont recommandé l'obéissance passive, plus clairement : le refus d'exécuter des ordres injustes, en même temps que l'acceptation des conséquences, pénales et autres, d'un tel refus. Kant, qui dans son conflit avec le gouvernement prussien à l'occasion de sa philosophie de la religion aurait certainement suivi cette conduite si on avait essayé de lui imposer un enseignement contraire à ses convictions, ne l'a pas même envisagée lorsqu'il traitait du devoir de véracité.

La raison personnelle est, si l'on a le droit d'avancer des explications là où la conscience intime d'un auteur est en jeu, que Kant tient surtout, on est tenté de dire : à tout prix, à conserver sa tranquillité d'âme, la paix intérieure, et qu'il ne désire pas mettre en jeu l'accord avec soi-même, le bonheur de l'homme raisonnable, dût-il être assuré par l'abandon de tout contact avec la situation concrète et, en dernier ressort, par le sacrifice de toute possibilité d'une morale concrète. A cette raison personnelle correspond toutefois une raison philosophique, à savoir l'interprétation insuffisante du concept du devoir envers soi-même qui, du point de vue de la morale pure, fonde la totalité des devoirs : Kant, de même que ceux qui l'ont suivi, ne l'a pas vu, et c'est pourquoi il n'a pas vu, non plus, que ce devoir ne devient saisissable, ne devient réel, réellement à accomplir, que par la médiation du devoir envers autrui : mon devoir envers moi-même, en vue de mon bonheur, est de faire mon devoir envers tous les hommes, car ce n'est qu'à leur contact que la question du devoir envers moi-même peut se poser pour moi, puisque ce n'est que dans ce contact que s'effectue la séparation première entre l'arbitraire et l'universel. Je dois chercher mon bonheur raisonnable, je dois le chercher en être qui se veut raisonnable : or, je ne puis envisager la tâche de me rendre raisonnable que parce que, toujours et préalablement, je suis lié aux autres, en conflit et en collaboration avec eux, et que je ne découvre ce qui m'empêche d'être raisonnable et heureux qu'en découvrant d'abord en eux et seulement ensuite en moi ce qui est violence et arbitraire.

Le devoir ou, pour suivre l'usage, la vertu de justice naît directement de là, et il serait, en ce sens, correct de la regarder comme la vertu fondamentale. Cependant, le cas de Kant le montre assez, la justice, précisément à cause de sa fonction primordiale, doit se développer, doit développer ce qu'elle contient de façon enveloppée, si elle ne doit pas conduire — et cette fois-ci logiquement et sans qu'interviennent des questions de caractère — à la simple peur de l'injustice commise par moi, peur qui finirait rapidement par aider l'injustice des autres.

Répétons, une fois de plus, que cette attitude de repli constitue néanmoins une des possibilités pour la morale de l'individu ; mais c'est celle du silence et de la violence subie, en d'autres termes, de l'acceptation de l'absurde. Elle est parfaitement cohérente, et il est impossible de la réduire à une contradiction entre ses préceptes et ses actes (ou non-actes), d'un côté, entre ses principes, de l'autre. Elle représente la négation de la violence dans l'homme, même si cette violence est transformée et, le terme garde ici son sens original, civilisée dans et par la communauté, changée en désir légitime aux yeux de tous ; mais elle nie la violence intérieure au profit de la violence extérieure ; elle est la négation du caractère fini de l'individu humain, non au moyen du dépassement (jamais achevé, il est vrai) de ce caractère, mais par l'abandon de tout ce qui constitue l'individu et, par conséquent, l'homme dans la vie de la communauté. On peut seulement remarquer qu'une telle option s'oppose radicalement, en sa cohérence, à l'option de la philosophie (pour la philosophie) : elle est option contre le discours, et elle ne peut produire, à la limite, que l'homme qui, silencieux, vit sans langage et sans action, dans la mort. L'erreur philosophique naît dès qu'on considère comme possible la réconciliation des deux attitudes — erreur philosophique, parce qu'elle s'exprime dans un discours incohérent (d'après ses propres principes) — et qu'on vise un système de morale qui préserve à la fois l'accord imperdable avec soi-même en dehors de tout rapport avec autrui, et l'accord dans l'universalité concrète d'une communauté.

Du point de vue de la philosophie, auquel on peut, ou non, se placer, mais qu'on ne peut pas occuper par intermittence, la justice ne se réduit pas à la simple volonté de pureté et ne reste pas désir exclusif de sauver la paix de son âme dans le silence par le refus de tout conflit. Elle est ainsi *courage* et, avec une expression familière à laquelle il faut restituer toute sa force, courage moral, le courage de l'homme qui a accepté qu'entre le critère formel de l'universalité et ses propres maximes s'interpose la morale concrète — une morale concrète qu'il ne saurait créer, mais sans laquelle il ne trouverait ni matière à action, ni même maximes à soumettre à la morale philosophique —, le courage de qui s'engage à agir, non seulement selon la morale concrète, mais encore sur cette morale, qu'il se sait obligé de rendre plus universelle et, partant, plus morale.

D'habitude, le courage est considéré comme la vertu de celui qui, prêt à affronter la mort dès que le service de la morale le requiert, ne craint aucun danger extérieur. C'est alors la volonté arrêtée et permanente de faire son devoir quel qu'en soit le prix, lequel prix se mesure à l'intensité (définie par la morale historique) des besoins et des désirs sacrifiés ; or, parmi ces désirs, celui de conserver sa vie est le premier, il commande tous les autres, puisque celui qui ne prend plus intérêt à sa vie ne possède plus aucun autre intérêt : le courage devant le risque de la vie est, par conséquent, le plus haut pour toute morale positive. Mais cette conception traditionnelle du courage n'est pas elle-même la plus haute (ou la plus profonde) :

il n'est probablement pas facile de vaincre la peur animale de la mort — seuls ceux qui en ont fait l'expérience pourraient se prononcer en connaissance de cause, et encore leurs témoignages ne seraient-ils pas probants, puisque trop de facteurs (tempérament, éducation, etc.) y interviennent ; il est toutefois un fait d'observation que ce courage peut constituer l'apanage d'hommes au plus haut point, voire consciemment, immoraux, et qu'il existe un courage de l'animal et de la brute humaine. Du point de vue moral, ce courage est simplement présupposé, puisque la morale présuppose que l'homme soit décidé à soumettre son animalité à son exigence : c'est devoir que d'être courageux dans ce sens premier et simple. Il faut un courage d'une autre nature quand il ne suffit pas de renoncer à la vie et à ses biens ; bien plus, ce renoncement, sous bien des rapports, peut se révéler comme le masque de la lâcheté.

En effet, mourir est, à la réflexion, peu de chose pour l'être moral : une fois sorti de la vie, il n'est pas seulement débarrassé de toute souffrance, tout danger, toute douleur, il l'est encore de tout problème moral, et en particulier du plus grave de tous, celui de la moralité de la morale concrète sous laquelle il vit et sans laquelle il ne saurait vivre moralement, à moins qu'il ne propose une autre morale concrète à la place de celle qui encore régit tous les rapports entre les hommes et qui en fait des rapports humains. Ce n'est alors pas surtout le fait d'entrer en conflit avec les plus respectables parmi ses pareils, ceux qui, par opposition aux simples jouisseurs et aux lâches, tiennent à cette morale que lui se sent obligé de condamner ; c'est beaucoup plus qu'il ne peut jamais être sûr de la valeur de son entreprise (l'on ne parle pas ici de ses chances de succès) et qu'il n'ignore pas qu'en s'attaquant à ce qui règle la vie de la communauté, il risque de détruire ce dont l'existence est la condition nécessaire de toute amélioration, cette règle relativement universelle qu'est la tradition morale incarnée dans les lois, les façons de vivre, les habitudes : ne risque-t-il pas de faire oublier jusqu'au concept de règle et de déchaîner l'arbitraire et la lutte violente ? Des situations peuvent apparaître dans lesquelles précisément l'homme le plus hautement moral se trouvera obligé de décevoir l'attente la plus légitime (d'après les idées morales régnantes) de ceux auxquels il se trouve le plus étroitement lié par le respect de la morale, — situations dans lesquelles la mort volontairement acceptée, parfois cherchée, peut être voulue comme le seul moyen de faire pénétrer la nouvelle morale concrète dans la conscience des contemporains et des générations futures, mais peut être aussi bien la preuve, non du courage, mais de l'abandon.

Ces considérations montrent déjà une relation des plus étroites entre les « vertus », c'est-à-dire les devoirs, du courage et de la prudence. Mais avant de parler de cette dernière « vertu », il sera utile d'ajouter quelques remarques supplémentaires, d'autant que le concept de prudence introduira un problème relativement autonome, ou rendu tel par l'incompréhension dont depuis longtemps il est victime.

Rien n'est plus commode que de se donner les apparences de l'homme de courage moral. Il suffit qu'on s'oppose à tout ce qui est établi ; comme le problème n'existe que là où la morale traditionnelle est ébranlée dans ses fondements, le procédé est d'un attrait irrésistible pour une vanité qui sait bien que la révolte est à la mode et que la critique morale paye en monnaie de gloire et de succès public, sans que l'une ou l'autre, aussi longtemps qu'elles se tiennent dans les limites de la légalité, présentent de graves dangers. Le courage moral dont il vient d'être parlé et qui se refuse à ce jeu s'exerce, pour ainsi dire, contre l'individu moral lui-même, à qui il fait accepter le danger, extrême pour lui, de détruire lui-même tout sens de son existence. Rien de tel n'inquiète les vaniteux : pour eux, le sens de leur existence consiste précisément dans la pure protestation contre le mensonge de la morale régnante — pure, parce que sans intérêt pour les intérêts du monde. Le courage moral n'a même plus de place ici : le critique pur a toujours raison, nécessairement, puisqu'il mesure immédiatement la morale concrète à l'aune de l'universel formel. Certes, il aura l'occasion de montrer que ceux qui se réclament de cette morale ne la suivent pas, que, malgré toutes leurs professions de foi, ils sont injustes dans leurs actes, menteurs dans leurs paroles, et se leurrent eux-mêmes suffisamment longtemps pour ne plus distinguer la vérité du mensonge : que de telles analyses morales concrètes soient du plus grand mérite et, qui plus est, soient utiles, non peut-être à ceux qui sont devenus la proie de leurs propres ruses, mais à ceux qui pourraient s'y laisser prendre, personne ne le contestera. Mais, prise ainsi, cette censure salutaire s'appuie sur la morale positive qu'implicitement elle reconnaît, et cette morale réfute elle-même ceux qui seulement font semblant de lui adhérer.

Aussi le critique pur ne se contente-t-il pas de si peu : la conclusion qu'il tire de l'hypocrisie du monde et des hommes n'est point qu'il faudrait, qu'il faut prendre la morale au sérieux, il en déduit que la morale, quel que soit son contenu historique, produit le mensonge et l'hypocrisie. Dans un sens tout à fait simple et plat, cette remarque est évidemment vraie : en l'absence de toute morale reconnue, de toute attente légitime, il serait bien difficile de mentir et de tromper, et la morale est ainsi la mère de l'immoralité, du moins de sa possibilité. Si l'on en tirait les conséquences, il n'y aurait rien à dire : ayant acquis cette conviction, ayant proclamé que rien ne vaut en dehors de la seule pureté, on se retirerait du monde pour échapper aux exigences du devoir de courage moral. L'histoire connaît les cas d'hommes qui ont pris cette route, tels Tolstoï et Rousseau à la fin de leurs vies. Cependant, de tels exemples n'apportent rien à la recherche philosophique et ne font qu'illustrer une option qu'elle a envisagée dès le début, celle qui veut échapper, et échappe, au problème moral au lieu de le résoudre ou d'en chercher une solution. Quand cette conséquence est refusée sans que la thèse du mensonge universel soit abandonnée, un problème philosophique surgit (ce qui ne veut pas dire que les adorateurs de la pureté le voient).

Ce problème se présente de deux manières complémentaires, dont l'une insiste sur la particularité de toute morale concrète, tandis que l'autre oppose au « mensonge » la sincérité, l'authenticité, l'absence de tout masque chez le défenseur de la morale « vraie ». Les deux se tiennent de près : aucune morale n'est absolument universelle, elle pourrait être autre qu'elle n'est et elle est ainsi arbitraire ; or, adhérer à une morale dont on a percé le secret, c'est se rendre coupable de mensonge, puisqu'on prône comme valable ce qui, en droit, ne l'est pas ; qu'on y adhère néanmoins, cela ne se comprend qu'en supposant que l'individu trouve son intérêt, nullement moral, dans la préservation de cette morale : seule une sincérité totale préservera du mensonge. Mais une telle sincérité est impossible, car aussi longtemps qu'on parle, on parle le langage du monde et de sa morale : on ne sort pas du monde, mais, en proclamant l'impureté du monde, on s'absout en confessant la sienne propre comme faute du monde, non du sujet, et l'on se purifie par l'étalage de son impureté : dans ce monde particulier et arbitraire, on est le représentant de l'universalité et, en affichant ouvertement sa propre particularité et son arbitraire, on accède à l'aveu sincère du mensonge inévitable, aveu qui restitue à l'individu son innocence.

Avec une telle sincérité la morale n'a rien à voir. Il est sans doute important que l'individu se connaisse : il ne saurait agir sur lui-même, se modifier, à moins de savoir reconnaître la tentation intérieure, la passion, l'intérêt personnel. Mais la morale procède de la connaissance de la nature violente (intéressée, passionnée, etc.) de l'individu et de l'exigence raisonnable de l'*informer* par la raison, de le soumettre à la volonté : l'analyse du propre caractère est une nécessité technique de la moralisation du sujet empirique, elle n'est que cela et elle n'a, en soi, ni valeur positive, ni valeur négative. Pour parler le langage de la théologie, la confession sans volonté de conversion n'a pas de sens moral, et psychologiquement elle produit une pitié pleurnicharde pour les propres souffrances en même temps que le désir de souffrir davantage pour pouvoir davantage se prendre en pitié comme cas de sensibilité morale raffinée et non ordinaire, — le tout peu apte à conduire l'individu vers la raison et la volonté raisonnable. La morale ne connaît pas d'originalité au niveau de ces questions, elle en est la négation expresse ; le moralisme vide auquel on a affaire essaie, au contraire, de cacher son indigence derrière le rideau de ce que l'individu, avec son caractère unique, *vit* et ne pense pas. Au fond se trouve, avec les apparences du plus haut courage — apparences parce que ce courage n'est bon qu'à choquer ceux qui aiment être choqués —, la lâcheté morale (ou immorale) qui désire échapper au jugement de l'universel sous sa forme concrète où il est, non point opposé à la morale, mais jugement sur la morale concrète à l'intérieur de cette morale et en vue d'une morale concrète plus morale.

Les phénomènes ne se présentent pas toujours avec cette clarté. Souvent l'individu, tout en s'établissant dans une thébaïde bien à lui, essaie de retrouver le contact avec la réalité morale et aboutit alors à des questions dont la profondeur l'impressionne. Il se demande comment les consciences peuvent entrer en contact, comment la justice peut être réalisée dans les conditions présentes ou à partir d'elles, comment imaginer une morale qui soit authentique et ne laisse pas de place au mensonge et à l'hypocrisie. La première de ces questions a certainement un sens, elle est même inévitable, si l'on part de l'idée d'un individu originairement isolé ; ce qui est erroné est ce point de départ, de supposer ce que personne n'a rencontré ni ne peut imaginer, un être humain qui ne soit pas membre d'une communauté : l'homme l'est à tel point que celui qui s'est détaché de tout lien n'a précisément fait que se détacher de ce qui le tenait. Quant à la seconde de ces questions, elle est inévitable tout court ; ce qui n'empêche pas qu'on la formule de façon à la rendre insoluble : si la justice est conçue comme égalité totale de tous les individus dans toutes les situations, si toute différenciation (de morale concrète) est déclarée faute contre la justice, on introduit un idéal (en toute inconscience, on peut le supposer) dont la seule fonction est de dévaluer non seulement toute morale vivable et agissante, mais encore toute possibilité d'une telle morale. C'est par là que se comprend également, et se défait, la troisième question, celle d'une morale sans hypocrisie : comme il a été noté plus haut, toute morale contient, plus exactement constitue, la possibilité de l'hypocrisie et du mensonge. On dira qu'il ne s'agit pas de cela : toute morale, pour un tel « absolutisme » moral, est hypocrite. En effet : puisqu'elle est morale pour des êtres intéressés, passionnés, individualisés par ce qui, en eux, n'est ni moral ni raisonnable, et que les règles morales prescrivent un comportement et des maximes qui s'opposent à cette individualisation, il suffit d'interpréter comme description de l'humanité existante ce qui est exigence à son adresse, exigence sensée précisément parce que les hommes en ont besoin, c'est-à-dire, n'y obéissent pas naturellement, pour aboutir à cette observation désabusée que l'humanité vit dans l'affirmation de principes qu'elle ne respecte pas, pour aboutir donc au même « idéal », noble et confortable à la fois.

C'est une constatation banale, ou qui devrait l'être depuis qu'elle a été faite pour la première fois, que toute morale concrète pourrait être autre qu'elle n'est et que, dans ce sens, elle est arbitraire ; il n'est pourtant nullement arbitraire qu'une morale concrète, quelle qu'elle soit, est indispensable pour que l'idée d'une morale pure, d'une universalité des maximes, d'une immoralité de la morale régnante puisse être conçue et, à plus forte raison, puisse servir à la moralisation de l'individu, du groupe, de l'humanité. Le courage moral, à son plus haut point, consiste dans l'acceptation de ce fait, pénible pour une réflexion qui préférerait, si l'on peut employer cette expression dans ce contexte, faire son salut en se lavant les mains de toute responsabilité. Une telle pureté n'a d'avantages que pour celui qui, tout en restant dans le monde, ne veut pas y faire son devoir : les accusations qu'on porte contre sa propre nature forment l'excuse la plus présentable de la lâcheté qui n'a nulle envie de s'attaquer à ce qu'en sa perspicacité elle préfère constant et inchangeable dans son insuffisance. L'invocation de l'universalité et de la morale formelle et raisonnable n'en devient pas, pour autant, le signe d'une option pour la sincérité insincère et l'immorale moralisante, loin de là : ce n'est que l'universel qui permet de parler de problèmes moraux. Mais la morale sincère est précisément celle qui accepte d'agir dans la morale concrète et sur elle, sur elle parce que dans son cadre, et qui cherche, non un idéal dont l'attrait principal est qu'il doit rester irréalisable, mais la moralisation du monde et de l'individu *hic et nunc*.

18. *Au devoir de justice, premier et fondement de tous les devoirs envers autrui, correspond le devoir de prudence morale, résumé de tous les devoirs fondés sur la justice et qui détermine la manière de leur accomplissement dans la communauté, aussi bien envers celle-ci qu'envers les individus qui la composent.*

*a.* Aussi longtemps qu'on a compté le courage parmi les vertus morales, parmi les exigences permanentes de l'individu raisonnable envers lui-même, on a aussi insisté sur le lien entre le courage et la sagesse pratique, la prudence. En effet, seule la prudence de *l'homo prudens* distingue le courage moral de l'insensibilité, de la bêtise qui court n'importe quel danger parce qu'elle est incapable de le voir, de la témérité de l'agressif, de l'audace du violent et de l'être amoral ou anti-moral. On n'est pas encore courageux pour avoir simplement risqué sa vie : on peut être joueur et rien de plus, on peut chercher une occasion, non de réussir dans son entreprise, mais de mourir glorieusement ou sans esclandre. Un observateur pessimiste ajouterait que les hommes meurent plus volontiers, plus facilement, pour une cause violente et moralement mauvaise que pour la morale et la moralisation.

La prudence a cessé de préoccuper la philosophie morale à partir du moment où le courage est devenu vertu et devoir d'état, réservé à certaines corporations, mais qui ne s'impose plus à l'homme moral en tant que tel. Chacun se plaît à rendre hommage à l'homme courageux, mais en transformant le courage en *vertu* au sens moderne de ce terme, attitude admirable, extraordinaire, non devoir, mais source d'actes surérogatoires auxquels personne n'est tenu. On ne condamnera pas son prochain parce qu'il a manqué de courage ; c'est son bon droit, comme c'est le mien ; on lui refuse seulement son admiration, puisque, après tout, il ne vaut pas mieux qu'on ne vaut soi-même. Il serait d'ailleurs désagréable de rencontrer trop souvent des hommes qui, par le respect qu'ils m'inspirent, m'inspirent un peu de mépris pour moi-même. Intervient alors une certaine conception de la prudence, non celle à laquelle l'homme moral est tenu, mais une autre, qui protège mieux ce respect pour soi : l'autre n'est pas courageux, *puisqu*'il est prudent, puisqu'il réfléchit avant d'agir et en agissant, ne cherche pas le martyre sans se demander si son témoignage convertira quelqu'un, ne court pas au-devant de la mort, mesure les risques; et l'on ne se demande même pas s'il ne pèse pas les risques de sa cause, plutôt que ceux de sa personne. Le courage devient celui du soldat et du reître, de l'alpiniste et de l'homme de laboratoire, formes du courage qui n'excluent pas le courage moral, mais qui ne l'impliquent pas, non plus, nécessairement ; et la prudence devient la ruse de celui qui, comme tout le monde, c'est-à-dire, comme moi-même, voudrait bien sauver sa peau en même temps que sa réputation et qui trouve toujours de bons prétextes en vue de ne pas s'exposer.

Il faudrait être d'une grande naïveté pour ne pas reconnaître que la méfiance envers l'homme prudent est souvent fondée. Une expérience antique et constante la renforce et enseigne que l'homme n'est pas naturellement moral (ce qui serait une contradiction dans les termes) et que tout peut devenir prétexte, subterfuge, véhicule du mensonge. On ira plus loin : rien n'est plus fréquemment mis au service de l'hypocrisie que la prudence. Mais cet accord sur les faits montre aussi qu'il ne s'agit pas d'un problème de (ou pour) la morale philosophique : l'hypocrisie présuppose la vertu, elle ne la nie pas, et les tentatives d'opposer courage et prudence pour se soustraire aux deux indiquent — autrement on ne se donnerait pas tant de peine — que l'on reconnaît la force de l'obligation, sinon pour soi-même, du moins pour tous les autres (ce dont il faut d'ordinaire se contenter quand il s'agit de déterminer le sens dans lequel les termes sont pris en morale).

*b.* La prudence est la « vertu » qui parfait toutes les autres, le devoir qui rend praticables les devoirs de justice. Seul l'homme prudent saura ce qu'est d'être juste dans la situation donnée, d'être véridique, d'être courageux, de limiter en lui-même ces intérêts et désirs dont il sait ne pouvoir se défaire sans renoncer à toute action morale. C'est par la prudence que les implications formelles de l'exigence d'universalité sont développées, au plus haut degré de concret que puisse atteindre la réflexion formelle. C'est sous elle que se subsument tous les problèmes concrets qui se posent à l'être moral s'il refuse la négation du monde et la pureté vide, s'il veut agir moralement et, au sein d'une morale concrète, se veut moral.

La prudence ne fournit pas, pour autant, un système de règles arrêtées une fois pour toutes : ce qui la rapproche du concret, c'est que, sur le chemin vers l'action, elle pose les dernières questions morales, les questions auxquelles seule la décision donnera une réponse. Il s'agit donc d'un concret de la forme, qui n'est pas moins forme pour être la plus proche de l'acte. Elle n'est pas libération de tout problème moral, en d'autres termes, de toute responsabilité et de toute liberté : la liberté exclut, par son concept, toute règle à la fois absolue et concrète ; elle présuppose une morale concrète, elle ne peut pas la fournir, ne peut même pas vouloir la fournir, *parce qu*'elle est capable de soumettre cette morale historique à son jugement formel. La prudence ne constitue pas une règle positive, dans l'acception juridique de ce mot : elle constitue encore moins une sagesse rusée qui permettrait de se soustraire, à l'aide de raisonnement quasi-juridiques, aux autres devoirs.

Le problème auquel la prudence a affaire peut être défini comme celui du rapport entre la qualité morale des maximes et la responsabilité morale des conséquences des actes inspirés par ces maximes. Il est évident que ce problème même sera inadmissible au jugement de qui refuse toute responsabilité des suites de ses actions ; pour lui il est nécessaire et suffisant que la maxime ait été, et ait été voulue, universalisable, c'est-à-dire, moralement bonne. L'homme moral cherche le bonheur de l'être raisonnable, et ce bonheur consiste dans l'accord du sujet avec lui-même en tant qu'être raisonnable, dans le respect de soi fondé sur la conscience de la pureté de la maxime : si une responsabilité d'une autre nature, celle des conséquences, est introduite, ce bonheur ne devient-il pas impossible ? Comment ignorer que, si nous sommes maîtres de nos décisions, nous ne le sommes nullement de leurs effets dans une réalité qui ne nous est jamais totalement connue, contre laquelle nos forces ne sauraient prévaloir, dont nous sommes beaucoup plus les objets que les seigneurs ?

Rien de plus exact que ces observations. Seulement, elles ne portent pas sur le problème ou, plus exactement, quand on les y rapporte, elles produisent, au sens strict, des absurdités. Si une responsabilité des conséquences ne pouvait être imputée qu'à celui qui est maître de ses conditions, seul Dieu serait moralement responsable — proposition absurde, puisque le concept même de morale perd tout sens dès qu'on l'applique à un être qui, par définition, ne possède pas (ou n'est pas possédé par) une nature finie et ne connaît ni besoin, ni tentation.

On rétorque que c'est bien ce qu'on voulait dire et qu'en effet cette responsabilité pratique n'est pas celle de l'individu, qui n'a qu'à agir selon sa conscience pour être en paix : quant au reste, on a le droit de se contenter d'un A-Dieu-vat[1]. Que vaut l'argument ? Il ne s'agit pas, répondra-t-on, d'opter pour une morale des consé-

1. L'on sait que c'est la position qu'a prise Kant, pour ne pas mentionner ses nombreux prédécesseurs parmi les théologiens. Mais cet abandon des conséquences produit, à l'intérieur du système kantien, une contradiction : la règle fondamentale, l'impératif catégorique, ne s'applique aux maximes qu'à l'aide d'une référence explicite, et inévitable, aux conséquences : la maxime est immorale si, pensée comme universellement suivie, elle produit un monde incohérent, un monde de la violence et de la déraison ; aucun des exemples kantiens, qu'on aurait bien du mal à remplacer par d'autres qui échapperaient à cette critique, ne se comprend sinon en vertu de ce que produirait dans la réalité sa maxime transformée en loi naturelle : son caractère moral ou immoral

quences en opposition à une morale de l'inspiration pure. Il s'agit, au contraire, de montrer qu'un tel dilemme n'existe pas pour celui qui veut être moral dans le monde : il suffit de considérer les implications — et les exigences — d'une morale de la seule pureté pour voir que, en fait comme en droit, il n'existe qu'un seul choix, qui est déjà fait, celui entre une morale de l'action et une morale du silence et du retrait total. Toute morale de l'action, c'est-à-dire, de la communauté, exige à la fois la pureté (la possibilité de l'universalisation) des maximes *et* la prudence de l'action et de la maxime. La maxime doit être *et* pure *et* prudente. La contradiction de la morale kantienne et de toute morale de la pureté provient de l'oubli du fait que la morale pure exige l'existence d'une morale historique : c'est dans *cette* situation morale présente qu'il faut chercher la moralisation et agir en vue d'un plus grand bien, en vue donc de la situation morale qui résultera de mon action.

N'empêche, déclare le puriste, que l'individu, le groupe, l'humanité toute entière restent, sinon sans armes, en tous cas sans pouvoir absolu, nul ne l'ignore, devant le cours des choses : si la moralité des actions et des maximes doit être jugée d'après les résultats, comment encore parler de liberté et de responsabilité morales de l'individu ? Qui soutiendrait encore qu'Œdipe est coupable depuis que l'humanité a découvert la valeur absolue de la bonne volonté et de la raison, depuis qu'elle a compris que toute interprétation du monde qui exige ou seulement autorise qu'un Œdipe soit puni est moralement inadmissible ? Qui maintiendrait qu'Œdipe, en se privant de la lumière du jour, se soit puni pour un *crime*, qui n'est crime que selon le droit de dieux extérieurs à l'homme et à sa conscience morale, d'un acte qui, de plus, a été, en tant que crime, étranger à la volonté du héros ? Le christianisme et, à sa suite, Kant ont raison, devant de telles conséquences (ou présupposés), de placer la moralité dans les seules maximes, non dans les actes, encore moins dans leurs conséquences.

Le sentiment et le jugement moral de tout le monde connaissent néanmoins des responsabilités qu'on n'a pas choisies. Il n'y a personne qui n'ait dit ou ne se soit dit : l'intention était bonne, mais il fallait s'y prendre autrement pour bien agir ; et rares sont ceux qui, devant les résultats de leurs actes, se trouvent suffisamment « moraux » pour refuser d'en endosser la responsabilité. Les excuses qu'en cas de mauvaise issue on se donne et donne aux autres le montrent : on ne les chercherait pas si l'on ne pensait pas en avoir besoin, et on parle de sa bonne intention comme d'une circonstance atténuante, non comme d'une preuve d'innocence. On ne trouve pas qu'il soit

ne peut être déterminé que par référence aux résultats de l'action. Ce n'est pas que Kant n'ait pas vu le problème : toute la *Typique de la judiciaire pratique* y est consacrée ; mais dans la mesure où elle le résout, elle montre aussi que l'impératif catégorique, pour agir, présuppose la volonté de bonheur raisonnable (et que ce bonheur n'est pas seulement article d'espérance pour une volonté qui ne cherche que la pureté de ses motifs). — Ici comme partout, la difficulté vient de ce que la règle morale n'est pas déduite, mais découverte à titre de *fait*.

contraire à la morale que les lois connaissent des sanctions pénales et civiles de fautes involontaires, résultats d'intentions en soi excellentes. Et si les lois admettent des circonstances atténuantes, elles ne le font que là où, auparavant, elles ont établi une responsabilité. Si l'on voulait s'en tirer en déclarant la légalité des actions pure extériorité par rapport à la morale, comment l'obéissance à la loi serait-elle encore de l'ordre de la morale, avec laquelle la loi n'aurait plus rien à faire ? Il est, certes, possible de déclarer toute loi pure contrainte, mais on n'y parviendra sans contradiction qu'en renonçant au monde, à l'action, à toute moralité des maximes concrètes, puisque toute maxime, excepté celle du silence total, renvoit aux conséquences, au monde dans lequel les hommes sont tentés de lutter entre eux avec les moyens de la violence et du mensonge pour satisfaire leurs désirs et leurs besoins, où ils travaillent aussi dans la paix, où les conséquences comptent et où la loi juste peut exiger une obéissance fondée sur la morale de l'universalité — la loi qui incarne, pour une morale historique donnée, la morale des maximes qui envisagent les conséquences.

Toujours est-il que l'argument tiré du concept des circonstances, en même temps qu'il montre la responsabilité de l'individu au sujet des suites de ses décisions, indique que cette responsabilité n'est pas totale. Il n'y a en cela rien de paradoxal : puisque le pouvoir de l'homme n'est pas absolu, sa responsabilité, non plus, ne saurait l'être. Mais la différence est essentielle entre responsabilité limitée et absence de responsabilité. Des tragédies se produisent dans la réalité, et l'homme le plus consciencieux, celui qui agit après mûre réflexion, avec le plus grand soin, la plus grande prudence, verra parfois qu'il a obtenu le résultat que lui-même déteste le plus. Le sentiment et le jugement de tout le monde diront que, en un tel cas, l'individu a le droit et même le devoir de s'en tenir à la pureté de sa maxime et à la valeur de son effort. Cependant, un tel acquittement devant le tribunal de la morale raisonnable présuppose précisément que l'individu a fait tout ce qui était en son pouvoir afin d'éviter cette issue : il ne suffit point, pas plus ici qu'en politique, médecine ou toute autre forme d'action, de proclamer qu'on n'a pas voulu cela. Aussi l'attitude du personnage qui se présente lui-même comme tragique est-elle moralement suspecte : elle est trop commode, étant donné qu'on n'imagine pas d'échec qui ne puisse être attribué aux circonstances, à la méchanceté des autres, aux facteurs imprévisibles. Autrui peut être tragique ; il y a de bonnes chances que celui qui s'établit en ce rôle manque de courage moral, de ce courage qui accepte la prose de la vie et les responsabilités prosaïques de l'action. Sans doute, on ne saurait le souligner trop souvent et trop fortement, la moralité des actions est *fondée* sur celles des maximes ; mais ce n'est là que son fondement, la condition nécessaire et insuffisante d'une vie qui veut se moraliser à l'intérieur du monde et du discours raisonnable.

Il sera ainsi possible de répondre à la question posée plus haut :

si les suites importent, comment peut-on encore parler d'un devoir de bonheur ?, et comment le bonheur de l'être raisonnable peut-il être conçu, à plus forte raison réalisé, si la tragédie, quoi qu'on en dise, guette l'homme, l'homme raisonnable autant que tout autre, toujours et malgré tous ses efforts ? La réponse est que rien ne promet à l'homme le succès : aussi n'a-t-il été question que du devoir d'être raisonnablement heureux. La satisfaction des désirs n'est pas cherchée ici, pour normaux, c'est-à-dire, relativement universels, que soient ces désirs dans le cadre de la morale historique ; il s'agit du bonheur de celui qui se sait d'accord avec sa propre raison et sait qu'il n'a pas commis de faute morale. Il est bien possible que tel individu, ayant rempli toutes les conditions morales, se proclame coupable sans être à même d'indiquer le point précis auquel il aurait pu, et donc dû, agir autrement et mieux qu'il n'a fait : ce serait simple affaire de caractère, de constitution, de tempérament, une question de psychologie ou de psychiâtrie, à moins qu'on ne veuille y voir, ce qui serait plus exact, une faute contre le devoir de bonheur. L'homme est *fini* et, en tant que tel, inadéquat à la raison ; le devoir de bonheur de l'être raisonnable ne peut être identifié à un devoir de satisfaction de l'être humain en sa totalité (comme la morale ne saurait être identifiée à la philosophie développée en sa totalité), devoir qui peut bien exister envers les autres, mais n'a aucun sens quand il s'agit du rapport de la raison dans l'individu fini à cet individu en tant que besogneux. Ce n'est pas, pour tout résumer, une faute morale que d'échouer ; c'en est une d'avoir négligé un seul des moyens moralement admissibles et techniquement indispensables pour réussir : l'examen de conscience porte sur les maximes *et* sur la technique, à moins qu'on n'accepte le cercle vicieux d'une morale des intentions qui imposerait comme nécessaire la maxime de vouloir réussir dans les entreprises morales.

*c.* La prudence est cette sagesse pratique qui détermine l'exécution et conduit au succès des entreprises de l'individu moral. Elle constitue un devoir. Mais comme elle est tournée vers les conditions positives de l'action, elle-même forme aussi le concept de l'excuse valable. Il n'en existe qu'une seule ; c'est celle de l'homme qui a fait son possible pour réussir dans un projet moral et qui n'a échoué que parce que, matériellement, il ne pouvait pas réussir. Cependant, cette excuse, l'être moral la produira plutôt quand il juge autrui qu'au moment où il doit apprécier ses propres actions : comment être sûr que j'ai tout fait, que je me suis préparé assez tôt à une situation dont je savais, ou aurais dû savoir, qu'elle pouvait se produire, que je me suis suffisamment éduqué pour résister aux traits de mon caractère qui, pour moi tel que je me connaissais ou aurais dû me connaître, pouvaient constituer une tentation de mal faire ou un frein pour l'action et la décision morales ? L'homme moral ne s'absoudra pas facilement quand l'échec ne résulte pas exclusivement de circonstances objectivement imprévisibles, pour la simple raison que tout ce qui est excusé a besoin d'excuses et n'est donc pas moralement satisfaisant.

Cette sévérité envers soi, pour le répéter, n'a rien à voir avec l'angoisse de l'anxieux même quand on l'appelle métaphysique, qui, moralement, n'est qu'un manque de courage moral. Le repentir et la condamnation de soi sont d'autant moins moraux qu'ils sont plus proches de la justification du propre être dans et par l'abjection reconnue : on est à l'aise dans un abaissement qui confesse son insuffisance pour s'y installer. Le courage moral exige, au contraire, qu'en reconnaissant sa faute on s'en libère, ce qui n'est possible qu'à celui qui, comme on dit couramment, en tire une leçon pour l'avenir. L'homme n'est jamais vertueux, si ce mot veut dire qu'il soit jamais complètement adéquat à son devoir d'être raisonnable ; il doit se moraliser, et la volonté de moralisation ne peut pas coexister avec le vain regret des fautes passées : la vie morale commence à chaque instant et n'a qu'un avenir, le passé tombe dans le domaine de l'individualité historique et fait partie de ce qui à présent doit être moralisé avec son passé, avec les fautes de son passé, avec les traces présentes de ce passé. Celui qui se penche sur son passé au lieu d'en profiter fuit la responsabilité et s'établit dans un immoralisme qui n'est pas sans charme pour qui sait se complaire dans ses lamentations. Le repentir moral existe, mais il est tourné vers l'avenir. Il peut excuser la faute commise ; mais il l'excusera vraiment en privant la faute de son poids par la décision de n'avoir plus besoin d'excuses.

La prudence comme attitude morale, comme « vertu », se révèle ainsi comme la volonté d'être prêt pour la décision morale dans n'importe quelle situation concrète. Le devoir qu'elle définit est celui de se connaître et de connaître le monde : c'est tel qu'on est que l'on agit dans le monde tel qu'il est. L'inconscience est une faute morale, de même que l'ignorance, et il n'y a probablement personne qui ne se soit dit : j'aurais dû mieux me connaître, j'aurais dû penser à tel fait, à telle circonstance, tel facteur.

Cependant, dans le domaine de la prudence — il n'en est pas ainsi des autres « vertus » si l'on écarte, par abstraction, leurs liens, en fait indestructibles, avec la prudence —, le caractère fini de l'être humain fonde une excuse valable. Mais ce fondement ne saurait suffire à définir l'excuse : partout, le recours immédiat au principe dernier ne produit que confusion; dans le domaine de la morale, il mène à l'abomination. Il est simple d'invoquer à tout propos la finitude ; elle sera toujours bonne pour *expliquer* toute erreur. Or, ces explications, destinées à établir un droit à l'irresponsabilité — le plus curieux de tous les prétendus droits et le moins pensable —, n'ont rien à voir avec la morale. C'est, certes, une exigence première de toute science objective (s'il n'est pas préférable de parler ici de science objectivante) de postuler l'explicabilité de tout donné ; mais combien le recours à ce principe est futile en morale, rien ne le montre plus clairement que l'attitude de la plupart des hommes, qui font endosser leurs fautes à des *données* dont ils ne parlent plus quand ils pensent avoir bien agi. Seul le recours au concept de morale concrète permet d'éviter ces erreurs et de circonscrire le concept d'excuse valable : est excuse valable celle qui est reconnue dans et par une morale donnée — proposition qui ne constitue une identité qu'en apparence, puisqu'elle fait dépendre la validité de l'excuse donnée par l'individu de la reconnaissance de cette excuse par la communauté morale.

Dans toute morale concrète, il existe, en effet, comme un système des connaissances à portée morale ; partout, on attend de chaque individu sain, dans une attente définie par là comme légitime, qu'il sache, à un certain degré, s'orienter dans le monde, se connaître, se dominer. Sans doute, les morales diffèrent, et ce que l'une considère comme naturel, sera pour l'autre surhumain ou bestial. La philosophie morale n'a pas à entrer dans ces considérations historiques, il lui suffit de supposer une telle morale avec ses devoirs concrets, en ajoutant qu'elle-même reste juge de toute morale et que son devoir (de prudence) est de proposer, le cas échéant, d'autres critères et de nouvelles exigences. Mais si elle ne se fait pas historienne, la morale philosophique se soumet elle-même au devoir de prudence et essaye de se comprendre dans le monde historique. Le concept d'excuse valable, tel qu'il se présente concrètement, l'y aidera.

Les discussions morales de la place publique tournent d'ordinaire sur la question de savoir ce qui est ou non excusable dans tel crime ou dans tel acte des autorités politiques qu'on juge de valeur morale douteuse. Au fur et à mesure que la morale tend vers une plus grande universalité, les partis de la rigueur et de la clémence s'opposent avec plus de netteté. Qu'il y ait discussion, la cause en est que la morale concrète ne va plus sans dire : c'est parce que rien n'est plus inexcusable que la morale devient problème. Mais cette situation provoque une réaction : si tout est justifiable ou, au moins, excusable, si, pour préciser, tout acte peut trouver place dans un système moral qui le justifie et qui, lui aussi, semble avoir droit à une espèce de reconnaissance (espèce de reconnaissance, puisque la reconnaissance absolue est inconnue), la violence fera sa rentrée dans le monde des hommes. Or, la violence présente, aux yeux de l'écrasante majorité, l'inconvénient majeur de rendre la vie dangereuse, les rapports entre les individus imprévisibles, le travail de la communauté d'un rendement incertain. La violence d'un appareil de contrainte sera donc dressée contre celle des individus, et faute et crime seront déterminés, comme on déclare, objectivement, c'est-à-dire, selon les dommages qu'ils causent, abstraction faite de toute moralité des intentions et des maximes. Ce qui, à son tour, provoque les protestations de la conscience morale des individus, conscience non seulement brimée, mais à laquelle tout rôle positif dans la vie de la communauté est refusé ; et à cette intériorité, imposée du dehors, tout devient maintenant compréhensible, parce que tout a sa cause et ses raisons à l'intérieur : l'individu à le droit d'être ce qu'il est. Tout comprendre est tout pardonner.

Qu'il s'agisse là d'un contresens, ce qui vient d'être dit sur le rapport des faits et des explications avec la morale le montre : il serait aussi justifié de dire que tout comprendre, ce serait ne rien approuver, puisque bonnes et mauvaises actions seraient également « compréhensibles » par réduction à leurs causes et que, par conséquent, le choix entre le pardon automatique et la condamnation universelle deviendrait une question de goût et de tempérament. L'incohérence morale de l'époque, inquiète mais peu désireuse de se réformer, semble tituber entre ce sentimentalisme et « l'objectivité », non moins absurde, de la répression. En fait, tout excuser et ne rien excuser revient pour la morale au même : toute morale concrète qui se veut morale a en commun avec la morale formelle qu'elle établit la distinction entre ce qui peut être pardonné et ce qui ne saurait l'être ; les deux l'ont en commun précisément parce que la morale formelle renvoie à une morale concrète, bien qu'elle exerce sa critique à l'encontre de celle-ci — et parce qu'elle le fait et ne fait que cela. Ce qui les distingue, c'est que la morale formelle est plus exigeante que la morale historique, plus exigeante aussi que le droit qui se fonde sur cette dernière et en formule les exigences irréductibles et qui ne peut pas ne pas être moins sévère que cette morale, vu que, tenant compte des habitudes et du comportement de la moyenne des membres du groupe, il ne demande et n'interdit à chacun qu'un minimum, le minimum nécessaire pour écarter de la société la violence.

*d.* La loi n'a pas de rapport *direct* à la morale de l'universalité, elle ne tient directement compte que de la morale historique (ou de ce qui en reste dans une société en décomposition morale) ; l'exigence d'une morale universelle, plus exactement : d'une morale plus universelle, est le fait de l'individu moral, qui juge insuffisante la morale proclamée, et davantage encore la morale suivie par la moyenne. Le développement, le rehaussement de ce qu'on peut appeler le niveau moral d'une communauté, est ainsi l'affaire de celui qui ne se contente pas de l'observation de la loi, mais qui exige que la loi soit juste, la vie morale sincère. Or, comme il se sait tenu à l'observation des règles de la prudence, il ne croira pas avoir fait assez quand il aura simplement condamné le monde : il veut, raisonnablement, que le commun des mortels se moralise, et il ne veut pas faire son salut tout seul, quand bien même cela lui semblerait possible, sachant que le salut atteint par le seul individu signifie la mort de cet individu dans et pour le monde.

C'est pourquoi il se trouve tenu de comprendre et de pardonner, mais en vue de l'avenir : il n'oubliera pas que ce qu'il comprend et pardonne a besoin de compréhension pardonnante et est donc en soi moralement incompréhensible et impardonnable. C'est la prudence qui l'oblige à comprendre et à pardonner, mais simplement afin que la morale, une morale plus pure, devienne acceptable et accessible aux hommes de son temps tels qu'ils sont, afin qu'ils cessent d'être ce qu'ils sont encore.

Aussi ce qui est obligation envers les autres serait-il immoral au plus haut point si l'individu voulait s'en prévaloir quand il s'agit de ses propres actes. Le fait, souvent relevé, de l'existence de deux morales, l'une pour l'usage personnel, l'autre bonne pour juger le prochain, possède une signification morale et ne ressortit pas à la seule psychologie et au tribunal des « moralistes ». Du point de vue de la morale, la distinction des deux signifie le contraire de ce qu'y voient, d'ailleurs à très juste titre sous l'angle de l'analyse empirique, ces « moralistes » : la morale pour l'usage personnel n'est pas moins exigeante que l'autre, elle l'est infiniment plus, puisqu'elle l'est absolument. « Tout le monde agit ainsi », « chacun se comprend ainsi lui-même et comprend ainsi les autres », ce sont des propositions du plus grand intérêt pour qui ne veut pas négliger le devoir de prudence ; il est obligé de connaître le monde des hommes, il est obligé, au même titre, de se connaître lui-même en sa nature psychique, biologique, historique. Mais ce qui est compréhension, excuse, pardon, quand il s'agit d'autrui, n'est qu'exigence de changement quand il y va de moi-même. Le devoir fondamental est le devoir d'être heureux en tant qu'être raisonnable, d'être en accord avec soi-même, et cet accord ne pourra être établi sur l'excuse et l'exception, qui ne sont que la constatation et l'aveu du désaccord et de la contradiction entre être empirique et être raisonnable, de l'insuccès de l'entreprise dans laquelle l'individu raisonnable veut soumettre les données de son caractère et tout ce qui le détermine à la volonté raisonnable, pour lui infiniment plus intérieure que tout donné. On peut expliquer ses propres fautes, mais l'explication n'est bonne qu'à condition qu'elle m'apprenne à me connaître et à éviter la faute : si je me la pardonnais, elle deviendrait excusable pour toujours. Or, on n'a pas le droit de présumer l'échec moral et de le justifier à l'avance : accepter la faute à venir, ce serait vouloir être malheureux, vouloir avoir besoin de consolation ; il n'existe pas de contradiction plus profonde pour la morale, pas de maxime plus immorale.

Ce qui produit ici la confusion, c'est que la morale rigoureuse est souvent comprise comme le système des exigences que je peux légitimement adresser aux autres. Elle n'est rien de tel : les exigences légitimes envers autrui sont définies par la loi et, plus loin, par la morale historique. L'homme qui se veut moral n'a de devoir fondamental, et n'a donc d'exigences irréductibles, qu'envers lui-même et ne connaît, dans les relations avec ses congénères, que des obligations. Il n'est pas, parce qu'il ne se veut pas, « un homme comme les autres », non qu'il se place au-dessus d'eux, mais parce qu'il se sait tenu envers eux par des obligations qu'il ne leur imposera pas avec la même sévérité. Il cherche une morale pour lui-même, et c'est seulement après s'être entendu avec soi qu'il posera la question de ses droits à l'égard d'autrui, très éloigné en cela de l'attitude de celui qui veut faire passer ses exigences comme moralement fondées aux yeux d'un monde qu'il regarde comme immoral dans la mesure où il n'est pas au service de ses propres intérêts arbitraires et, en ce sens, « naturels ». Avant tout, et après tout, la morale est et reste recherche du propre bonheur (raisonnable et, comme tel, moral). Des exigences envers autrui existent et peuvent être moralement légitimes ; elles ne sont ni le fondement, ni le problème premier de la morale, elles découlent de la morale au titre de conditions nécessaires de la moralisation du positif : je peux exiger le respect de ma dignité d'homme, non parce que c'est moi qui l'exige, mais parce que je ne peux pas l'exiger *de moi* sans l'exiger pour tout être humain, donc également *pour moi*. C'est une autre question que de savoir si je dois essayer d'imposer aux autres la reconnaissance de mon droit — et à cette question, seule la prudence peut répondre. Envers moi-même, la question ne se pose pas : la morale me lie absolument ; je ne m'en sers pas pour lier autrui, je n'en tire que le droit de me défendre contre sa violence.

L'homme qui se pose la question de la morale, ou, comme il dit, de la vraie morale, ne peut pas ne pas reconnaître, s'il veut rester cohérent, qu'il ne peut pas la poser pour un autre individu concret : il la pose universellement, mais ne l'impose pas à ceux qui ne la posent pas eux-mêmes pour eux-mêmes. Il souhaite que tout homme soit moral, il se sait tenu de faire tout son possible afin que chacun le soit ; ce qu'il ne peut ni postuler ni espérer, c'est que tout homme se pose la question de la morale sous la forme où lui-même la vit et la pense. Bien plus, il désire qu'une morale concrète, informée par la règle de l'universalité, *aille de soi* : ce n'est pas bon signe pour la santé morale d'une époque si la morale est douteuse pour chacun, si, devant chaque décision, tout homme se demande, et donc ignore, ce qu'il y a lieu de faire, quelle serait la réaction saine, naturelle, évidente. Il sait que l'apparition de la réflexion morale est le symptôme d'une crise, de la crise la plus grave que puisse connaître un groupe humain, et si cette réflexion fait son entrée, sous une forme anodine en apparence, avec la littérature et les discours des moralisateurs, des prédicateurs, des prophètes de nouvelles révélations, d'inventeurs de remèdes arbitraires à la maladie de l'arbitraire et du doute, elle prend rapidement le visage de la violence et du mensonge, jusqu'à ce que la lutte révèle à tous combien grand est leur intérêt commun et qu'une nouvelle morale historique soit imposée aux individus sans morale vivante, par la loi, les tribunaux, la police, un maître. La réflexion consciente de la philosophie n'a pas d'autres origines que de telles situations. Mais consciente, elle connaît le mal de ces origines comme mal, et l'homme moral et, partant, prudent, ne demandera qu'une chose : c'est que la morale concrète, historique, incarnée dans les lois et les habitudes, puisqu'il en faut une, soit juste, c'est-à-dire, aussi universelle qu'on peut le penser et vouloir en ce moment, que, en d'autres termes, elle puisse être observée sans mensonge et sans hypocrisie par lui-même et par tous ceux parmi les membres de la communauté qui n'ont pas opté, consciemment ou non, pour la violence.

Entre temps, l'homme qui se veut moral et heureux en tant que moral ne peut pas attendre qu'un tel état des choses morales existe : c'est ici et maintenant que se joue son sort, ce ne sera pas à la fin de cette période de décomposition morale et de doute qui l'a rejeté sur lui-même. Que le monde soit moralisé, il ne le désirera pas seulement, il le voudra, au sens précis de ce terme. Mais aussi cette volonté devra-t-elle être vraie volonté ; transformée en rêve et en prédiction, la visée d'un monde juste devient l'inexcusable excuse de l'immoralité présente pour des prédicateurs « réalistes » qui, remplaçant l'obligation morale par la promesse d'un inévitable état de perfection sans problème moral, en rendent très peu probable l'avènement : on ne voit pas une morale concrète naître là où chacun, où même celui qui se charge de penser la morale, déclare que l'action morale et la maxime juste seront pour demain. Le mensonge, l'injustice, le manque de prudence et de modération dans l'immédiat ne transformeront pas l'attente « historique » en cette décision morale qui, seule, du rêve fera un projet d'action dans le présent en vue d'un avenir moralement supérieur. Le projet, sans doute, pourra échouer ; du moins a-t-il une chance de réussir, tandis qu'avec des hommes qui se contentent d'être immoraux dans le présent, seule la violence qui lutte avec la violence construira un avenir moral et non la volonté raisonnable et prudente. On ne peut moralement obliger personne à se poser le problème moral puisqu'il n'y a aucun moyen de réfuter celui qui refuse les principes de la discussion ; tout au plus peut-on le contraindre ou l'éliminer. Celui qui pose ce problème s'oblige, lui, à se moraliser sans attendre que la morale lui vienne d'un avenir éternellement à venir, qu'elle lui soit fournie de l'extérieur, imposée par la loi, offerte par l'esprit de l'histoire ou l'évidence scientifique.

Ce n'est pas que l'histoire soit insensée, que la loi ne joue pas de rôle important dans la société des hommes, que toute science objective de l'homme puisse être écartée d'un geste hautain ; cependant, ni l'une ni l'autre ne sauraient fonder la morale, puisque c'est seulement la morale — la morale historique d'abord, la morale pure ensuite — qui donne un sens à l'histoire, qui justifie et juge la loi, et sans laquelle la loi ne serait que l'expression de l'arbitraire tyrannique; elle serait imposée, non reconnue, puisque c'est la morale qui révèle ce que la science est pour l'homme, sans quoi l'homme deviendrait, comme il lui arrive en l'absence de toute réflexion morale et philosophique, objet pour cette même science que, pourtant, lui seul a constituée. Il n'y a pas de pire faute contre la prudence que de vouloir être trop prudent, de cette mauvaise prudence qui se croit intelligente, parce qu'elle a compris que l'attente est plus confortable que la décision — belle découverte, en effet, mais qui ne dispense pas d'agir pendant qu'il en est encore temps, ici, aujourd'hui : la connaissance du monde et de l'histoire, celle des hommes et de soi ne sont pas bonnes à rendre l'action superflue, elles sont là pour la rendre efficace : la prudence veut le courage.

*e.* La prudence, devoir qui résume tous les autres, renvoie l'homme qui se veut moral dans le monde, à ce monde : on n'est pas prudent dans la solitude absolue, pas plus qu'on n'y est juste. Aucune vertu, pas même celle de la maîtrise de soi ou celle du courage moral n'y naîtront, car le devoir envers soi ne devient concret que par l'intermédiaire du devoir envers autrui — et la vertu n'est que l'attitude de celui qui fait son devoir.

Il sera utile de partir, ici encore, du concept de l'excuse valable, concept nécessaire, on l'a vu, quand il s'agit du jugement porté sur autrui ou sur son propre passé, sans validité quand il y va de la décision à prendre, de l'acte à accomplir. Les excuses valent pour les autres (et pour moi, dans la mesure où je suis devenu autre pour moi-même, où j'ai un passé, où je suis passé) ; en ce qui les concerne, c'est un devoir de prudence que de tenir compte des excuses valables, considérées comme valables par ce qu'on appelle tout le monde, en d'autres termes, de tenir compte de la morale historique de la communauté, pour insuffisante qu'elle soit selon le critère de l'universalité et l'exigence d'une universalité plus grande.

Devoir de prudence : le fait est que l'homme moral a un intérêt dans le monde, puisqu'il a décidé de vivre et d'agir dans le monde. Cependant, l'être moral ne saurait reconnaître la valeur et la validité d'un intérêt simplement donné pour la seule raison qu'il est le sien. Son intérêt à lui, être moral, doit être intérêt de tout homme en tant que raisonnable. Or, un seul intérêt correspond à cette exigence, celui de la morale pure même à la moralisation de la morale existante, à l'apparition d'une morale historique supérieure : il est de l'intérêt de la morale (pure) que tout le monde vive selon la morale (concrète) la meilleure possible — possible, c'est-à-dire telle que même ceux qui ne posent pas le problème moral sous sa forme réflexive, que, par conséquent, la masse de l'humanité et, pour commencer, de la communauté reconnaissent dans ce qui leur est proposé une forme de vie qui leur donne satisfaction. L'homme moral pêcherait contre la prudence s'il oubliait que la morale, aujourd'hui comme à son origine dans la nuit des temps, procède de ce qui n'est pas moral, informe ce qui n'est pas moral, a affaire à ce qui n'est pas moral : c'est de la lutte des intérêts naturels (des intérêts qui, par les différentes morales, sont considérés comme naturels et qui ne sont pas toujours les mêmes : il est naturel à l'homme d'être historique jusque dans ce qu'il considère comme sa nature et son naturel) que sort la morale comme elle en est toujours sortie ; une morale plus haute ne sera admise par les hommes que s'ils pensent y trouver leur intérêt : s'il suffisait des déclarations des philosophes et des projets non-philosophiques de morales parfaites, le problème aurait disparu depuis longtemps. L'homme qui se veut moral n'a et ne se connaît, certes, pas d'excuses pour être immoral ; il en trouvera facilement aux autres qui, eux, ont des intérêts, des désirs, des besoins « naturels », tous suffisants à leurs yeux pour rendre ridicules, phantastiques, « idéalistes » les exigences de la morale : c'est à eux que pense l'homme qui veut la morale et sa justice dans le monde et pour le monde.

Une fois qu'elle n'est plus naturelle, évidente, allant de soi, la morale concrète est toujours en danger de disparaître. Elle risque de céder la place à la violence simple ou à celle d'un pouvoir moralement (non toujours politiquement) arbitraire qui, violemment et sans autre but que ce qu'il définit comme l'efficacité, domine la violence des individus ; domptés, ces êtres n'auront plus qu'un seul intérêt, celui de ne pas mourir de faim ni de tomber entre les mains du bourreau ; ils auront oublié jusqu'à la recherche du bonheur, voire, de toute satisfaction autre que biologique. Ce n'est pas un cauchemar de la raison, l'histoire est là pour le prouver, et rien n'indique que de telles situations ne puissent pas se reproduire, pour réel que soit le progrès matériel de l'humanité (ou de ses parties les plus avancées), quelque grands que soient les avantages obtenus dans la lutte contre le besoin : l'homme moral pourrait être le dernier de son espèce, possibilité que la prudence l'oblige à envisager et à combattre. C'est là qu'il se connaît un intérêt, celui de la morale — ce qui ne signifie pas qu'il ait un intérêt à la persistance du problème de la morale ; sa volonté est, au contraire, que tout le monde soit moral, c'est-à-dire, n'ait plus à chercher une nouvelle morale à la place d'une morale inexistante, du moins insuffisante dans la mesure où elle impose la recherche d'une autre.

Ainsi apparaît le rôle moral de l'exigence de satisfaction des besoins et des désirs légitimes. Ce n'est pas en premier lieu pour lui-même que l'homme moral cherche la satisfaction. Sans doute, cette recherche ne lui est nullement interdite : il est, il se sait être besogneux, et, individu dans la communauté, il a des besoins et des désirs légitimes ; mais il n'en cherche pas la satisfaction en tant qu'être moral, décidé à subordonner à l'universel ce qu'il porte en lui d'individuel, mettant le bonheur au-dessus de la satisfaction et ne laissant pas celle-ci influer sur des décisions qu'il veut prendre en fonction de celui-là. Or, précisément en tant que moral, il prend au sérieux l'intérêt de la morale concrète, l'universalisation de cette morale : la recherche de la satisfaction des désirs et des besoins des autres en devient devoir, obligation envers ceux qui sentent l'absence d'une morale qu'ils puissent vivre et qui dans leur comportement montrent ce sentiment par leur violence gratuite, la quête d'un salut imaginaire et arbitraire, le désespoir de leurs discours. La morale ne veut pas seulement être prônée, elle veut être réalisée, au milieu d'hommes qui ne se posent pas de problèmes moraux ou les posent de façon absurde.

Ce qui meut ces autres, c'est ce qu'ils considèrent comme leurs intérêts légitimes, intérêts qui sont légitimes dans le seul sens que peut avoir ce terme, à savoir, qui sont reconnus comme « naturels » par la morale régnante (qui se définit ainsi), rendus, ensuite, explicites et consistants par la loi et, enfin, quand aucune morale cohérente ne règle plus le comportement des individus, proclamés tels par une autorité qui formule et applique une loi efficace. L'individu moral n'a pas besoin de cette loi : pour autant qu'il est moral, il vivra (ou mourra) sous n'importe quelle morale concrète selon la loi de l'universalité, parce qu'il *veut* vivre ainsi : loi plus sévère que tout règlement de la communauté ou de l'Etat en ce qu'elle le lie absolument, loi d'une liberté plus grande que toute liberté que pourra concéder une autorité extérieure, loi donnée par la volonté elle-même à la volonté. Mais la loi extérieure est nécessaire pour tous ceux et à tous ceux que n'inspirent pas le souci de la morale et la recherche consciente de la dignité, d'un sens de la vie qui ne dépende que de la raison ; elle est nécessaire dans l'intérêt de la morale : une morale concrète vivable et vécue est la condition de toute moralisation. Certes, pour l'homme moral le sens de la vie consiste dans la moralisation de sa propre individualité, dans la volonté d'accéder à l'universel dans toute la mesure — qui ne connaît pas de limite *à priori* — du possible ; il n'oubliera pas pour autant que lui-même ne se guiderait pas en fonction d'une telle volonté et à l'aide d'une telle raison, si le monde dans lequel il poursuit ce but était un monde de la pure violence, de la simple défense de la survie, où personne, lui-même pas plus qu'un autre, n'échapperait à la pression du besoin primitif et à la crainte animale de la violence animale. C'est que la lutte des individus besogneux a produit, sinon la raison, du moins de la raison, que des institutions, des formes suffisamment élaborées de collaboration sociale, une administration de la justice, pour peu juste qu'elle soit du point de vue de l'universel, ont écarté ces pressions : c'est ainsi qu'il a pu se poser cette question morale qui, maintenant et seulement maintenant, est devenue la plus importante de toutes, la seule importante, puisque, en dernière analyse, c'est elle qui demande ce qui est, ou n'est pas, important en vérité. L'homme qui réfléchit sur la morale réfléchit, sans doute, pour lui-même ; mais sa réflexion lui montre aussi qu'il ne peut pas réfléchir seulement pour lui ni pour ceux qui cherchent comme lui (et n'ont donc nul besoin de sa réflexion) ; en fonction de sa morale, il veut que tout le monde soit moral, que personne n'ait besoin d'une loi imposée, que tous veuillent ce que la loi contient de raison ; il veut donc que ceux qui ne cherchent pas une morale concrète plus haute puissent du moins sentir que cette quête ait un sens pour eux et qu'ils en acceptent ainsi les présupposés et les exigences — que la morale de l'universalité soit accessible et acceptable, et le soit pour les hommes tels qu'ils sont.

La prudence prend, par là, la forme concrète de la justice historique. Termes, il faut en convenir, dangereux : il est à craindre, en particulier, que le mot *concret* ne fasse qu'on s'attende à retrouver, enfin, ce que le langage de tous les jours appelle de ce nom. Il faut alors rappeler que le concret de la philosophie n'est rien d'autre que la détermination du concept, détermination que produit le concept lui-même quand il — quand celui qui s'en sert en le pensant — veut saisir et informer ce qui est encore son *autre*, mais qui n'est *autre* qu'en fonction du concept et ne lui est pas imposé comme une réalité étrangère et impénétrable, cet extérieur sensible qu'on a l'habitude d'opposer au concept comme ce qui lui échapperait pour n'être accessible qu'à la prise immédiate, à l'impression, au sentiment. Il est vrai que l'individuel, bien qu'il tombe sous le concept, bien que (et ceci compte davantage) il ne devienne saisissable que dans et par le concept, reste toujours inadéquat au concept, l'individu étant défini par ce qu'il a d'unique, en d'autres termes, d'accidentel (et, partant, d'*abstrait* du point de vue du concept, qui est la pensée même qui se développe en vue du discours cohérent). Mais ici, lui-même se veut universel et n'a rien à voir avec cette espèce de pseudo-concret qui devient la négation de toute universalité quand on l'oppose au concept ; dans la morale, lui-même pense cette abstraction et la ramène au concret en la saisissant comme son autre, l'arbitraire, sur lequel il veut et doit agir et qui, d'autre part, lui permet et impose de se déterminer dans le concret pensé.

Cette remarque écarte en même temps un deuxième malentendu, qui pourrait naître du terme *historique*. Il a été noté plus haut que l'histoire, qui possède bien un sens, mais ne le possède que par référence à la morale et à la philosophie, ne peut pas servir de prétexte au refus de la décision et de l'action morales : elle ne peut pas servir, non plus, d'excuse à la paresse morale qui remet l'accomplissement du devoir de justice aux kalendes grecques, sous prétexte que dans le monde d'aujourd'hui (et le monde est toujours celui d'aujourd'hui) la justice absolue est impossible. La morale n'attend pas la justice de l'histoire, qui doit la recevoir de la morale ; mais si la justice doit être réalisée ou mieux réalisée aujourd'hui, elle le sera sous les conditions du jour, celles de la morale concrète qui (et que) définit ce que les hommes considèrent comme légitime et naturel en matière de besoins et de désirs, d'intérêts et de droits. Ce n'est pourtant pas cette morale qui fournirait un critère à la morale universelle, laquelle, au contraire, juge la première pour l'élever au-dessus de son niveau actuel, — en partant de ce niveau.

Il n'y a aucune chance de moraliser un monde dans lequel les hommes ne croient plus pouvoir atteindre, à l'aide de moyens qu'ils regardent comme moraux, un état où ils soient satisfaits, satisfaits au sens où eux-mêmes l'entendent. Sans doute, des individus peuvent *s'universaliser*, vouloir la paix avec eux-mêmes dans la raison : l'homme moral, le sujet de la présente réflexion, en est le représentant. Mais cette possibilité de l'individu moral, pour l'individu moral, n'est pas une possibilité pour tout le monde, plus exactement, ne l'est que formellement : chacun peut poursuivre le bonheur raisonnable, si *pouvoir* signifie simplement qu'aucune contradiction interne ne rend un tel projet impossible. Mais la possibilité de moralisation qu'on cherche à présent doit précisément constituer une possibilité pour ceux qui autrement n'auraient, humainement parlant et pour employer une expression courante, aucune raison de la saisir puisqu'ils n'en auraient aucune de la chercher : ils se trouveraient dans un monde caractérisé à leurs yeux par la violence, le mensonge, la ruse, l'injustice, dans lequel ils verraient les possédants et les puissants profiter des souffrances des faibles et des pauvres, où les vertus et les devoirs ne seraient mis en avant que pour couvrir la poursuite de nouveaux avantages par ceux qui n'en possèderaient que trop. On sait que, pour des communautés, des couches, des groupes entiers, le monde peut en arriver là ; s'il le fait, ce n'est pas une morale particulière qui sera discréditée, c'est la morale tout court, qui apparaîtra comme paravent des passions et des intérêts arbitraires, moyen d'oppression aux mains des puissants, hypocrisie par essence : en fait, déclarera-t-on, il n'y a pas de morale, il n'existe que des intérêts, et mieux vaut jouer le jeu tel qu'il est joué par ceux qui y ont trouvé le moyen de s'attribuer tous les gains. Parler de dignité à des hommes auxquels les dignitaires de leur monde n'en reconnaissent aucune, ou n'en reconnaissent que dans des discours qui ne les engagent à rien, apparaît comme moquerie à qui se sent devenu instrument au service de maîtres arbitraires, violents et qui ne voient que leurs intérêts, les derniers à prendre au sérieux la morale qu'ils prêchent aux autres[1].

Dans de telles circonstances, on n'accrédite pas la morale au moyen de discours moraux. Si les hommes doivent chercher leur dignité et la paix avec eux-mêmes dans la raison, si, en d'autres termes, la morale doit survivre ou renaître, il faut d'abord que la justice entre dans le monde[2], une justice qui ne soit pas simple égalité formelle, égalité par rapport à des droits que les uns exercent aux dépens d'autres qui, privés de toute possibilité réelle d'un tel exercice, ne lui découvrent aucun intérêt. Il ne suffit pas d'accorder à tous et à chacun le droit de manger à sa faim si l'on refuse à tel groupe la possibilité de se procurer sa nourriture, il n'est pas assez de permettre à chacun d'accéder à toutes les fonctions qui correspondent à ses dons si on ne l'aide pas à découvrir et à cultiver son talent, il est peu utile de reconnaître à tout citoyen la liberté politique et sociale si, en même temps, on le place (ou le laisse) dans des conditions telles que seule la vente de cette liberté lui procure le strict nécessaire. Se borne-t-on aux proclamations ?, l'appel de la morale et à la morale ne se fera pas entendre ; ce n'est pas une objection si, quelles qu'aient été les conditions, on a toujours trouvé des individus qui ont méprisé tous les biens de ce monde : ceux-là mêmes qui les citent les considèrent comme

1. Il est évident que ce raisonnement, qui, en tant que fait historique, pose un problème à la morale, n'est pas, pour autant, justifié en droit — *cf. supra*, § 8.

2. La justice dans le monde ne coïncide pas avec la justice, devoir premier (*cf.* § 17) : elle en dérive par l'intermédiaire de la prudence.

des saints et des héros et avouent ainsi qu'ils constituent des exceptions — exceptions qu'en effet chacun peut imiter, mais au sens où chacun *peut* refuser de vendre son indépendance, à condition d'être prêt à renoncer, non seulement à ce qu'on appelle les biens de la vie, mais à la vie même. La morale ne sera réelle, elle n'informera le monde qu'en tenant compte des besoins et des désirs d'hommes qui veulent vivre ; et elle ne se comprendra elle-même comme morale raisonnable de la vie et du discours, non du silence et de la mort, qu'à condition d'assumer cette responsabilité morale pour la morale vivante, pour l'avènement d'une morale qui puisse être vécue par ceux qui, à présent, ne se posent pas le problème moral, mais le vivent dans le sentiment de l'insécurité, de l'insensé, de l'injustice.

Il s'agit bien d'injustice et de justice ; il ne s'agit pas de charité ou de dureté de cœur. Le prochain n'est pas tenu d'attendre que, pour ainsi dire, je veuille faire mon salut sur son dos, même en m'efforçant de redresser ce dos courbé : il a droit à la justice — pléonasme courant et d'autant plus caractéristique d'une époque où la justice, autre que formelle, autre que celle qui maintient l'ordre extérieur de la société, est tombée dans un oubli aussi profond que la prudence et où il faut rappeler que ce n'est pas la recherche de mon mérite qui doit déterminer mes maximes et mes actes, mais le devoir moral envers la morale, que, quand il s'agit de morale, il n'y a pas de surérogatoire et de mérite particulier, et qu'on n'a pas accompli un haut fait en faisant ce qu'on se sait tenu de faire. La justice n'est pas une vertu qu'on peut, ou non, posséder ; elle constitue une obligation absolue pour tout individu qui se veut moral — obligation absolue et, pour cette raison même, obligation qu'il faut interpréter à chaque instant, selon l'obligation pareillement absolue de la prudence.

La grande découverte hégélienne en ce domaine est celle du concept de reconnaissance. Le premier, Hegel a vu que ce que l'homme demande avant toute autre chose, c'est d'être reconnu comme libre et raisonnable par les autres, par la communauté et par les institutions. Reconnaissance réelle, non seulement reconnaissance de principe et de déclarations : ma valeur humaine, ma valeur d'homme, n'est pas reconnue quand tous déclarent que je ne suis pas un animal, une plante, un minéral ; elle l'est quand on reconnaît mon droit à tout ce qui est réclamé comme droit par n'importe qui à titre d'être humain : conditions de vie matérielles, intellectuelles, morales. Ce n'est pas que tous soient égaux d'une égalité mathématique : l'enfant n'est pas l'égal de l'adulte, le criminel n'est pas celui de l'homme de bien, le fou, de l'homme jouissant de toutes ses facultés ; celui qui dirige n'est pas l'égal de celui qui reçoit de lui ses ordres ; mais ces inégalités sont des inégalités justes, justes parce qu'elles sont reconnues comme telles par tous les hommes vivant dans une communauté organisée, l'organisation se définissant, sous ce rapport, par la distinction des rôles et des fonctions. Ce qui fait l'inégalité immorale, ce n'est pas que tel, remplissant telle fonction et occupant telle place, possède tels avantages et désavantages, elle naît dès que tel individu ou tel groupe est appelé à remplir telle fonction, tandis que tel autre, à l'avance et sans qu'il ait pu faire ses preuves, en est exclu par ce qu'on désigne comme sa nature inférieure ou supérieure, *nature* signifiant une détermination irréductible. La justice est réalisée si chacun peut accéder à toute fonction et à tout rôle auxquels il peut aspirer légitimement, selon le concept de légitimité qui est celui de tous les membres raisonnables de la communauté, de ceux qui ont renoncé à la violence et à l'arbitraire.

Il est évident que cette justice n'est pas intemporelle, qu'elle évolue, après avoir évolué. Y voir une objection contre son concept tel qu'il vient d'être développé serait une erreur dangereuse : la morale et, en particulier la justice ne peuvent se réaliser que dans un monde donné, historique. Il ne s'ensuit pas qu'il n'y ait pas de justice sur terre : une telle conséquence n'en découlerait que si l'on se prêtait au paralogisme moraliste, à l'exigence de l'absolu dans l'immédiat. Ce qui, au contraire, en résulte est qu'il y a *de la* justice dans le monde et que cette justice est plus ou moins proche de la justice de l'universalité, laquelle universalité ne dessine pas un état final, mais définit le critère de tout état présent. C'est devoir de chercher la justice, de la chercher ici et maintenant, et parce qu'il faut la chercher ici et maintenant, il la faut aussi chercher pour cet ici et ce maintenant, pour les hommes de ce moment historique, et avec eux. Le monde de la morale est le monde des hommes, êtres finis, besogneux, passionnés, raisonnables parce que exposés à la violence extérieure de la nature et du besoin, à la violence intérieure du caractère, du tempérament, de l'arbitraire individuel. Il n'est pas besoin d'une profonde réflexion pour découvrir qu'un tel monde est imparfait. Il semble être plus difficile d'admettre, bien qu'il s'agisse d'une évidence et d'une identité, que la morale n'a de sens que dans un monde de cette espèce et que c'est là ce qui constitue la seule réalité, ou, si l'on préfère, la seule grandeur de la morale, de la justice, de tout devoir, de toute volonté raisonnable.

*g*. Le devoir de justice, joint à celui de prudence, conduit ainsi à la politique. Nous en avons traité ailleurs[1], et nous n'aurons pas à revenir sur ces développements ici, où il s'agit de la moralisation du monde seulement dans la mesure où cette moralisation importe à celle de l'individu. Il suffit de remarquer que la prudence devient concrète (au sens défini à plusieurs reprises) dans la mesure où elle oblige l'individu à travailler, pour se moraliser, à la moralisation du monde. Ce qu'il faut noter, en revanche, c'est que la forme politique de la prudence et de la justice n'en est pas la seule — remarque qui serait superflue si l'aspect politique de ces devoirs ne cachait pas souvent

1. *Philosophie Politique*, en particulier § 18.

leur caractère d'exigence immédiate et personnelle. Il est vrai qu'un monde qui paraît insensé à tous ses habitants, à la seule exception de l'homme de la morale pure, ne sera pas moralisé, à moins que ce philosophe ne s'en fasse roi (ce qui ne le tentera guère) ; il est tout aussi incontestable que chacun, à sa place, peut contribuer à la transformation de ce monde. De nouveau ne sont pas valables les excuses de la lâcheté et de la paresse qui remettent au lendemain l'obligation de faire ce qui dépend de chacun à chaque instant : c'est bien la communauté qui doit être moralisée, plus exactement, qui doit être amenée au point où elle veuille se moraliser ; mais la communauté est composée d'individus sur lesquels nous agissons et qui agissent sur nous, et elle n'avancera pas si chacun reste à sa place ou recule. Sans doute, il y a des injustices contre lesquelles l'individu ne peut rien. Il existe même des injustices qu'il faut préserver, de peur de démolir ce qui reste de morale concrète : ce qui est injuste du point de vue d'une morale plus pure peut faire partie intégrante de la morale du moment et y être considérée comme la justice même, et les hommes de l'époque pourraient n'entendre que ce qu'il y a de négatif dans la critique, sans comprendre le positif qui fonde et que vise cette critique. Rien n'obligera l'homme moral à pratiquer ce qu'il a reconnu comme immoral ; sous de telles conditions, il se pourrait, cependant, qu'il se gardât d'ériger en exigence à l'adresse de tous ce qu'il s'impose à lui-même comme allant de soi : il pourra ne pas être sûr que son exemple porterait, même pas qu'il serait compris sinon comme folie et aberration ; lui-même agira, avec discrétion s'il le faut, selon sa conscience raisonnable, puisqu'il cherche son bonheur dans cet accord.

Il n'y a donc pas à choisir entre justice et prudence, entre une morale du succès et une morale de la pureté (ou des intentions). L'une n'existe pas sans l'autre, et le problème moral concret est précisément de faire que les deux ne se contredisent pas. Que cette volonté ne soit pas toujours assurée du succès n'enlève rien à la validité absolue de l'exigence. Le courage moral ne consiste en rien d'autre que dans l'acceptation de ce risque, le plus grand qui soit, celui de produire une situation moins morale que celle qu'on a voulu modifier pour la rendre plus morale — risque pourtant inévitable pour qui ne veut pas se replier sur lui-même jusqu'à la négation de tout *lui-même* concret, déterminé, pris dans un monde et participant à sa vie : seul celui qui est mort au monde peut se laver les mains de ce qui arrive de moral et d'immoral dans ce monde, et le choix initial, celui entre la vie et la mort, le discours agissant et le silence du vide, n'est déjà plus possible à l'homme qui a opté pour la morale des vivants, pour celui qui veut penser la morale et non pas l'éliminer en s'éliminant. Vouloir, ou, avec un pléonasme excusable, vouloir être moral, c'est se charger de ce risque, ici et maintenant, dans ce monde et pour ce monde.

**Le courage n'est ainsi devoir et vertu** que lié à la prudence : le devoir ne commande pas de détruire ce qui n'est que relativement bon pour installer à sa place le mal, et il commande de peser les risques — non les siens propres, mais ceux qu'on fera courir à la communauté —, avant d'agir, mais aussi afin d'agir. La prudence dirige ainsi le courage en vue de la justice.

Mais si ensemble ils visent le monde et s'y réalisent, ils restent devoirs de l'individu : justice, prudence, courage, et la domination de ses propres passions et intérêts, cette justice au sens premier, sont des devoirs de l'individu envers lui-même avant d'être des devoirs envers les hommes ; ils ne constituent de tels devoirs que parce qu'ils sont les conditions du bonheur raisonnable de l'individu. Ils ne sont pas réservés à l'usage externe, aux occasions solennelles ou littéraires où il est de mise de parler de l'idéal, du progrès moral de l'humanité, c'est-à-dire, des autres et, surtout, des générations futures auxquelles on a l'avantage de ne pas appartenir. Il faut se méfier des gens qui prêchent le bien universel et font le mal particulier : ce n'est pas qu'ils auraient tort avec leurs discours, c'est que leurs propres déclarations les condamnent précisément parce qu'elles contiennent la vérité morale : le diable reste ce qu'il est encore qu'il cite la Bible. La morale est morale de l'individu, puisqu'elle est morale pour l'individu ; si elle s'élargit, nécessairement, pour englober, plus exactement, pour fonder le devoir politique, celui-ci naît de celle-là et n'est rien sans elle. Sinon la politique n'est que passion, intérêt arbitraire, non pensé, indomptable, et qui se subordonne toute la vie de l'individu. Or, aucune passion n'est morale en elle-même ; qu'elle soit de nature intellectuelle ou se donne pour telle n'y change rien : à être passionné de vertu, on n'est pas vertueux. Seul l'individu qui s'est moralisé pourra agir moralement en politique : il n'y transportera pas de prétendues règles morales qui, à l'en croire, l'autorisent, tantôt à ne pas agir, tantôt à violenter la conscience d'autrui, et, en tous cas, à se soustraire à son devoir envers la morale concrète. L'individu ne sera moral en politique, c'est-à-dire, il n'aura de volonté et de but raisonnables, universels, que s'il pratique ce qu'exigent de lui dans sa vie de tous les jours la maîtrise de soi, la justice, le courage et la prudence.

# III

# LA VIE MORALE

19. *La morale informe la vie de l'individu en sa totalité.*

*a.* Quand, étudiant les œuvres en lesquelles elle s'est présentée, on regarde du point de vue de l'historien la morale de l'universalité, elle montre cette particularité que, en opposition aux morales antiques, elle ne parle guère de la vie de l'homme qui se veut moral selon son critère et son exigence de l'universalité. Cela ne l'empêche pas d'être infiniment supérieure aux morales du passé. Infiniment, parce qu'elle a exprimé, compris, pensé, un principe nouveau, celui de la liberté dans la responsabilité, le principe de la raison agissante qui se pense elle-même comme principe de pensée autant que d'action, tandis que celles qui l'ont précédée se contentaient de donner des règles de vie, politiques ou non, grâce auxquelles l'homme était censé pouvoir arriver, quelles que fussent les circonstances, à un bonheur qui n'était pas seulement celui de l'accord avec lui-même, mais en même temps la satisfaction de ses désirs (le cas échéant, par réduction de ces désirs à la mesure du désir déclaré naturel) ou, ce qui revient au même, l'abolition du désir. Ce n'est pas que de telles règles soient fausses ou inopérantes : on peut toujours vivre en stoïcien ou en épicurien, mourir au monde avec le sage de Platon (car l'Etat idéal n'est pas pour demain), vivre, comme Aristote, dans la vue du cosmos et pour les rares instants d'union avec l'intellect, imiter les animaux selon les préceptes cyniques ou poursuivre le plaisir avec Aristippe, chercher ou espérer le bonheur naturellement surnaturel des religions révélées. Ce qu'on ne trouve pas ainsi, c'est le moyen d'effectuer, entre ces voies et possibilités, un choix qui ne soit pas arbitraire : de là, la supériorité infinie de la morale pure, celle de la raison qui se comprend comme raison dans et pour l'être fini.

Aussi n'est-il pas surprenant que les maîtres de la morale pure aient négligé ce qu'on peut appeler la vie de l'homme moral. Non que Kant, pour nous en tenir au fondateur et au représentant le plus pur de cette morale, ait ignoré le problème ; il l'a pris au sérieux à tel point qu'il refuse son adhésion au stoïcisme, dont il est pourtant si proche, parce que celui-ci oublie la vie de l'être moral, qu'il oublie que cet être n'est pas pure raison, mais seulement animal raisonnable, « être, comme il dit à maintes reprises, fini et raisonnable » ; Epicure, selon lui, doit corriger ce que la Stoa a de fautif. Cependant, le problème ne trouve pas ainsi de solution adéquate. D'un côté, le désir de satisfaction ne sera assouvi que dans un au-delà que Kant se garde, pour de bonnes raisons, de déterminer : la raison croira (il s'agit de la raison, non du « cœur ») en une justice qui proportionnera les mérites et les jouissances ; elle ne peut pas, bien plus, elle ne doit pas faire de cette exigence, pourtant inévitable, de l'être fini et raisonnable le motif de l'action. De l'autre côté, un développement détaillé (et difficile à défendre dans ses détails) des lois et des devoirs doit donner à la morale un contenu et résoudre les questions morales de la vie courante. Mais encore les devoirs envers soi, rapports quasi-juridiques de l'individu avec lui-même, ressortissent à la légalité : Kant lui-même situe ailleurs, dans la culture de la sensibilité, la *vie* du sujet moral, vécue en dehors de tout l'appareil des règlements extérieurs et intérieurs, tous ensemble rapportés à l'idée de l'universalité extérieure ; si cette vie se soumet à la contrainte de la vie sociale, elle n'a rien à voir, en tant que vie vécue, avec ces règles, valables mais purement restrictives, découlant du seul principe d'une loi qui fait de tout individu l'égal de tout autre, loi à laquelle chacun doit se soumettre, *doit* se soumettre, parce que, et cela importe davantage, il est aussi récalcitrant que son prochain. Il n'y a pas de vie morale, il n'existe qu'une vie sous la morale.

La réaction ne s'est pas fait attendre. Ce que propose Kant, a-t-on déclaré, est inadmissible et insupportable. Toute vie morale devient impossible si le mérite est fondé sur l'impossibilité d'être moral, si seul le méchant qui se domine possède une valeur morale, si l'homme qui agit moralement parce que cela correspond à sa nature, à son sentiment, à son goût, est sans dignité, si le prix revient aux méchants qui se soumettent à une loi qu'ils ne peuvent pas s'empêcher de craindre et de détester : aucun homme normal n'admettra une telle moralité ou préférera celui qui fait son devoir envers autrui en le détestant et de mauvaise grâce à celui qui agit de même, seulement sans dégoût ni haine. Il reste vrai néanmoins — on l'oublie volontiers pour s'insurger contre la dureté du rigorisme — qu'aucune action n'est morale qui ne soit fondée sur une décision morale, que c'est un pur accident si tel est, ou non, naturellement porté à la gentillesse, à la miséricorde, à la charité : d'un homme de bon naturel, mais auquel manque le concept du devoir, personne, pour valables que soient ses exigences, pour légitime que soit son attente, n'est sûr de recevoir son dû, et le plus indigne aura une forte chance d'être préféré à celui qui a des droits, simplement parce qu'il s'est présenté le premier ou à un moment où le bon tempérament est, comme disent les hommes du sport, en pleine forme. Cependant, il ne s'ensuit pas de là que le seul mérite moral consisterait dans la victoire remportée sur un caractère dur, méchant, acariâtre. Une vertu pénible à celui qui l'observe l'est d'ordinaire davantage pour ceux sur lesquels elle s'exerce et qu'elle humilie parce qu'elle en fait des objets d'actions méritoires et leur refuse ainsi l'égalité : l'autre n'est pas capable de faire son devoir, mais seulement de souffrir que je fasse le mien à son occasion.

Il existe un signe caractéristique de cette attitude moralisatrice : le mépris de l'humanité, qui ne connaît qu'une exception, celle de la propre personne. Les hommes sont méchants, je suis bon, sinon en fait, du moins dans mon intention et dans mes intentions. Les autres ne sont pas vraiment des hommes, si être homme veut dire être moral. Ils peuvent nourrir à mon égard des espoirs, leur attente sera légitime en ce qui me concerne ; moi, je n'attends rien d'eux, je n'entre pas avec eux en communion de pensée et de volonté, je supporte leur compagnie parce que les nécessités de la vie et la morale m'y obligent. — Il serait imprudent d'affirmer que ces constatations désabusées au sujet de l'humanité, pour autant qu'elles se contentent d'être des constatations, manquent de tout fondement : l'humanité empirique n'est pas telle qu'on ne puisse pas parfois souhaiter qu'elle soit différente. Mais ce qui peut être admis au titre de constatation signifie dans la plupart des cas tout autre chose : l'oubli du fait fondamental de la morale, de la volonté de bonheur, et de ce qui en découle. On n'est pas heureux tout seul ; vouloir l'être est un contresens moral pour qui ne quitte pas le monde et la vie, ou, pour le dire avec les termes mêmes de la morale de l'universalité, c'est ne pas reconnaître à autrui la dignité à laquelle on prétend et doit prétendre : autrui n'agira jamais moralement, ne cherchera jamais le bonheur de l'être raisonnable, seul moi, je connais et reconnais le devoir, je n'attends rien de personne, tandis que tous peuvent tout attendre de moi.

Ce que révèle l'homme de cette attitude, c'est une connaissance approfondie, non de la nature humaine, mais de la sienne propre : ce qu'on observe sur soi, on le projette sur les autres, et la méchanceté de mon naturel devient la nature humaine au sens le plus naturaliste du terme, une constante à dominer par un effort de tous les instants, mais que personne ne réussira à modifier, puisque moi-même je n'espère plus y parvenir. Il s'agit en cela de quelque chose de beaucoup plus important que d'une observation psychologique (de moraliste, comme on dit souvent) : on proclame l'échec de la morale, de la moralisation de l'individu. La nature dominée (mal dominée d'ordinaire et qui perce dans la hargne de ces maîtres de leur naturel) reste ce qu'elle a été depuis toujours, dès avant le début de la moralisation : elle n'a pas été éduquée, elle n'a pas été amenée à consentir à la morale, elle a été réduite en esclavage. Or, le maître d'un esclave constamment révolté est dans une triste situation, d'autant plus triste que cet esclave lui est plus proche et qu'il lui est plus lié : ici, maître et esclave vivent dans le même corps, dans la même conscience, dans la même âme, dans le même homme ; et pour ce maître, qui n'est rien que le maître de cet esclave, tout ce qu'il fait, tout ce qu'il voit à faire, n'est qu'œuvre de répression, répression de soi-même. En un mot, ce maître ne se veut pas raisonnable et ainsi ne l'est pas ; il établit un fossé entre la raison en lui et ce qu'il est empiriquement pour lui-même, fossé que franchissent seulement ses propres cris et les grondements de l'esclave, fossé qui ne doit pas être comblé afin que le maître continue à se sentir maître et n'ait pas à voir son propre esclavage. Répétons-le : ce n'est pas l'aspect psychologique du problème qui nous concerne, pour intéressant qu'il soit et quoique cet aspect puisse fournir l'explication de phénomènes par ailleurs difficiles à saisir et à comprendre (en langage technique, on parlerait d'une pseudo-raison dans le rôle d'un sur-moi obsessionnel) ; ce qui nous regarde, c'est l'échec toujours menaçant quand il s'agit de l'unification de l'individu dans et par la raison, l'échec de la recherche du bonheur raisonnable, raisonnable pour l'individu qui veut être heureux dans l'accord avec lui-même.

*b*. La morale est réelle comme moralisation. Cela signifie que la première tâche, la seule si l'on tient compte de ce qui a été dit du rapport entre devoir envers autrui et devoir envers soi-même, est de se moraliser, non de vouloir être moral et de rester immoral avec cette volonté, mais de devenir moral de plus en plus. Le devoir n'est pas l'ennemi de l'homme moralement éduqué, qui n'est pas l'esclave de la loi morale et pour lequel la raison n'est pas la geôlière des intérêts, des passions, des penchants : pour cet homme, ses passions, penchants, intérêts mêmes devront être *informés* par la raison. En revanche, l'angélisme de ceux qui voudraient l'homme libre de tout ressort sensible et ne reconnaissent pas de degrés dans la moralisation conduit à un découragement qui n'est certainement pas fait pour avancer les affaires des anges : si la vie morale ne devait commencer qu'au moment où l'individu se serait délivré de tout ce qui en lui est personnel et particulier, elle ne commencerait jamais; bien plus, personne ne la prônerait aussi longtemps qu'il garderait une trace de ce bon sens qui ne suffit pas pour faire de la philosophie, mais sans lequel personne n'en a jamais fait. A quoi s'ajoute, pour revenir du bon sens à la philosophie, que seul un être qui n'est pas raison peut vouloir être raisonnable et moral : la passion, l'intérêt, le penchant, la nature de l'individu et de la communauté, en un mot, la violence et l'arbitraire sont les ressorts de la recherche autant que de la moralisation, ressorts aveugles, certes, et qui ont besoin d'une direction pour produire ce que, par eux-mêmes, ils ne sauraient même pas chercher, mais sans lesquels un organe de direction (qui, historiquement, est leur création involontaire) non seulement n'aurait pas d'emploi, mais n'existerait pas.

On a donc bien fait de défendre les droits de la vie de l'individu contre le formalisme moral. Le malheur, on l'a constaté, a cependant voulu que cette défense ait été, la plupart du temps, étayée à l'aide d'arguments sans valeur et qui ont beaucoup fait pour discréditer ce qu'ils étaient destinés à fonder. Ce n'est pas sur l'universalité qu'on a voulu prendre appui, c'est contre elle qu'on s'est élevé, se réclamant, comme d'un principe premier, de la valeur de cette personne humaine que chacun se sent être lui-même. Or, cette valeur d'expérience n'est pas reconnue à la bourse des valeurs empiriques, où, au contraire, rien n'a moins de prix que l'individu — si ce n'est le principe de l'individualité, qui se contente de proclamer qu'un tel n'est pas l'équivalent de tel autre, ne peut pas être échangé contre lui, ne peut pas rendre les mêmes services. Que je sois unique, cela n'intéresse que pour autant qu'autrui, également par son individualité empirique, m'aime ou me déteste, pour autant donc que quelqu'un veut bien développer, arbitrairement, fortuitement, de tels sentiments à mon égard : en dehors de cela, l'empirie affirme que nul n'est irremplaçable. L'individu possède, en effet, une valeur infinie ; mais il ne la possède qu'en fonction de cette universalité qu'on s'obstine à considérer comme le pire de ses adversaires, et la thèse ne se sauve que parce que ces prétendues preuves ne sont pas les seules : c'est l'universalité qui fonde en raison le droit de l'individu à son individualité, à sa personnalité, comme on dit — le droit, c'est-à-dire, le devoir d'être heureux tel qu'il est, pour autant que, tel qu'il est, il se veut raisonnable, non par l'extirpation de tout ce qui en lui est intérêt, passion, penchant, mais en informant précisément ces données de sa vie morale, non en renonçant à être lui-même, mais en se voulant moral dans son être empirique. C'est ainsi que l'individu acquiert le droit de se faire le défenseur de son individualité, de son unicité, non quoiqu'il soumette cette unique individualité à la volonté raisonnable qui veut que chacun soumette la violence en lui-même et que la justice règne entre tous, mais parce qu'il veut cette information par l'universel.

*c.* On sera de nouveau tenté d'opposer à ce qui vient d'être dit que l'individu reste, ainsi encore, un autre pour lui-même. Une fois de plus, on reconnaîtra la justesse de la remarque et se contentera de contester sa valeur d'objection. Sur le plan de la morale, l'individu ne coïncide jamais avec lui-même ; tout ce qui précède non seulement l'admet, mais le présuppose : l'homme parfaitement en accord avec lui-même, soit dans le bien, soit dans le mal de la violence sans discours, n'a pas de problème moral, parce que rien pour lui n'est plus en question. La vie morale n'en est pas moins caractérisée par la volonté de coïncidence : elle nie, par son inspiration autant que par sa pratique, ce dédoublement de l'individu qu'elle-même découvre, mais découvre seulement pour y porter remède. Si l'on voit souvent dans la constatation du dédoublement dont elle procède une objection contre la morale, l'explication doit être cherchée dans l'attitude moraliste, qui fait de la lutte, non de la victoire, la réalité de la vie morale, et qui fonde la morale sur l'impossibilité d'une vie morale.

L'individu est, en effet, autrui pour lui-même. Mais cela ne signifie nullement que je sois un étranger pour moi-même. Ce ne sont pas des rapports de droit et de légalité qui lient l'être empirique que je suis, à la raison en moi ; c'est l'être à la fois raisonnable, intéressé, sensible qui veut se moraliser, l'homme entier. La divinisation stoïcienne de l'homme conduit à la pétrification de l'individu : le sage stoïcien ne sait plus que mourir ; la vie morale doit être celle de l'homme tout entier, raison et désir, sous le contrôle de la raison, mais d'une raison qui, pour rester vivante, laisse vivre ce qu'elle contrôle et en l'absence de quoi elle serait vide et sans emploi. La raison elle-même, n'a-t-elle pas exigé, non que la seule raison trouve son bonheur, mais que, pour mettre l'individu à même de chercher le bonheur raisonnable, l'individu puisse, tel qu'il est, poursuivre sa satisfaction ?

Cependant, la thèse du dédoublement n'en ressort-elle pas renforcée plutôt que réfutée ? Je me reconnais un droit à la satisfaction parce que, et seulement parce que, je le reconnais à tout homme : que suis-je alors sinon un de ces autres qui sont autres que moi ? Et s'ils ont le droit de chercher, si j'ai, dans la mesure de mes forces, l'obligation de leur procurer la satisfaction afin qu'ils puissent se moraliser, comment en serait-il de même pour moi à moins que je ne sois moi-même en face de moi-même ?

La réponse niera l'existence d'un tel droit pour moi. Par là, elle n'établit pas le dédoublement, elle le rejette ; si je n'ai pas un tel droit envers moi-même, c'est que je ne suis pas un autre pour moi : entre moi et moi, il ne peut pas y avoir de droit. Je suis, en effet, double : *je* parle de *moi*, *je me* veux moral ; mais ce dédoublement n'est pas le produit et la faute de la morale, c'est un fait que la morale veut et doit transcender ; le *je* qui *se* veut moral veut aussi coïncider avec le *moi* qui doit être éduqué. Tout en ayant raison, la morale avait été trop modeste quand elle avouait, en se tournant contre le moralisme, qu'elle n'était pas le tout de la vie *(cf.* § 15 *e)* : du moins, si elle ne l'est pas, elle veut le devenir. Elle ne voyait pas cette obligation et ne pouvait pas la voir aussi longtemps que le moralisme bornait son champ de vision, — le bornait encore lorsqu'elle le combattait, pour cette raison même. Elle la découvre au moment où elle accorde aux autres le droit à la satisfaction. Et si l'homme qui se veut moral n'en déduit aucun droit pour lui-même, il y saisit l'obligation d'être moral tout entier, raison et sensibilité, volonté et caractère. Il doit penser la morale, mais il ne suffit pas de la penser, il doit la vivre, et la vivre tel qu'il est. La morale informe ce qui n'est pas moral ; mais cette matière n'est pas sans forme, et elle n'est pas, non plus, extérieure à la morale ou neutre : elle est immorale et, par-là même, se réfère à la morale : après tout, c'est d'elle qu'a surgi la morale, et c'est, après tout, elle qui, dans la morale, s'informe — elle, c'est-à-dire, l'homme fini, déterminé, être de besoins et de désirs, violence. Ce n'est pas seulement que la morale veut vivre et être vécue ; c'est que, une fois la question morale posée pour lui, l'homme entier veut se moraliser.

On ne parle pas ainsi en faveur de l'hédonisme, de la libération des instincts, du noble déchaînement de la bête, quoiqu'on en ait tiré de telles conclusions. La morale, néanmoins, ne veut pas être seulement reconnue, elle doit informer la vie de l'homme, et cela signifie : de l'individu. L'individualité de l'individu n'en devient pas une donnée constante, un caractère inné et fixe ; mais c'est cette individualité-ci qui veut se transformer, que la raison veut transformer, informer, éduquer, non une individualité abstraite et donc non-individualisée : moi, qui suis ce que je suis en ce moment, veux me moraliser, me mettre en accord avec moi-même sous la conduite de la raison, et je sais que je ne resterai pas ce que je suis aujourd'hui. Je ne cesserai pas pour autant d'être moi ; devenu autre, je serai encore moi ; je réussirai, du moins l'espéré-je, de soumettre ce qu'il y a en moi de violent, de faire mon devoir envers moi-même et ainsi envers les autres. J'aurai toujours à soumettre quelque chose en moi, mais au lieu que cet effort m'éloigne de moi, c'est en lui que je me rencontre, moi que je ne connaîtrai vraiment que par cette tentative de me dominer où je découvre ce qui fait que je suis moi et non un autre et que la raison en moi est ma raison, ma volonté de raison. Je suis ce caractère et je suis, en même temps, raison : c'est pourquoi moi, caractère raisonnable, peux m'éduquer, rendre vivante la raison et raisonnable le caractère. Plus simplement : si je ne parviens pas à aimer mon devoir, si le devoir reste mon ennemi et mon tyran, je connaîtrai la morale, je ne serai pas moral.

*d*. Ce qu'on rencontre ainsi, c'est ce que l'aristotélisme vise avec son concept de l'*habitus*, de la ἕξις : l'homme mène une vie morale quand l'accomplissement du devoir lui est devenu naturel, un style de vie, une attitude allant de soi. Ce n'est pas l'installation dans la tragédie et dans le déchirement qui ennoblit ; c'est le conflit apaisé, la passion informée, le penchant éduqué qui font l'homme moral ; ce ne sont ni le désespoir romantique, ni le mépris universel devant l'insuffisance de l'individu fini qui élèvent l'homme, ce sont l'acceptation courageuse des limites et la volonté claire de partir de ce qui est donné pour le transformer. L'éducation, la moralisation, c'est l'acquisition de ces *habitus* qui permettent à l'individu d'agir et, surtout, de réagir d'une façon qui ne le mette pas en contradiction avec lui-même.

La théorie morale de la pure universalité a constamment laissé de côté cet aspect de la vie morale, comme elle a négligé cette vie en sa totalité. Elle s'est contentée d'analyser le jugement moral, et la vie du sujet n'était pour elle qu'une succession discontinue de délibérations et de choix. Ce n'est pas qu'elle ait eu tort de commencer ainsi, il importe grandement de le rappeler à ceux qui désirent s'affranchir de tout devoir sous prétexte que l'édifice de la morale est inhabitable : en effet, il l'est. Bien mieux, un tel édifice n'existe pas encore. Mais cela n'apporte pas le moindre renseignement sur la nécessité et la solidité du fondement jeté par cette morale. Cependant, s'il est indispensable de donner aux termes de la morale un sens précis et si seule la morale de l'universalité est capable de le faire, la théorie morale ne sera pas complète aussi longtemps qu'elle se limitera à la discussion du jugement et de ses implications, de l'usage correct des mots qui apparaissent dans la discussion morale et au sujet de la morale : elle n'est pas théorie pure (ou, comme il a été dit à différentes reprises, elle n'est pas la philosophie), et le fondement théorique qu'elle est seule à construire doit permettre d'édifier une théorie de la vie morale. Or, cette théorie, analogue en cela à la philosophie morale qui se découvre comme morale philosophique, révèle la théorie de la vie morale à elle-même comme action de l'homme sur lui-même : précisément selon la théorie, il ne suffit pas de parler de la morale, pour cohérent et fondé que soit le discours, il ne suffit pas, non plus, que la morale comprenne ce discours comme le sien propre ; il faut que la morale informe celui qui la pense et parce qu'il la pense, — en tant que celui qu'il est.

Le service décisif que rend à la théorie morale ce retour sur elle-même, c'est qu'il l'amène à reconnaître qu'elle n'est, et ne se comprend que comme théorie constituée par, et valable pour, un individu limité, agissant dans un monde qui le limite au plus profond de son être individuel. Il reste vrai que l'individu, dans ses décisions morales, commence, pour ainsi dire, toujours à un point zéro du temps et qu'à aucun moment il n'a le droit de se considérer comme conditionné et excusé par son passé ; cependant, la décision morale, qui, pour être morale, se soumet au critère de l'universalité, n'est pas prise par une universalité mythique, mais par moi, un tel, sous telles conditions, par référence à telle morale historique, dans telle communauté. Je suis responsable de ce que je suis à présent, de ce que je n'ai pas été celui que, selon mon propre jugement, j'aurais dû être pour décider comme il fallait décider ; je n'ai pas acquis ce que j'aurais dû acquérir, et c'est ma faute si, maintenant et ici, je me suis laissé conduire par mon passé, au lieu de décider comme si tout commençait ; je n'ai pas su, comme on dit souvent sans penser au sens de l'expression, *me conduire*. Mais cela indique autre chose que n'y avait vu le formalisme : j'ai maltraité la partie sensible de mon être, je n'ai pas su me mettre tout entier à la disposition de la volonté raisonnable ; j'ai été pris de court et, lorsqu'il fallait savoir comment procéder et décider, j'ai commencé une réflexion à laquelle la situation n'accordait plus de délai. Ce n'est pas que le critère soit insuffisant, c'est moi qui n'ai pas su l'employer ; j'ai pensé la morale, je n'ai pas appris à la vivre.

Contrairement à la tradition d'une morale pure qui a tourné au moralisme (ou à l'angélisme), l'apparition de cas de conscience est donc mauvais signe pour la vie morale de l'individu. Celui qui doit se poser de telles questions n'est pas moralement éduqué et ne mène pas une vie morale, quoiqu'il puisse trouver de grandes satisfactions dans de bonnes décisions, héroïques ou tragiques selon lui, mais qui ne montrent, en fait, que l'immoralité du sujet en ce qu'elles doivent encore être prises : l'homme moral est au-delà de ces difficultés et ne tire pas son bonheur d'une prétendue supériorité qui, dans le cas le plus favorable, ne produit pas plus que ce que tout le monde regarde comme moralement « normal ». Sans doute, des situations surgissent dans lesquelles la morale concrète d'une époque doit être soumise au jugement de la morale pure ; il n'est pas douteux, non plus, que ces époques se caractérisent par l'hésitation, précisément des meilleurs, devant les règles et les tabous de la communauté. Cependant, c'est la morale concrète en sa totalité qui est alors mise en question, et il n'en découle pour l'homme « supérieur » aucun droit de mépriser des façons de faire critiquables, mais critiquables seulement du point de vue, et en vue, d'une morale plus exigeante, mais toujours morale : l'hésitation et le doute concernent l'exigence de l'homme moral d'une morale plus haute ; et ses devoirs envers soi et envers autrui, tels qu'ils existent, il se peut qu'il ait à les réinterpréter, il ne les croira pas abolis. En attendant, la différence entre l'homme moral et celui qui ne satisfait pas aux exigences de la morale est évidente aux yeux de tout le monde, encore de ceux qui, avec des arguments dont ils contesteraient la validité s'ils étaient proférés par un autre, voudraient construire des positions exceptionnelles pour eux-mêmes. Dire de quelqu'un qu'il n'est pas digne de confiance, qu'il est menteur, mauvais ami et camarade, qu'il a des manières déplaisantes, qu'il est d'un commerce désagréable, cela ne constitue de compliment dans aucun groupe social, aucune communauté, bien que ce qui, ici et là, est considéré comme preuve et signe de tels traits puisse différer : chacun attend de tout autre qu'il soit moralement éduqué, et, par rapport à cela, il importe ici peu de savoir en quoi il voit les caractères distinctifs d'une telle éducation. On présuppose, en d'autres termes, que l'homme moral aura des réactions spontanées, non qu'elles soient le résultat d'une inspiration subite, mais parce qu'elles sont devenues, grâce à un exercice prolongé, grâce à l'habitude, une seconde nature ; il ne se posera pas de questions morales qu'il n'aurait pas le temps de résoudre, il agira convenablement, par rapport à la situation, à son individualité, au critère concret de l'universalité, tel qu'il est dans le contexte de la morale historique de sa communauté.

*e.* On comprend ainsi un fait qui autrement serait mystérieux, à savoir, que la morale des temps passés, de temps qui, entre autres choses, ignoraient, du moins sous leur forme philosophiquement explicite, les concepts d'universalité, de liberté, de devoir, parlent immédiatement à la conscience moderne. Nous ne sommes pas désemparés devant les problèmes des personnages d'Homère ou de l'Ancien Testament, nous n'avons pas de mal à comprendre les analyses et les règles morales de Platon, Aristote, Epicure, Epictète. Nous ne partagerons pas nécessairement leurs sentiments, nous ne souscrirons pas à toutes les lois de leurs différents codes ; aussi bien ne s'agit-il pas de cela ; ce qui importe, c'est que même celui qui repousse telle morale, telle attitude, au lieu de les regarder comme de pures curiosités, se croit tenu de les réfuter, d'entrer en discussion avec elles et de proclamer ainsi leur parenté avec ce qui le préoccupe aujourd'hui.

Les hommes ne changent pas : la constatation serait erronée si l'on pensait aux façons de vivre des groupes humains, aux formes de l'organisation sociale et du travail des communautés. Mais quand elle se rencontre chez ceux qu'on groupe sous le nom de moralistes, elle signifie autre chose, à savoir, que l'individu ne change pas, quels que soient les changements dans ses conditions de vie, qu'il est toujours soumis à ses passions et suit ses intérêts, que toute morale doit toujours combattre les mêmes résistances intérieures, que, en un mot, il n'y a pas de progrès moral. La moralisation de l'individualité comme telle n'existe que dans les discours, et tout révèle que ces discours sont seulement bons à cacher aux naïfs des mobiles qui n'ont rien d'élevé. L'égoïsme, la vanité, la recherche du plaisir et du pouvoir mènent le monde, et toutes les professions de foi morales, religieuses, politiques ne sont là que pour rendre respectable un arbitraire naturel que même ceux qui se croient sincères nient seulement pour pouvoir le suivre avec bonne conscience.

Une telle présentation forme un curieux mélange de vérités et d'erreurs évidentes. L'homme, considéré comme individu, est, en effet, limité dans ses facultés et dans ses possibilités, il reste toujours, et essentiellement, être besogneux, la tentation n'est pas seulement obstacle à l'action selon le devoir, mais encore le moteur de cette action, ressort en l'absence duquel l'action serait inconcevable. En ce sens, il est vrai que l'homme ne change pas. Il est vrai encore que la morale peut, précisément dans la mesure où elle est reconnue par tous les membres d'une communauté ou par le groupe qui y donne le ton, conduire à l'hypocrisie des discours, hypocrisie qui peut aller si loin que l'individu finit par ne plus comprendre ses motivations réelles, que cette critique avertie, si seulement il pouvait l'écouter, lui révélerait. Mais en cela même apparaissent déjà les limites de cette vue : si je ne suis pas sûr de pouvoir descendre dans le tréfonds dernier — qui n'est qu'un mythe — de mes motifs et mobiles, rien ne m'empêche de progresser sur cette voie, où aucune borne infranchissable ne m'arrêtera : les révélations des pessimistes le présupposent elles-mêmes, puisqu'elles prétendent accéder à une couche cachée au commun des mortels. Il s'y ajoute[1] que l'hypocrisie est, en un sens très sérieux, l'hommage que le vice rend à la vertu : le vice ne se donnerait pas cette peine s'il n'adhérait pas par sa mauvaise conscience à une morale qu'il veut valable pour les autres et qu'il regarde comme suffisamment influente pour la mettre à profit. Il est utile de rappeler à l'individu que la morale n'est pas facile à pratiquer et à vivre ; c'est une erreur, et non seulement d'ordre moral, de conclure de la difficulté à l'impossibilité et de déclarer que la vie morale ne saurait être qu'une vie dans l'hypocrisie.

Il est néanmoins vrai que l'individu, en tant que tel, demeure essentiellement le même à travers l'histoire — à condition, cependant, qu'on ajoute qu'il s'agit de ce qui fait que chacun est individu, abstraction faite de ce qu'il est d'autre et de plus. Qui dit individu, dit, sans doute, différence, et il serait ridicule d'affirmer l'identité de Caïn et d'Abel, de Thersite et d'Achille, de César et du général Boulanger. Reste néanmoins que tous sont mûs par des intérêts et des passions, que les individus sont, sous ce rapport, tous les mêmes malgré leurs différences, et que ces différences peuvent être classées et ainsi identifiées par classes. Elles sont alors comparées du point de vue de l'universel, d'abord de l'universel tout relatif de la science psychologique, ensuite de celui de l'universel moral. On part du concept de nature humaine pour constater que les uns et les autres n'agissent, ne décident, ne choisissent pas de la même manière ; mais ces différences observables se

1. *Cf.* § 17 *d*, *in fine*.

prêtent à une analyse par facteurs, et des constantes peuvent être découvertes en même temps que des relations constantes. Le fait que l'homme ne se suffit pas à lui-même, qu'il est déterminé, fonde le concept d'une nature. Il suffit — et il importe — d'ajouter que cette nature de l'homme n'est jamais donnée une fois pour toutes, mais que le donné ne disparaît jamais et reste connaissable en sa permanence[1].

A cela, deux objections, venant d'horizons opposés. On renverra, d'un côté, à la liberté fondamentale de l'homme ; de l'autre, on insistera sur la réalité du changement historique. Au premier argument, il a été répondu dans les analyses antérieures. Certes, l'homme est libre en ce sens que, dans toute situation, il peut choisir et qu'à tout ordre, toute tentation venant de l'extérieur ou de lui-même, il peut répondre par *non*, capable, à la limite, de sacrifier son existence à sa volonté. Mais cette possibilité ne lui est donnée que *parce qu*'il est aussi déterminé, et la liberté ne se conçoit qu'en référence aux déterminismes[2].

Quant au second argument, il présente un intérêt plus grand, puisqu'il insiste sur la nature historique de la morale, de toute morale, même, et surtout, de la morale de l'universalité. Il est absurde d'affirmer, déclare-t-on, que l'homme est toujours le même, car cela signifierait, en particulier, que tout homme pourrait vivre selon la morale concrète de son époque, et même à toute époque selon la morale de l'universalité : or, que peut signifier pour l'esclave la morale de ses maîtres ? ou comment l'homme d'une morale primitive et exclusive concevrait-il seulement l'idée de l'universalité ? Sans doute, continuera-t-on, nulle part on ne rencontre de groupe humain sans morale, les brigands en possèdent ; mais rien n'en découle pour la validité d'une morale : tout ce qu'on peut dire, si l'on ne veut pas prendre position et se transformer d'homme de science en prédicateur et prophète, c'est que l'homme change radicalement et que l'affirmation d'une nature constante, de même que celle de l'omniprésence d'une morale, n'est fondée qu'en tant qu'abstraction formelle, aussi vraie et aussi peu intéressante que la constatation que tous les animaux possèdent des corps. N'y a-t-il pas une morale des fourmis, et se distingue-t-elle tellement de celle de l'homme primitif qui fait ce qu'attend de lui la tribu ?

Il faut avouer que les défenseurs de la morale philosophique écartent d'ordinaire ces objections assez rapidement. Ils ont, pour le faire, des raisons valables, et dont nous avons parlé lorsque nous avons analysé les rapports logiques entre les faits et ce qu'on appelle les valeurs. (§ 10 *c*). On peut, en effet, répondre qu'un fait ne saurait réfuter une valeur, et que le fait est fondé, en sa structure conceptuelle et en tant que résultat d'une activité de recherche, sur une morale. Cette réponse est péremptoire ; elle écarte, cependant, l'objection sans la résoudre.

1. *Cf.* § 10 *c*.
2. *Cf. Logique de la Philosophie*, p. 46 ss. — et *supra*, § 11 *a*.

Or, on ne la résoudra pas à moins que la réponse n'accueille ce qu'elle contient de vrai et d'important. L'homme change ; il n'est pas ce qu'il a été, il ne sera pas ce qu'il est à présent ; toute morale a son histoire, la morale de l'universalité elle-même n'est pas tombée du ciel, elle s'est formée à partir de morales particulières, bien plus, elle les présuppose, et ce sont les conditions historiques qui lui donnent son contenu. Cela est incontestable. Le sociologisme, il est vrai, ne comprend pas ce que l'homme veut dire quand il parle de devoir, de vertu, d'obligation, il ne voit pas que celui qui emploie ces termes désigne par là ce qui, à ses yeux, est absolu, fondement non fondé de son discours, sens de sa vie qui lui importe plus que la vie même. Il voit, en revanche, très clairement que le contenu de ces termes et les conduites auxquelles ils correspondent et qui leur correspondent, ne restent pas les mêmes. L'homme se transforme. Mais qu'il ne soit pas le même, cela en découle si peu que, au contraire, toute transformation présuppose un sujet permanent : ce n'est que parce que l'homme se retrouve et se reconnaît dans son passé qu'il peut écrire l'histoire de ses morales. Il n'est donc pas question d'identité abstraite, de pure identité logique ; l'identité du vivant est en devenir et celle de l'homme ne se révèle à lui-même que dans le cours de son développement, dans cette histoire qui lui montre, dans ses propres actions, ce qu'il est et a été sans le savoir. L'analyse sociologique elle-même le prouve : elle ne saurait commencer, elle serait incapable d'atteindre le plus banal de ses résultats si elle ne contenait pas, explicitement ou non, une *anthropologie*, une théorie de ce qu'*est* l'homme dans, par et malgré ses changements. L'histoire transforme l'homme, plus exactement, l'humanité se transforme, dans tous ses traits, puisqu'elle transforme toutes les conditions de son existence : que la morale ait une histoire, que la vérité de la morale formelle de l'universalité soit née, et n'ait pu naître, que sous des conditions que la recherche peut révéler et comprendre, il n'existe pas de plus forte preuve de cette thèse. Mais elle ne porte pas plus loin que l'observation que l'homme, à tel point de son évolution, a appris à compter, — ce qui n'indique strictement rien sur la cohérence et la vérité formelle de l'arithmétique. Le fait que l'homme est déterminé *et* raisonnable (libre) fonde toute interprétation, jusqu'à la plus positive, de la morale dans ses transformations et dans la diversité de ses formes.

Il est vrai que les morales ne procèdent pas de l'unité, elles y tendent, et seul le point de vue tardif de l'unité (saisie par la philosophie) permet de constituer une histoire, d'ailleurs toujours typologique, du devenir de *la* morale. La vue sociologique est ainsi juste quand on n'en tire pas plus qu'elle ne contient, à savoir, la remarque, aussi importante que banale, que les morales sont essentiellement historiques. Elle mène à une absurdité quand elle prétend que toute morale n'est que ce qui est reconnu comme règle dans et par une communauté : elle serait cela, et exclusivement, si la morale n'était pas arrivée au point où elle-même se met en question et cherche sa vérité, si, en termes de sociologie, il n'y avait jamais eu une sociologie des morales qui demande ce qu'est *la* morale et si, avec sa volonté d'objectivité et d'élimination de tous les « jugements de valeur », elle n'érigeait pas elle-même en critère dernier celui de l'universalité. Qu'elle refuse de réfléchir sur ses présupposés n'y change rien. Si la situation philosophique est ce qu'elle est, la faute, on l'admettra, n'en incombe pas aux seuls tenants du sociologisme : les fidèles de la morale pure l'ont provoquée en n'entrant pas en discussion avec ceux qui, avant que la dispute n'ait pris sa forme moderne, affirmaient, à très juste titre, que la morale pure ne peut se réaliser qu'à l'aide et par la médiation des morales concrètes, que, pour revenir à notre point de départ, il ne suffit pas de vouloir la morale, mais qu'il s'agit d'être moral, qu'on ne l'est pas en dehors d'une communauté déterminée et historique, que la volonté d'action morale d'un être fini doit s'incarner et ne peut le faire qu'en acceptant le monde qui est, non, certes, pour l'approuver tel qu'il est, mais pour pouvoir le transformer à partir de ce qui existe et agit comme morale concrète. Parler à l'anthropophage du droit imprescriptible de tout homme à la reconnaissance de sa dignité n'a pas grand sens, et l'esclave enchaîné au fond d'une mine ne s'intéressera pas au principe de l'universalité : la sociologie et l'histoire font bien de le rappeler au moralisme. Mais l'idée de l'universalité et du droit de l'homme *est* entrée dans notre monde, et le problème moral y existe, existe pour tous ceux qui, librement, veulent fonder en vérité le sens de leur existence. Ce n'est pas l'affaire de tout le monde ni une affaire à laquelle on puisse amener tout être humain. Mais aussi le problème n'existe-t-il pas moins pour les premiers si d'autres ne veulent pas ouvrir les yeux, si ces autres optent pour la violence et la lutte aveugle des passions, en invoquant le fait que cette lutte a produit la conscience du principe de la morale et en oubliant qu'elle *l'a fait*.

Néanmoins, l'individu est toujours individu, ne se suffit pas, dépend de la nature intérieure et extérieure, de la communauté de laquelle il ne se sépare pas sans mourir ou sans tomber dans le silence absolue ; et toute morale, pour primitive qu'elle soit, le soumet à une éducation de l'arbitraire, des passions, des instincts. Parce que toujours il doit être éduqué, l'individu ne change pas ; parce qu'il est éduqué, sa situation change du tout au tout dans une histoire qui est celle de son éducation par lui-même. Le progrès de l'humanité est réel et les conditions de vie que la société moderne offre, du moins en principe, à chacun de ses membres libèrent de plus en plus l'individu de la pression de la nature extérieure et l'affranchissent, par conséquent, de ceux parmi les désirs qui, progressivement, sont satisfaits dans la mesure où ils sont les désirs de tout homme. Il est permis de parler en ce sens d'un progrès moral de l'humanité. Mais dans ce sens exclusivement : quelles que soient les conditions dans lesquelles il se trouve, l'individu ne naîtra pas parfait et la lutte de sa raison avec ce que cette raison découvre en lui de déraisonnable n'est jamais terminée, la violence étant toujours capable de se déclarer insatisfaite. L'homme est le même, le même pour lui-même, parce que, se voulant et se rendant autre, il se découvre par là comme donnée pour lui-même, donnée connaissable et, à la fois, à soumettre. Il n'en est pas autrement que de la nature extérieure, dont il faut connaître les lois inchangeables pour pouvoir la transformer.

### 20. *La morale est réelle dans l'individu moralisé.*

*a.* Le paragraphe précédent a établi que la morale n'est pas essentiellement discours sur la morale ni même discours moral : elle est la forme de la vie de l'individu qui, en elle, atteint au bonheur. Cette forme est *informante,* elle n'est pas un moule imposant ses contours à une matière en soi informe, non structurée, et qui existerait quelque part à l'état pur et brut : l'homme n'est jamais sans morale, au sens d'une absence de tout rapport avec la morale.

Sans doute, l'homme, comme on dit, a besoin de morale, et cela signifie qu'il n'est pas nécessairement moral. Cependant, cette remarque, juste en soi, recèle deux affirmations : elle constitue l'aveu de l'existence d'une nature humaine, toujours sous-jacente à l'effort de moralisation et, à l'analyse, séparable de celui-ci ; elle constitue, d'autre part, l'aveu que l'individu n'est jamais moral, bien qu'il approche toujours d'une vie morale. Mais l'ambiguïté cache aussi une double erreur. La nature humaine dont on parle existe en fait : l'homme est violent ; mais cette violence n'est violence que pour l'homme, qui, en même temps qu'il est violent, est aussi raisonnable : seul un être moral peut être immoral, la bête n'a de caractère violent qu'aux yeux de celui qui voit en elle une sorte d'homme inférieur. Il n'est pas faux, non plus, de dire que l'homme n'est jamais moral si être moral doit signifier l'être une fois pour toutes : à chaque instant, l'homme peut tomber dans la violence, suivre le désir et la passion ; il ne s'ensuit pas que l'homme ne puisse pas être moral, que sa vie ne puisse pas être informée par la morale, à seule condition qu'on admette que sa moralisation n'est jamais définitive, ce qu'elle ne saurait être sans que l'individu devienne dieu ou pierre. Si Socrate avait été acquitté, il aurait eu le temps de verser dans toutes sortes de crimes ; il n'en aurait pas été moins moral et heureux au moment de son procès.

La morale peut donc être réelle dans la vie de l'homme moral. Comme toute forme, elle n'est que possibilité aussi longtemps qu'elle n'est pas incarnée, la possibilité la plus haute de l'individu, mais possibilité et qui doit avoir prouvé qu'elle est possibilité en se réalisant : une éternelle possibilité n'est qu'une impossibilité de fait, malgré sa possibilité logique et l'absence de toute contradiction intérieure. C'est pourquoi le discours moral est nécessaire et reste insuffisant : lui seul protège l'homme de la contradiction, mais cette non-contradiction n'a d'importance qu'en se montrant possibilité réelle, c'est-à-dire, toujours déjà réalisée, plus ou moins parfaitement, mais réalisée. La réflexion morale se fonde sur la vie morale, laquelle se comprend en cette formalisation d'elle-même, qui est forme vivifiante et vécue de l'homme et qui ainsi *est*.

*b*. Dans nos analyses, nous avons été amené à parler des vertus. Nous les avions définies comme les attitudes, les ἕξεις, de l'homme qui fait constamment son devoir. Cependant, si les termes rappellaient la morale aristotélicienne, ils étaient pris dans une acception qui n'était pas celle d'Aristote, du moins, ne reprenait qu'incomplètement cette acception. La vertu dont il a été question jusqu'ici n'est que la seule vertu morale, à l'exclusion des vertus intellectuelles, et même la vertu morale n'avait été saisie que par un biais, par réduction de la vertu au devoir. En effet, la vertu moderne est une attitude de conflit avec soi et ne s'identifie nullement à ce que la tradition grecque vise, une façon de vivre qui, tout en étant morale au sens moderne, est devenue naturelle à l'individu et ne se présente plus comme commandement, loi, injonction d'une autorité supérieure, cette autorité fût-elle établie au sein de la propre conscience. La vertu grecque est excellence, perfection de l'individu selon les caractères de son espèce, selon les possibilités qui sont les siennes.

Le sens original du mot n'est plus immédiatement accessible et n'existe guère plus que pour les historiens de la philosophie et de la pensée : l'apparition du christianisme et la révolution subséquente de la pensée, avec la prise de conscience de la liberté infinie de l'homme, ont fait que l'idée de perfection humaine de l'homme est devenue presque invisible. Il importe d'autant plus à cet endroit d'en discerner le sens authentique, afin que la direction des développements suivants soit fixée et claire : les inévitables détours de la réflexion se retournant sur elle-même en font une nécessité. Ajoutons seulement que rien ne serait gagné si l'on évitait le terme au profit, par exemple, de celui de sagesse, désignation plus correcte, d'un point de vue historique, de la perfection de la vie de l'individu, mais qui, au lieu de faciliter la tâche, la compliquerait, le mot de sagesse étant, si possible, plus dangereux encore que celui de vertu.

A cette fin, il suffira de rappeler l'enseignement de ceux dont l'influence a été la plus grande et la plus durable : Aristote, Epicure, les Stoïciens (et le christianisme stoïcien d'un St Ambroise et de ses innombrables successeurs, dont le plus connu — et peut-être le moins chrétien — fut Descartes). Sans doute, à l'intérieur de ces différentes sectes, à plus forte raison entre les écoles, l'unanimité ne règne pas. Tous n'en sont pas moins d'accord, dès qu'il s'agit de la vertu de l'individu vivant dans le monde (non du sage parfait), pour affirmer que la vertu est le développement aussi complet que possible de l'humanité de l'homme en vue du bonheur raisonnable et de la satisfaction de l'être besogneux. L'accent diffère, les premiers principes ne sont pas les mêmes : Epicure, partant de la finitude de l'homme, ne voit dans la raison que l'outil nécessaire pour fixer aux désirs leurs limites et s'oppose ainsi à la position moyenne d'Aristote et, davantage, aux stoïciens, qui, de même que leurs disciples chrétiens, subordonnent, mais seulement en principe et par principe, la satisfaction au bonheur, de telle façon que le bonheur raisonnable, présent ou à attendre d'un avenir transcendant ou temporel, suffit à donner un sens à l'existence humaine. Ces divergences, pour importantes qu'elles aient été en leur temps, sont de peu de poids par rapport à ce qui leur est commun, un concept de la vertu maîtrise de soi qui ne connaît pas d'esclave intérieur et qui rend heureux l'homme entier. Aussi, chez tous, la loi et la règle extérieures ne sont-elles que des garde-fous pour les insensés qui ne savent pas se conduire selon leur propre raison dans le monde tel qu'il est : il s'agit de vivre librement et dans la joie en ce monde, et il s'agit de cela encore pour ceux qui pensent trouver leur patrie dans un *kosmos* accessible au seul intellect.

Ce qui les sépare de la morale de l'universalité, c'est que chez eux ce concept n'est jamais que sous-jacent. Sous-jacent, il l'est : le rôle est décisif que joue chez tous l'idée d'une nature humaine universelle, qui, certes, peut déchoir, mais dont la déchéance même ne se comprend que par référence à cette nature telle qu'elle est en soi et en droit, comme est décisive la fonction centrale que remplit partout l'idée de justice, soit sous la forme de la justice extérieure, soit sous celle, plus secrète, de l'amitié qui rend universellement égaux tous les hommes qui veulent (raisonnablement) être hommes. Mais le concept d'universalité, tout à fait explicite dans, et pour, leur pensée théorique, ne forme pas thème pour la réflexion morale de ces philosophes. La morale n'est pas encore fondée sur le formalisme ou, ce qui revient au même, sur le concept de la liberté — raison infinie de l'individu, capable de refuser tout donné, toute règle, toute prescription positive.

On ne niera pas que l'idéal d'une vie parfaite en elle-même constitue comme un aboutissement nécessaire de la morale. Mais le juste sentiment — car il ne s'agit de pensée, de discours cohérent, que dans des cas assez rares — de l'arbitraire qui caractérise les différentes morales antiques et de tradition antique a produit la méfiance envers le concept de vie heureuse dans la vertu atteinte. Une compréhension adéquate non seulement de la morale antique, mais des propres implications de la morale pure peut et doit, il est vrai, y remédier, en montrant que cet arbitraire *ex parte ante*, qui est celui de l'histoire, se comprend, mais seulement *ex parte post*, comme le devenir libre de la morale pure et que la morale de l'universalité elle-même ne cesse jamais d'exiger la présence de cette même histoire comme nécessaire à sa propre action réelle. Le concept de médiation historique par la morale particulière peut, cependant, paraître insuffisant : concept de la réflexion, il ne se montre pas à la conscience morale, mais seulement à la conscience qui réfléchit sur la morale, tandis que ce qui, à présent, est en question est cette vie morale même qui, à ses propres yeux, est et ne peut qu'être immédiate, vie vivante et vécue.

La difficulté est insoluble, et elle est inévitable : tout immédiat est compris comme immédiat par un discours qui constitue une médiation entre la conscience (théorique autant que pratique) et ce qui se livre (et se refuse) à cette conscience : parler de l'immédiat, c'est le médiatiser. Sans doute, il existe une sortie, sortie de désespoir philosophique : le recours à la saisie vécue, à l'*Erlebnis*, grâce à laquelle on élimine le discours. Un tel recours est possible ; toutefois, il comporte l'exigence de la fin du discours, exigence qui tombe assez régulièrement dans de sourdes oreilles, ou dans des oreilles assourdies par le bruit fait par ceux qui à haute voix prônent le silence. Mais que cette condition soit remplie, la solution n'en aurait pas moins l'inconvénient que, entre deux saisies morales immédiates en compétition et qui auraient abjuré les vains jeux du discours non-violent, seule la trique (ou ses avatars perfectionnés) déciderait. Bref, ce serait la très vieille, l'éternelle sortie vers la violence, silencieuse ou bruyante, infligée ou acceptée. Il est loisible à chacun d'opter en sa faveur, et d'opter contre la philosophie. Celui qui ne suit pas cette route se trouve obligé de trouver une autre, philosophique et qui soit sensée pour celui qui adhère au discours et au libre refus de la violence ; de trouver une solution qui, certes, ne fera pas disparaître la difficulté, mais qui la comprendra et rendra ainsi acceptable le fait que, en un sens à déterminer, elle reste insoluble.

La difficulté qui, au fond, est celle de l'existence de la violence, non seulement en dehors du discours, mais pour lui et, dans ce sens, en lui, est plus frappante qu'ailleurs quand il s'agit de morale : c'est en lui-même que l'individu rencontre cet autre du discours, en même temps qu'il construit ce discours, et le rencontre de plus en plus consciemment à mesure que progresse sa réflexion. La morale doit informer la vie ; la morale est le discours de l'être qui se veut moral ; ce discours, qui fait partie de la vie morale de l'individu, ne coïncide jamais avec cette vie, que pourtant lui seul est capable de montrer, de désigner comme but à la morale ; et il ne peut pas nier, quand il en est arrivé à ce point, qu'il est inadéquat à une saisie (ou à l'analyse) exhaustive de cette vie qu'il informe toujours et n'a jamais fini d'informer.

Le problème a fait son apparition sous une forme historique en apparence anodine, celle de l'opposition entre unité et unicité de la vertu et pluralité des vertus. La difficulté, peu traitée à présent, n'a pas disparu, et nous l'avons rencontrée au cours de notre enquête : le devoir, un et unique, se développait à partir de son concept pour devenir concret dans une pluralité de devoirs dont chacun n'était cependant devoir que parce qu'il dépendait du devoir premier. En un autre langage, une pluralité de vertus était née, dont chacune définissait un *habitus* d'obéissance envers un des devoirs particuliers, de vertus de caractère dérivé et secondaire, puisque leur indépendance relative et passagère ne reposait que sur celle, non moins relative, des devoirs qui les avaient définies et séparées. Avec le concept de vie morale vécue, un retour s'effectue à l'unité fondamentale, mais qui représente maintenant, au lieu d'un début conceptuel, l'aboutissement dans la réalité : l'unité de la vie morale révèle les vertus comme de simples abstractions, des aspects nécessaires, mais partiels, de *la* vertu, d'une vie qui, sans avoir besoin de *se soumettre*, dans et par la réflexion, aux règles positives d'une morale historique, même informée par la morale pure, s'y *est soumise*, y vit naturellement et s'y trouve libre et satisfaite, « comme le poisson dans l'eau », qui ne paraît condamné à son élément qu'à celui qui ne le partage pas avec lui.

Le discours montre ainsi la double médiation qui, de la perte de la certitude morale, mène d'abord à la réflexion morale et, ensuite, à l'exigence d'une morale vécue, d'une vertu qui soit perfection de l'homme tout entier, satisfaction de l'être sensible dans le bonheur de l'être raisonnable, bonheur du second dans la satisfaction, justifiée, du premier. Ce qui s'était imposé à plus d'une reprise au cours de notre recherche reçoit ici son fondement : ce n'est pas seulement le souvenir d'une certitude perdue qui fait que toute morale cherche à se rendre superflue en tant que loi donnée à l'homme, le serait-elle par l'homme lui-même ; bien plus, la morale même, si elle se comprend, veut s'achever, se parfaire dans une vie informée par elle et qui, pour cette raison même, ne voit plus en elle une règle extérieure qu'elle aurait à observer au prix d'un effort toujours à renouveler et toujours pénible, dans une vie qui ne sent plus la loi et la règle là où l'observateur détaché (et immoral pour l'homme moral) ne discerne que contrainte et soumission forcée. La vertu est une parce que la vie l'est ; plus exactement, la vertu est une parce qu'en elle la vie de l'être fini et raisonnable se veut une et se fait une.

21. *La vie de l'individu moral est vie dans le monde. Cette vie agit, à partir et en vue d'une morale historique, en tant qu'exemple, par le sentiment moral qu'elle exprime.*

*a.* L'usage courant appelle vertueux l'homme qui non seulement remplit les obligations que lui imposent la loi et la coutume, mais qui ne se contente pas de la simple obéissance. La philosophie, il va sans dire, n'est pas liée par l'usage commun ; elle trouve pourtant son intérêt à le prendre au sérieux, et pour deux raisons : quitte à l'épurer, elle est obligée de parler le langage de tout le monde, si elle ne veut pas devenir monologue et se priver de toute possibilité de discussion, c'est-à-dire, du seul moyen de vérification qu'elle ait à sa disposition ; plus grave encore, elle s'interdirait, par un tel mépris du langage courant, toute compréhension de ce qui est, et *est* parce qu'il est pour les hommes de son époque.

C'est cet usage courant qui rappelle aux philosophes de la morale un fait facilement négligé : chacun, donc aussi le philosophe, connaît des hommes qu'il place au-dessus du commun, non parce qu'il considérerait l'humanité comme mauvaise, égoïste, vaniteuse et saluerait celui qui participerait à un degré moindre de ces qualités négatives, mais parce qu'il trouve ces hommes, comme on dit, *bien*. Il est utile de se demander sur quoi se fonde ce jugement, qui reste jugement aux yeux du philosophe, quoique, exprimé par ceux qui en sentent seulement la justesse et la justice, il ne soit pas accompagné de ses attendus.

Il semble qu'à de tels hommes on attribue une sorte de sensibilité morale qui, selon l'aveu de tout le monde, n'est pas l'apanage de tout le monde. Ils sont plus consciencieux, plus exigeants envers eux-mêmes, se dominent mieux, ne cherchent pas à profiter des excuses que la loi et la tradition mettent à la disposition de ceux qui, dans telle situation reconnue comme spéciale par l'opinion commune, trouvent trop lourd le poids d'une obligation. Certes, il est imaginable, et l'on a souvent l'occasion de le constater, que le sentiment d'obligation personnelle n'est dû qu'à une obsession, à la crainte de la souillure et du péché, à une contrainte intérieure ; sa nature aberrante se révèle par le fait que — de nouveau, nous faisons appel à l'usage courant — personne de sensé n'aurait l'idée d'imiter un tel comportement. Il n'en est pas ainsi seulement là où les exigences et les actes n'ont aucun rapport avec ce que les hommes appartenant à la même communauté appellent la réalité ou regardent comme moral ; le cas est le même lorsque l'observation de règles universellement reconnues est si stricte, méticuleuse, craintive que la prudence est écartée et qu'il ne reste pas d'espace pour un choix entre possibilités, points de vue, buts également, ou presque, justifiables. Le *fiat justitia, pereat mundus* nie la justice, puisque la justice doit être réalisée dans le monde ; l'attitude dont nous parlons, pour la juger sur un plan autre que celui du langage courant, nie la morale, puisqu'elle interdit à jamais tout bonheur raisonnable à un être qui ne sera jamais d'accord avec lui de peur de l'être trop tôt, et puisque, d'autre part, elle refuse la satisfaction des besoins et des désirs les plus légitimes, non seulement au sujet même, mais à tous ceux qui, en quoi que ce soit, dépendent de tels obsédés de la morale, qui eux-mêmes se prennent et se donnent pour des martyrs, des saints, des prophètes et montrent ainsi où ils trouvent la récompense, très égoïste, des souffrances qu'ils s'inventent.

La confiance du sentiment moral envers certains hommes peut, certes, être trompée et se tromper. L'existence d'obsédés ne rend cependant pas impossible celle de héros authentiques, d'hommes vraiment moraux ; au contraire, elle la suppose. Et le sentiment moral, parfaitement capable de se tromper, ne se trompe jamais à la longue ; il dispose d'un critère aussi simple qu'efficace : n'est pas moral ce qui rend impossible la vie morale de tous et de chacun. Ce qui est le cas de tout moralisme : précisément parce qu'il ne connaît que la loi morale et n'admet pas ce qui, distingant la vie morale et la réflexion, constitue la médiation entre les deux, à savoir, l'existence d'une morale historique et concrète, il dévalue l'action au profit de la seule intention, qui, pour comble, perd à ses yeux tout prix dès qu'elle cesse d'être intention. L'homme vertueux, loin de dévaluer cette morale, l'accomplit ; mais — et c'est ce que le sentiment sait sans arriver à le penser — parce qu'il l'accomplit, parce que, après lui, elle n'est plus à accomplir (et, en ce sens, problème), il la dépasse et exprime l'exigence d'une morale plus haute, plus universelle. Réalisant dans sa vie et dans son action ce que la morale existante prône, mais dont elle n'a pas su faire un *habitus* véritable, il présente aux autres une nouvelle exigence. Ce n'est pas qu'il veuille autre chose que ses concitoyens, ses coreligionnaires, ceux qui vivent dans la même tradition ; il les inquiète parce qu'il pratique ce qu'ils considèrent comme louable et se contentent de vénérer, parce que, vivant selon leurs préceptes, il sort de la morale qu'ils pratiquent et qui est caractérisée par l'écart, reconnu et admis, entre la norme et le normal.

Il ne s'agit donc pas d'une originalité dans les idées et les idéaux ; au contraire, l'existence d'une telle originalité indique l'aberration. L'homme moral ne se met pas à voler ou à se laisser mourir de faim pour se distinguer des autres ; s'il est original, il l'est par l'absence de toute originalité de cette espèce. Ce qui avec lui arrive dans le monde de son temps, c'est un réalisme moral plus grand, non un « idéalisme » plus poussé : il voit le vol, l'assassinat, le mensonge là où les autres voient des actions sans doute imparfaites, mais excusables ou permises. Il discerne l'injustice là où les autres invoquent la légitimité ou la nécessité technique. Il découvre la brutalité et l'égoïsme dans des réactions que l'on déclare compréhensibles et naturelles, la vanité et le mensonge dans la volonté de sainteté. Il n'exige donc pas d'être délivré de la morale existante (Socrate et Jésus accomplissent la loi), il ne s'y trouve pas enchaîné et privé de sa liberté ; s'il ne s'en contente pas, c'est qu'il juge insuffisante la morale de son entourage et de son époque, cette loi qui reste toujours loi et commande à la vie, mais ne devient pas la vie. Il ne veut donc pas de nouveaux liens extérieurs. Ce qu'il cherche, c'est une morale à laquelle l'individu, et d'abord lui-même, puisse adhérer librement, en tant qu'être fini et raisonnable. Sans doute, vue du dehors, une telle morale exigera une plus grande maîtrise de soi ; mais c'est là une vue du dehors, et lui ne veut pas l'esclavage des passions et des intérêts, il veut un genre de vie digne d'un être raisonnable et qui donne satisfaction à l'individu empirique qui se veut raisonnable. Il veut vivre, dans et avec et pour le monde tel qu'il est, besogneux et capable d'universalité et de volonté.

*b.* L'homme qui, en ce sens, est moral dépasse la morale concrète telle qu'elle est vécue « normalement ». Toute morale historique connaît le permissible, c'est-à-dire, ce qui n'importe pas à la morale. Lui, qui prend cette morale au sérieux, connaît des exigences qui, selon la morale interprétée dans un sens légaliste, ne sont pas valables. Ce qu'il prend au sérieux dans cette morale, c'est précisément ce que l'interprétation légaliste s'efforce de repousser à l'arrière-plan de sa réflexion, à savoir, les concepts premiers, les principes de cette morale : il ne cherche pas à être justifié en démontrant que son action n'a pas dépassé les bornes de l'admissible, il est juste. C'est en ce sens que l'homme vertueux manque d'originalité ; mais c'est aussi pour cette raison qu'il apparaît aux autres comme un original, qu'ils le louent ou qu'ils le blâment : parce qu'il prend au sérieux les exigences de sa morale, bien plus, parce qu'il vit sa morale et y trouve un bonheur qui n'est pas le leur, parce qu'il ne se contraint pas à suivre des règles extérieures, il aura l'air d'un saint aux yeux de ceux qui, confusément, sentent en lui comme l'exigence de la réalisation de leur propre bonheur, mais ne réussissent pas et, au fond, ne désirent pas réussir comme lui, il aura l'air d'un fou, d'un trouble-fête, d'un criminel pour ceux qui placent le bon ordre de la vie normale au-dessus de toute autre intention. En lui-même et pour lui-même, il n'est ni l'un ni l'autre : il fait ce qu'il est convaincu que tous veulent, il est en accord avec lui-même.

On remarquera qu'il s'agit, formellement parlant, d'un sentiment affiné, plus éveillé, qui, à la limite, peut vouloir se traduire en concepts, mais qui ne vise pas en premier lieu à cela. Le phénomène est devenu difficile à décrire et à saisir : le monde moderne, dans la mesure où il pense encore à la morale, est dominé par le moralisme, la volonté d'une morale de jugement et d'excuse, non de vie morale, et sépare ce qu'il appelle l'aspect esthétique de l'aspect moral. Est alors moral celui qui obéit à une règle, serait-ce stupidement, sans cœur, sans sensibilité pour ce que sa supériorité (combien irréelle) apporte de maux et de souffrances. Est du côté de l'esthétique celui pour qui tout est affaire de sens artistique, d'une inspiration qui, d'un coup d'aile, s'élève au-dessus du formalisme, des règles, des interdits, l'affaire d'une illumination dont la valeur est immédiatement visible même à ceux qui, sans y avoir un accès direct, sont du moins capables de l'admirer et de discerner la beauté de cette indépendance.

Les deux vues sont également déformantes, toutes deux procèdent d'abstractions (dont les racines historiques ne nous intéressent pas ici). Il existe, sans doute, des pharisiens au mauvais sens du mot, comme il existe des hommes qui, sans penser aux lois, sans chercher leur justification et, avec elle, des excuses, vivent une morale « personnelle », bonne ou mauvaise, mais essentiellement autre que celle de ceux qui se limitent à observer ce qu'ils ne peuvent esquiver sans inconvénient majeur, cet inconvénient serait-il constitué par les remords d'une conscience obsédée. Cependant, ce fait une fois reconnu, l'insuffisance de telles abstractions éclate. On ne sera pas facilement prêt à admettre, comme l'implique la seconde thèse, que la morale ne serait offerte qu'à ceux qui sont nés sous un astre bienfaisant ; on le serait encore moins à accorder que le reste de l'humanité serait condamné à une existence qui n'aurait avec la vie morale que les rapports du faux-monnayeur avec la banque centrale. La protestation contre le moralisme et le légalisme est parfaitement fondée, mais elle se dirige contre des abstractions qui, pour être parfois vécues, n'en sont pas moins des abstractions, et érige à son propre usage un idéal qui n'est que le négatif de ce qu'elle abhorre. Il en reste que l'exigence de la morale concrète subsiste dans toute sa force, mais aussi que l'obéissance n'est pas tout, quoiqu'elle soit toujours requise. En somme, une morale existante n'est pas dépassée par la simple négation que clame l'arbitraire ; elle n'est pas loi éternelle, non plus, elle peut et doit être dépassée, mais dans un dépassement exigé par cette morale même, par les concepts qui la fondent, dépassement qu'elle-même dans sa « normalité » n'effectue pas.

Vu ainsi, ce qu'on appelle le cœur, la sensibilité, le *poétique* constitue plus que des rôles et que des facteurs : sans cette sensibilité, il n'y a pas de vie morale. C'est elle qui produit toute morale concrète nouvelle, non en la pensant, mais en pensant l'ancienne et en découvrant, en créant *poétiquement*, une forme de vie autre et supérieure, non en démontrant que son projet est préférable pour telle raison, non en arguant, mais en proposant concrètement une autre vie par et dans sa propre existence, en convaincant par ce qui devient exemple. Or, il n'en serait rien si cette vie se présentait comme *originale*, c'est-à-dire, incompréhensible ou à comprendre seulement comme cas unique. De tels phénomènes peuvent avoir leur succès auprès d'un public qui en parle parce qu'il y voit tout autre chose qu'un exemple à suivre ; il y voit un remède à l'ennui d'une vie sociale si bien réglée qu'on n'en ressent plus les règles comme oppressives, mais dont la bonne marche révèle aux individus, ou à certains groupes, l'insensé d'une existence qui dispose des conditions matérielles nécessaires à la recherche libre d'un sens, mais ne sait pas, ou n'ose pas, poser la question du sens et préfère se laisser distraire pour n'avoir pas à écouter sa propre inquiétude. L'homme exemplaire, qui se rattache à la morale de sa communauté, sera de peu d'intérêt pour de tels contemporains ; aussi agira-t-il sur la morale des hommes ordinaires, sur ceux qui constituent, par définition, la très grande majorité.

Mais même ces derniers ne lui adhéreront pas immédiatement : parce qu'il pense la morale historique qu'eux vivent plus ou moins scrupuleusement, il leur sera suspect ; il complique la vie, ses affirmations sont d'autant plus choquantes qu'elles sont plus près des fondements de leur morale ; il leur semble introduire de nouveaux critères et de nouvelles divinités parce qu'il parle de choses tellement anciennes, tellement profondes qu'elles sont recouvertes par toutes les couches de l'oubli non pensant. Il se peut qu'il soit honni, persécuté, tué, non parce qu'il est l'ennemi de la morale, mais parce qu'il est la mauvaise conscience de la communauté. En tous les cas, son action s'exercera d'abord sur un cercle restreint et il faudra du temps avant que la communauté n'accepte ce que, au sens le plus strict du terme, elle-même a produit en informant sa vie par sa morale jusqu'au point où cette morale peut être pensée, devenir une donnée pour le sentiment de la liberté, et ainsi servir de tremplin à celui qui la dépasse parce qu'il en prend au sérieux les principes et lui désobéit parce qu'il ressent comme mensonge sa « normalité ».

*c.* Une analyse historique des morales devient possible à partir de ces réflexions. Ici, il suffit de rappeler que l'individu qui vit la morale au lieu de seulement la penser la vit toujours au sein d'une communauté, d'une morale historique, au contact d'individus concrets et déterminés. Le progrès et la décomposition de cette morale « évidente » font que la réflexion théorique, née de la discussion, découvre et critique les concepts fondamentaux de cette morale, — en un mot, font que la philosophie influe sur la morale. Il est compréhensible que ce soit surtout ce processus d'évolution morale qui intéresse les philosophes et les historiens de la philosophie. Il ne faut, cependant, pas oublier que la voie de la réflexion n'a été prise que rarement et à des époques dont la morale était déjà sapée par le mécontentement : ce qui à l'analyse apparaît, légitimement, comme concept insuffisant, est d'abord senti et ressenti comme scandale moral, comme pierre d'achoppement. En ce sens, il est parfaitement correct de parler de *rationalisation* d'un sentiment. Mais si tout vient du sentiment, l'erreur — et elle est grave — commence dès qu'on voit dans cette origine une dévaluation du concept et la négation de ses prétentions à l'universalité. Le sentiment ne s'éprouve, et ne se prouve, comme moral et comme universellement valable que dans sa transposition en concepts et en discours cohérent : en dehors de cette preuve, le sentiment n'a pas de droits, car il n'y a de droits qu'en fonction du concept, et comme simple révolte, le sentiment mène au mal aussi, et plus, facilement qu'au bien ; il n'y a que le critère formel de l'universalité, de l'universalisation qui permette d'en décider.

L'inventivité morale existe néanmoins, elle est de nature poétique, et celui qui transcende la morale de son temps et de sa communauté accomplit ce que, jusque là, personne n'avait sérieusement exigé, l'accomplit positivement, non content de la critique et du refus supérieur de ce qui est. Le danger que comporte l'emploi des termes d'*inventivité* et de *poétique* est évident. Faisant du poète un professionnel de la poésie, on oublie que son apparition serait inexplicable et son succès, un miracle si le *poétique* n'était pas l'apanage de tous les hommes, si plus que des différences de degré distinguait les individus. On sera, par conséquent, tenté de reconnaître du génie moral aux seuls individus exceptionnels. Sans doute, de tels génies se trouvent dans l'histoire et d'autres pourront apparaître aux moments de crise morale. Mais il serait trop commode de s'en remettre à eux et de les attendre, installé dans une sorte de confortable inconfort et dans la bonne conscience d'avoir du moins mauvaise conscience. L'invention morale est exigée de chacun, puisqu'elle seule donne la possibilité de vivre la morale et de vivre moralement. Il ne suffit pas de contrôler ses maximes et de surveiller ses passions, pour indispensable que cela soit ; il faut, de plus, que l'action soit l'expression d'une vie morale qui se comprend comme vie essentiellement non solitaire et comprend le prochain comme unité vivante, non comme l'éternel suspect, à traîner devant le tribunal.

Cela n'interdit pas le jugement ni même la condamnation d'autrui : il ne s'agit pas d'une sensiblerie qui accorderait son pardon automatiquement au crime, au mal, à la bassesse, au mensonge, à la lâcheté. Mais savoir ce qui est crime et mal dans une situation donnée et comme acte de tel individu, c'est une question que la règle est incapable d'élucider à elle seule. Le crime d'une morale historique peut être la naissance d'une morale plus haute, l'expression d'une sensibilité plus fine, d'une intelligence morale mieux avertie. La violence dans les rapports humains est le mal ; mais pour savoir si tel acte est violent ou s'il est lutte légitime et nécessaire contre une violence existante, il faut plus que la connaissance formelle du critère : Kant, lorsqu'il prescrit de ne jamais traiter un être humain seulement en outil se garde bien de déterminer la limite qu'indique son « seulement », et fait place à autre chose qu'à la seule règle dès qu'il est question de vie morale. Il est vrai que la reconnaissance de cette obligation à l'inventivité morale exige du courage : il est plus commode de s'en tenir à l'affirmation de la seule thèse de la morale pure, il l'est également de suivre la tradition, les usages, la coutume. L'inconvénient, du point de vue de la morale, est que, par de tels fidèles, la morale sera discréditée comme inhumaine, invivable pour tout *homme de cœur*, insupportable pour les victimes de ceux qui, faisant leur salut sur le dos des autres, les déclarent libres une fois pour toutes afin de n'avoir plus à s'en occuper. La vie morale a son lieu dans les limites et sous le contrôle de la loi morale et dans le contexte d'une morale historique ; le sentiment informé qui *invente* cette vie doit passer au concept et doit se penser, s'exprimer dans un discours cohérent et universel qui vise une vie, non une réflexion, morale. Mais comme le sentiment est le début de la pensée morale, il en est aussi la fin et le but concrets.

*d.* Une objection fondamentale à ce qui précède se présente, cependant. La vie morale est en accord avec la théorie morale, mais n'est pas déterminée, en ce qu'elle a de positif, par la seule théorie morale (la seule morale théorique). Or, cette thèse même, n'est-elle pas d'ordre théorique ? N'a-t-elle pas été atteinte au moyen d'une réflexion qui n'a rien à voir avec la morale vécue ? Le progrès moral n'est pas essentiellement le produit de la réflexion, il est affaire de sensibilité, de faculté poétique ; la vie morale est vécue par l'individu au contact d'individus tels que lui-même et qui lui sont immédiatement présents ; et la morale vécue est *information* de la vie personnelle, certes en rapport avec la communauté et sa morale, soumise à la morale pure, mais vertu de cet individu-ci. Il semble que, s'il en est ainsi, on doive cesser de parler de morale formelle, même de morale tout court : ce qui compte pour l'individu, c'est ce que l'individu vit, non ce qu'il pense ; la pensée, quand elle apparaît, ne fait qu'exprimer le sentiment vécu, et l'exprime mal, non tel qu'il est, mais tel qu'il se justifie quand il se heurte à la morale figée des autres. La théorie morale est insuffisante pour saisir et pour comprendre la vie morale, et toute tentative de saisie discursive, nécessairement effectuée du dehors, fausse ce qui ne sera accessible, si jamais il le devient, qu'à la seule description, à l'acte qui rend présent, à la présentation poétique au sens traditionnel du mot : la morale vécue sera revécue dans la tragédie, le poème, le roman, non dans une théorie. L'affirmation que la vie morale sera en accord avec la morale pure ne signifie rien : la volonté d'universalité n'importe à la vie morale que si elle la vit. Il n'existe aucun discours qui puisse *imposer* à la vie vivante et vécue une règle, serait-elle celle de l'universalité : ce qui est vécu comme moralement valable l'est par là-même — et le plus grave pour la théorie est qu'elle-même conduit à ce résultat.

Il ne suffit pas d'une seule réponse à ces remarques, qui contiennent plus d'un argument. Sans doute, la vie morale ne se règle pas sur un discours, quel qu'il soit : le discours moral suit la morale, il ne la précède pas, et cela est vrai à tel point qu'aucun discours ne peut être imaginé sans communauté de volonté et sans refus, pour limité qu'il soit, de la violence. Il est exact, et ce qui précède l'a souligné à maintes reprises, que l'individu moral n'est pas celui qui se pose sans cesse des questions de morale, mais celui qui vit sa morale avec la totalité de son être, celui dont les passions, les intérêts, les désirs sont devenus moraux. Il est vrai, enfin, que l'individu qui prend la morale de son temps au sérieux le fait parce qu'il est porté par une espèce de révolte morale et qu'il traduit cette révolte en discours seulement — ce n'est pas toujours le cas — s'il veut convaincre ses proches de la justesse et de la justice de ce que, en son for intérieur, il a d'abord ressenti, soit comme révoltant, soit comme moralement nécessaire. En découle-t-il que la morale théorique, la théorie de la morale, le concept d'une morale universelle, soient à abandonner ?

On remarquera d'abord qu'il n'existe aucun argument qu'on puisse opposer efficacement, c'est-à-dire, de manière à le convaincre, à qui accepte de mourir pour ses convictions : celui qui est convaincu qu'il ne peut faire son salut et vivre heureux qu'en brûlant son enfant devant sa divinité, celui qui voit le seul sens possible de l'existence dans le déchaînement de la violence et dans l'exercice souverain de l'arbitraire, celui pour qui l'assouvissement de son désir de puissance est la seule réponse à la question morale, à eux tous le discours n'a rien à opposer en matière d'arguments : ils refusent la discussion, l'argument, la non-violence, et en face d'eux, le discours et ceux qui adhèrent à son principe se trouvent eux-mêmes ramenés à la violence et à ses moyens, afin de défendre ce qui, de ce point de vue, constitue un choix tout aussi arbitraire, à savoir, le discours cohérent et la cohésion sociale.

Pour répéter ce par quoi cette enquête a débuté : on ne peut parler de morale qu'à ceux qui déjà ont opté pour elle, et ce n'est qu'avec eux qu'on peut essayer de déceler ce que ce choix comporte.

Le règlement de cette question, qui constitue en effet celle de fond, ne règle cependant pas tout. La vie morale peut être vécue dans le monde, non pas en dehors de tout discours, étant donné qu'en son absence il ne peut y avoir de communauté humaine ni, par conséquent, de morale, mais sans discours moral. Bien plus, il est évident que l'individu est d'autant plus profondément imprégné par la morale concrète qu'elle lui est moins douteuse, qu'elle lui présente moins de problèmes, moins de situations dans lesquelles il doit trouver par lui-même une décision : même le bonheur que vise la morale et qui est bonheur de l'être raisonnable, mais fini et donc raisonnable dans le monde et selon le monde dont il fait partie, même ce bonheur ne sera bonheur de l'homme tout entier que là où la morale est si présente que, pour ainsi dire, elle ne se montre plus aux membres de la communauté, là où elle *va de soi*. Mais toute fondée qu'elle est, la remarque l'est trop pour posséder la portée à laquelle elle prétend. Elle n'indique que la nécessité historique d'une crise comme condition de l'éveil de la réflexion morale. Que ce soit là une condition telle qu'en son absence l'apparition de la réflexion morale devient incompréhensible, on l'a affirmé plus haut. S'il faut le rappeler ici, c'est que, par une tendance presque naturelle, on est toujours tenté de confondre les conditions de la recherche morale avec le but que le discours moral se fixe, plus exactement, avec le but qu'il se propose d'aider l'individu à atteindre. Ce n'est que parce que l'homme ne possède pas la certitude morale qu'il la cherche — et le philosophe de la morale est un homme comme les autres, il ne voit pas les choses d'un point de vue infiniment supérieur, point de vue divin, qui, d'ailleurs, si on pouvait l'occuper, ferait disparaître l'objet de la recherche ; et c'est en vue d'une telle sécurité qu'il cherche — mais seulement en vue d'elle, non à partir d'elle. Que de cette façon la philosophie morale descende du ciel sur la terre, libre à chacun de le regretter ; il faudra cependant avouer qu'un tel regret est vain pour qui ne choisit pas — choix parfaitement possible — de mourir au monde et d'entrer dans le silence. Le discours caractérise la morale dans la mesure où elle est exigence de l'homme qui veut encore la morale ; il est superflu quand chacun sait ce qu'il veut faire et ce qu'il veut éviter, concrètement, en une adhésion complète à la morale de sa communauté ; mais dans de tels paradis (dont les hommes, pourtant, semblent être sortis par leur propre volonté ou par les conséquences d'actes qu'ils ont accomplis librement), on ne se pose pas de problèmes, on ne s'occupe pas de morale ni de philosophie : l'apparition de la philosophie indique que, pour parler familièrement, quelque chose dans l'époque ne va pas, et que le discours y est à sa place.

Il s'agit, comme on le voit, du sentiment, en d'autres termes, de l'individualité empirique, du désir, de la violence, mais *informés* par la morale. On avouera que, dans la situation que présuppose et révèle la philosophie morale, le sentiment est, en effet, informé par le discours. Ce n'est pas un aveu de grande portée, puisqu'il ne fait que répéter ce qui vient d'être dit sous une autre forme, à savoir, que le discours de la réflexion morale ne se présente que dans des situations d'incertitude. Dans de telles situations. ce discours devient, en revanche, moral, fait partie de la morale. C'est lui qui informe le sentiment et qui fait que ce sentiment n'existe pas seulement dans, mais aussi pour l'individu. C'est même en s'appuyant sur lui que le sentiment se révolte contre sa forme historique et cherche un nouveau discours, qui naîtra donc du sentiment informé protestant contre sa forme, c'est-à-dire, du sentiment et du discours, non d'un intérêt théorique : s'il se présente comme théorique en son essence, ce sera parce qu'il méconnaît son propre être et sa propre intention.

Le discours naît de l'incertitude d'un sentiment dont l'intention est d'en sortir : il cherche un critère valable. Or, ce *valable* ne peut fournir sa légitimation que sur le plan du discours : est valable ce que le discours, recourant à ce qui le constitue comme discours cohérent, révèle comme valable. Il n'y a ainsi rien de surprenant à ce que ce soit la théorie du discours en tant que telle qui se présente comme fondement de la théorie morale : jusque là, la démarche ne comporte rien qui étonne. Aussi l'incompréhension n'a-t-elle pas son origine dans cette démarche, mais dans l'oubli de l'intention qui la commande. Il est indispensable de savoir comment on doit parler si des résultats doivent être, sinon assurés, du moins non impossibles ; mais on ne parle pas seulement pour parler correctement : celui qui répéterait à longueur de journée la table de multiplication ou les règles du syllogisme se retrouverait rapidement dans un asile d'aliénés, seule place qui lui conviendrait. On parle parce que l'on a une raison de parler. Cette raison, dans le cas présent, est l'insécurité sentie : la conscience de l'individu, dans un monde des problèmes moraux, est essentiellement inquiète. La morale, quelle que soit sa situation historique, est vécue, elle n'est pas *essentiellement* objet de réflexion. La réflexion morale n'en devient pas, pour autant, superflue, au contraire : elle fait partie de la vie ; et elle n'en devient pas, non plus, logiquement impossible. Il suffit de noter que dans tous les domaines le discours saisit ce qui n'est pas discours, et que, en le saisissant, il ne le fausse pas, mais, au contraire, le révèle dans sa vérité, la vérité n'étant que du domaine du discours, pour autant que la fausseté ne se rencontre qu'en son sein. Le discours particulier, qu'il soit celui d'un individu dans son individualité ou qu'il porte sur une partie seulement de ce qui est, peut se tromper et peut tromper. Mais cela ne forme pas une objection spécialement adressée à la théorie de la morale, cela constitue le problème de tout discours particulier : on dirait aussi bien que la physique falsifie la nature, et on l'a dit, avec autant de raison et autant de tort. La morale ne se trouve pas, sous ce rapport, dans une situation autre que celle de tout discours qni n'est pas le discours total de la philosophie, lequel seul se comprend en comprenant son autre et seul comprend son autre en se comprenant lui-même : de quel droit demanderait-on plus au discours moral qu'on ne demande à tout discours partiel et particulier ?

Il se peut, toutefois, que cette dernière question ne soit pas simplement rhétorique. On exige davantage de la morale philosophique parce que la morale est une affaire autrement sérieuse que la science, plus sérieuse dans ce sens éminent qu'elle pose pour chacun la question de savoir ce qui est sérieux, ce qu'il faut prendre au sérieux, la question des buts et du but, non celle des moyens appropriés en vue d'un but. Seulement, en le prenant ainsi, on a déjà accordé ce qu'on était parti combattre : on exige un discours qui soit capable de démontrer et de montrer ce sérieux — avec les moyens du discours. Il est vrai que ce discours renvoie à autre chose qu'à un discours ; mais c'est lui qui y renvoie et ce n'est que lui qui rend visible ce qui n'est pas lui. La morale n'est rien si elle n'est pas vécue ; le simple vécu n'en devient pas moral, et l'appel au sentiment ne cesse d'être expression de la violence et de l'arbitraire qu'à condition de se présenter après l'*information* de la vie par la morale, non auparavant.

Si le terme n'était pas chargé de tant de connotations, on serait tenté de parler d'une socialisation de la conscience morale de l'individu. Il n'y a de morale que là où l'individu accepte ce qu'il subit toujours, mais sans toujours le reconnaître, à savoir, qu'il vit dans une communauté, qu'il en est, même biologiquement, membre, servant le tout et soutenu dans son existence par ce même tout. Il n'est pas que cela, mais il est cela avant tout, encore au sens temporel de cet *avant*. Ce qui se produit dans, et avec, la réflexion morale, c'est qu'il découvre que lui, ici, maintenant, dans cette situation historique, ne sait plus ou sait mal ce que ce fait signifie pour lui. Sans doute, il ne nie pas qu'il dépend de la communauté, de son travail, de la protection qu'elle lui offre, que, bien plus, sa vie est informée, jusque dans sa révolte, par la morale commune. Son problème est de savoir si tout cela est autre chose qu'un esclavage à la fois inévitable et insupportable. Il est bien forcé de collaborer s'il veut vivre, mais est-ce encore souhaitable de vivre, ou la vie a-t-elle perdu toute saveur et tout sens ? Il choisira donc n'importe quoi, pourvu que ce n'importe quoi lui importe. Encore une fois, s'il est prêt à en supporter les conséquences et accepte qu'il soit tué ou qu'il détruise la communauté, il n'y a rien à y redire (mais beaucoup à y faire, du point de vue des autres). S'il ne l'accepte pas, s'il refuse cette mort-là comme insensée (et elle l'est parce que, à la limite, elle produit l'absurde même, le règne de la violence individuelle universalisée), il se trouvera amené à *penser*, c'est-à-dire, à considérer ce problème, qui est son problème le plus personnel, comme le problème de tout homme, de tout individu, de toute communauté, comme le problème de *sa* morale considérée comme problème de toute morale concrète : on n'est pas heureux tout seul, pour reprendre une formule dont nous nous sommes déjà servi, à moins qu'on n'accepte la mort. Néanmoins, et nous renvoyons de nouveau à des développements antérieurs, la seule règle de l'universalité ne suffit pas, pas même celle qui exige qu'une morale concrète informe la vie à l'intérieur des limites qu'a fixées la morale pure : il n'y a pas de science, de discours cohérent et exhaustif, de l'individu, et moi, je reste individu pour mon propre discours.

Prise ainsi, l'objection dit vrai ; elle se trompe en croyant qu'elle réfute, en les opposant entre eux, les principes développés : il est nécessaire, et en même temps il ne suffit pas de savoir ce qui est exigé par la morale, il faut à ces exigences un corps, une vie dans laquelle elles soient autre chose que des exigences, qu'elles se transforment en accomplissement et plénitude. Mais l'exigence précède (on ne prétend pas que cette exigence soit pensée et redécouverte par chaque individu : elle peut être incarnée dans les structures de la communauté et dans sa morale vivante — c'est pourquoi le problème de la morale ne surgit pas à tous les moments de l'histoire), et c'est sur son fond qu'éclôt la vie sensée de l'individu qui cherche et qui trouve : la toile ne fait pas la peinture, mais il n'y a pas de tableau sans elle.

*e.* Positivement, l'inséparabilité du discours et de la vie de la morale se montre dans l'interaction des deux. Il n'y a pas de morale humaine, pour primitive, pour traditionnelle et tribale qu'elle soit, qui ne s'exprime dans un discours. Ce discours peut être incohérent, insuffisant, langage de mythes au jugement d'un discours plus développé ; il est discours et discours sensé pour ceux dont la morale y est présente : dire qu'en fait ils agissent autrement que ne l'exige leur discours ne signifie rien de plus qu'un jour, et qui est proche, ils changeront de discours ; dire que les choses essentielles de leur vie ne sont pas réglées par ce discours, c'est faire preuve d'inconscience et prendre pour essentiel ce qui ne l'est qu'aux yeux du critique. Que ce discours soit modifié, qu'il soit transformé en simple survivance, et la vie de la communauté ne sera plus la même : la crise de la morale aura éclaté, c'est-à-dire, la morale sera soumise au jugement. Il est, certes, possible, il est même vraisemblable, que ce jugement ne résulte pas d'un procès instruit selon des règles quelconques : cela ne se produira qu'aux étapes postérieures au refus conscient de la violence individuelle à l'intérieur de la communauté. Mais encore la révolte la plus muette cherchera son langage et le trouvera. Insuffisant selon le critère d'une pensée qui a pris une certaine conscience de sa propre nature, il n'en sera pas moins le vrai discours pour ceux qui en lui expriment ce qu'ils considèrent comme juste, bon, moral : nous ne saurions rien des morales historiques autres que la nôtre (les nôtres), si ces morales n'avaient pas parlé et ne continuaient pas à le faire à travers leurs documents, leurs monuments, leurs institutions.

L'influence des conditions réelles sur la vie existe, mais ce serait une vue étrangement courte de la réalité que de ne pas compter la morale d'une communauté parmi ce qui les constitue. Il est vrai, et c'est une banalité, qu'une morale concrète peut devenir inadéquate à la réalité ; le fait est alors plutôt que la morale se trouve devant des conditions qu'elle n'avait pas pu mettre en compte parce qu'elles se sont produites après son apparition : pour ceux qui le tiennent, le discours ne saisit plus la réalité. Cela ne rend pas absurde cette morale, qui a été vraie et adéquate à la réalité ; cela montre seulement le besoin d'un développement de cette morale, car les conditions nouvelles se sont produites dans le cadre de l'ancienne morale et n'auraient pas pu se produire ailleurs. Quant à l'influence du discours sur la morale, il ne sera guère nécessaire d'en fournir les preuves : y suffisent les éternelles plaintes des tenants de la tradition et de ceux qui refusent de poser le problème moral, avec leur insistance sur la culpabilité des sophistes, des intellectuels, des songe-creux dans la destruction de tout ce qui était, et est encore selon eux, convenable et sacré. Ils se trompent, sans doute, en attribuant au discours moral une influence indépendante de toute autre réalité, et ils prennent le thermomètre pour la cause de la fièvre. Ils ont néanmoins raison en ce sens que la prise de conscience par rapport à la situation nouvelle est de la plus haute importance : sans elle, ce serait la violence qui se chargerait de la destruction des anciennes formes ; avec elle et à travers elle, une possibilité naît de transformer et de rénover ce qui est devenu impraticable sous l'aspect technique, inadmissible et insupportable du point de vue de l'homme qui, à partir d'une morale devenue immorale, en cherche une autre qui l'assure de sa dignité et lui offre la possibilité d'une vie sensée.

Il est d'ailleurs possible de résoudre les problèmes soulevés ici par le simple renvoi au principe de la présente discussion (et de tout ce qui a été dit jusqu'ici), à savoir que la morale concerne un être violent et capable de raison, de discours, de refus de la violence, et que le discours naît du sentiment et, en dernière analyse, de la violence (et de la peur de la violence subie) : il n'est pas surprenant que, s'il en est ainsi, non seulement le discours reste lié à cette violence, mais que ce soit aussi lui qui l'informe, en lequel elle s'informe et se dépasse pour se comprendre. L'expérience journalière le reconnaît en exigeant l'éducation, en présupposant l'*éducabilité* de l'homme : le dressage est au début, jusqu'à cet âge qu'une très saine tradition appelle encore celui de la raison, jusqu'à ce que l'individu devienne capable de voir le bien-fondé des règles et des *habitus* que lui inculquent non seulement parents et maîtres, mais, souvent à leur insu, tous ceux avec lesquels il est en contact et qui lui expliquent ou montrent activement que le refus de l'universalité relative de la morale existante conduit à une violence qui s'exerce à son encontre : l'argument réaliste de Socrate dans sa discussion avec Kalliklès, celui de la conspiration des prétendus faibles contre les soi-disant forts, reste valable quand il est opposé au Kalliklès qui vit dans tout individu. Que cet argument constitue plus qu'un appel à la peur de la violence des autres, qu'il s'agisse d'éducation à la vie morale, que ce dressage ne forme qu'un début, cela est suffisamment prouvé par le fait que les anxieux, produits d'un mauvais dressage, ne forment qu'une minorité et sont très désireux de se débarrasser de leurs craintes et de leurs obsessions : l'homme est moral, ce qui signifie ici : équilibré, quand il vit son discours dans son sentiment et se rend présent son sentiment dans son discours.

22. *C'est au niveau de la vie morale que se posent et se résolvent les problèmes des rapports moraux entre individus.*

*a.* La thèse qui vient d'être formulée semble rendre caduques celles que nous avons exposées dans ce qui précède. C'est l'individu qui est ou non moral, qui, pour revenir au point de départ, veut être heureux, et mon devoir envers autrui est fondé sur ma volonté de bonheur raisonnable ; or, si autrui est mon égal, il l'est parce que lui aussi cherche à vivre son bonheur d'être raisonnable et fini ; cela étant, comment pourrait-il y avoir des rapports moraux ?, comment le devoir envers autrui serait-il seulement conçu ?, comment moi, qui cherche mon bonheur, pourrais-je aider mon prochain à trouver le sien, quand bien même je le voudrais et que ma quête m'en laisserait le temps ?, comment me ferais-je une idée, quelque vague qu'elle fût, de son bonheur vécu ? Je devrais juger de sa situation, que je ne connais jamais complètement, de son caractère, qui m'est inconnu et qui lui est inconnu, mais qui devra trouver sa satisfaction dans le bonheur que je lui proposerais et procurerais ?

Le sentiment me guidera ? Bien sûr ; mais n'ai-je pas constaté que ce sentiment est un mauvais guide s'il n'est pas informé par la raison ? Et comment en serait-il informé à présent, que je n'ai plus affaire à l'individualité, concept aussi nécessaire à la théorie morale qu'abstrait pour la vie, mais à cet individu-ci, frère, voisin, chef, subordonné, épouse, enfant, et qui n'est même pas ceci ou cela, mais est celui qu'il est, dans telle situation, avec tels traits, toujours lui-même, toujours au delà de toute détermination ? Sans doute, je peux le juger ; je ne puis même pas éviter de le juger, que j'approuve son acte ou que je le condamne, que je lui trouve des excuses ou que je me voie contraint de déclarer qu'il a mal agi parce que sa volonté libre s'était tournée vers le mal. Mais qu'ai-je fait pour lui en le jugeant selon les critères de la pure universalité et du pur refus de la violence ? C'est pour moi que j'ai prononcé ce jugement, qui signifie que moi, je ne veux pas agir comme il a agi. Peut-être l'ai-je jugé du point de vue de l'intérêt de la communauté, à la limite même de celui de toute communauté, me rappelant qu'aucune communauté ne peut subsister qui admet en son sein la violence et le mensonge. Mais quel est, en tout cela, mon rapport avec lui que, peut-être, j'aime malgré ses actes ? Le sentiment, semble constater la morale, peut entrer en conflit avec elle-même, — et il n'y a pas de vie morale qui ne soit vie sentie, vie du sentiment, du cœur : la morale, en réfléchissant sur sa propre nature, le montre. Comment, s'il en est ainsi, est-il encore possible de parler d'une théorie, d'une philosophie qui puissent importer à la vie morale, d'un discours qui puisse prétendre à une validité universelle pour la morale vécue, pour le bonheur ?

Devant cette difficulté, le renvoi à la médiation de la morale concrète ne paraît d'aucun secours. Certes, je ne vis pas la morale abstraite, personne ne le fait, je me réfère toujours à cette morale de cette communauté, qu'elle me satisfasse ou que je la trouve insuffisante, insatisfaisante, révoltante et que mon sentiment me dise qu'il faut la transformer. Mais cela encore est une description faite de l'extérieur : ce n'est qu'aux yeux d'un observateur que vivre cette morale, signifie que mon sentiment a été informé par elle ; pour moi-même, quand je ne m'observe pas, aux moments où j'agis et, comme on dit très justement, me laisse vivre, je ne pense pas cette morale, je n'en fais pas l'objet de mon discours et de ma réflexion. Ce n'est que quand je prends mes distances que des problèmes apparaissent ; quand je vis ma vie, je ne connais que des difficultés. Là où existe une vie morale, il n'existe pas de morale ; s'il existe une morale, elle ne pourra exister que sur le plan de la théorie, de la *vue*, qui n'agit pas. Il m'arrive de parler de ma morale, de la morale de ma communauté, mais quand j'en parle, je ne la vis pas.

Que de telles questions aient un sens pour la philosophie, cela apparaît dans le fait que la philosophie s'est trouvée, toujours de nouveau, devant elles : ce n'est pas seulement le sentiment qui élève ses protestations contre les abstractions et le légalisme de la morale théorique et de la morale historique. Elles ne sont pas pour autant sans réponse. Cependant, elles exigent une nouvelle réflexion sur la fonction et le but de la morale dans la vie de l'homme, de la morale pure de l'universalité aussi bien que de la morale concrète et particulière.

On a parfois rejeté les concepts, et jusqu'aux termes, de morale, de vertu, de devoir. Pourtant, les ennemis de ces concepts ne donnent pas l'impression d'être de ceux pour lesquels le sentiment moral, qu'ils appellent souvent de noms comme noblesse, grandeur, charité, humilité, amour, n'ait été que l'expression mal comprise de tendances inavouées : au contraire, ils attaquent la morale parce qu'ils pensent qu'elle n'est que cela. On a mis en doute la possibilité de parler de morale sinon dans les limites d'une analyse du langage qu'emploient ceux qui en parlent « naïvement » et prétendent y trouver des « valeurs » dernières : les défenseurs de telles opinions, pour critiquables qu'elles soient — et nous les avons critiquées lorsque nous avons parlé de l'objectivité et de ce qu'elle présuppose —, ne paraissent pas dépourvus de sérieux, dénués de sentiment moral, dédaigneux du phénomène important que constitue l'existence de la morale, ou, pour rester plus fidèle à leur façon de voir, des morales. Ce n'est pas que le sérieux subjectif et la bonne volonté fournissent, par eux-mêmes, la moindre garantie philosophique. Mais l'erreur, si tant est qu'il s'agisse ici d'erreur, est encore un fait que la philosophie se doit de comprendre, et il importe que ces protestations et ces doctrines (qui ne font que formuler ce que les premières crient) ne viennent pas d'êtres qui possèdent un intérêt évident dans la défense de positions commodes pour l'arbitraire de l'individu. D'où vient cette volonté d'affranchir, pour le dire de façon paradoxale, la vie morale de toute morale théorique (fût-elle seulement la théorie d'une morale donnée, son catalogue de vices et de vertus, de choses louables et d'actes inadmissibles), d'affranchir, de l'autre côté, la théorie de la morale de toute souillure par la réalité de la vie ?

Peut-être approchera-t-on de la solution en s'aidant d'un argument utilisé des deux côtés, avec des accents et dans des langages différents, il est vrai. La morale juge, voilà l'essentiel, mais la vie n'est pas jugement, elle ne saurait même pas être soumise au jugement humain (et il n'est question que de l'homme quand il s'agit de morale : encore les théories théologiques reconnaissent que le seul jugement valable et valide, celui de Dieu, est imprévisible, voire incompréhensible, pour l'homme et que, par conséquent, l'homme doit suivre ses propres lumières dans l'interprétation de la loi révélée) : la vie est spontanéité, et étant spontanéité et jaillissement, cette liberté radicale peut, certes, se donner des règles, des buts, se désigner ce qu'elle veut et ce qu'elle refuse, mais, pour cette raison même, elle ne peut pas être jugée. Du moins, elle ne peut pas l'être valablement : les hommes jugent en fait, ils ne sauraient juger en droit ; ils ne s'interdisent pas de dire que telle personne, telle action sont admirables ou basses, ils ne peuvent même pas y renoncer, puisque celui qui agit et vit prend toujours position ; mais ils ne font que projeter leurs propres idées du bien et du mal dans le monde et sur les autres, lesquels autres leur rendent la pareille. La vérité de la morale est qu'il n'y a pas de vérité en morale, puisque aucun jugement n'y est fondé, ni moralement, ni logiquement.

Il serait insuffisant de parler ici du choix entre violence et discours, si la nécessité de ce choix, fondamental au sens le plus strict, était opposée comme fin de non-recevoir à cette protestation : elle doit être comprise positivement — et il appert alors que, en effet, sur le plan de la réalité vivante, la morale sert de préférence à fonder des jugements ; et que, sur le plan des faits et sur celui du droit, du droit imprescriptible de la liberté, le jugement est toujours inadéquat dans la mesure où il ne saisit pas l'individu, que pourtant il devrait saisir pour être équitable. Mais en le concédant, on n'admet nullement l'impossibilité ou l'illégitimité de la morale : on se trouve seulement amené à reconsidérer sa place et sa fonction.

Car la morale, si elle est jugement et, plus profondément, le dernier et premier titre de droit de tout jugement porté sur autrui, n'est pas essentiellement cela et ne l'est pas avant tout. Elle est recherche du bonheur raisonnable, de mon bonheur raisonnable, elle est jugement porté sur moi par moi-même, et jugement adéquat puisque encore de l'ignorance de ma nature, de mon caractère, de mes passions et tentations je suis responsable devant moi-même. Si je me trompe sur moi, mon jugement peut être injuste, je constaterai un jour que je n'ai pas été équitable envers moi-même ; je n'y trouve pas pour autant une excuse pour moi : j'aurais dû me connaître, et si je me suis fait tort, j'ai eu le tort de n'avoir pas été à même de l'éviter. Quant au jugement que je porte sur autrui, qu'il soit défavorable ou favorable (il est significatif qu'on oublie régulièrement cette seconde possibilité), il dépend de ma morale, et c'est une simple tautologie que de dire qu'on apprécie autrui toujours en fonction de ses propres principes. Mais ce jugement est secondaire ; le premier est celui que je porte sur moi. C'est pour soi-même qu'on opte pour la morale, pour une morale, et c'est d'abord de cette option qu'on est responsable, devant son propre sentiment et devant sa propre raison.

Il est néanmoins séduisant, *naturellement* séduisant, de transformer la morale en code, en suivant probablement le désir d'échapper au devoir de bonheur raisonnable : ce devoir, ne rend-il pas l'individu responsable de son sort, et devant le tribunal sévère de sa propre conscience ?, n'est-il pas plus commode d'accuser autrui, d'attendre la dignité, le bonheur, une vie qu'on puisse vivre et sentir comme humaine, d'une comptabilité extérieure, transcendante, historique, juridique, sociale, et d'obéir, dans le meilleur des cas, aux règles, pour accepter son malheur avec la conviction qu'on est trop bon et trop bien pour ce monde mauvais et méchant ou avec l'espoir passif que tout s'arrangera à la fin ? Ce n'est pas que l'espoir ne soit pas permis, au contraire ; mais ce qu'il vise ici est tout autre chose que le bonheur, c'est la satisfaction et les satisfactions, au pluriel, exigences légitimes, nécessaires, inévitables, mais exigences pour autrui, non pour soi-même : la morale n'enseigne pas à exiger sauf de soi-même, elle enseigne à faire et à se faire, — et même cela, elle ne l'enseigne pas positivement, mais en montrant comment on n'y parvient pas.

Ainsi apparaît, une fois de plus, en même temps que ses limites, la force du formalisme, seul capable de concilier spontanéité et loi. La loi n'est pas rien, elle n'est pas, non plus, l'ennemie du sentiment et de la vie : elle les informe. Et c'est pourquoi vie, spontanéité, sentiment, ou quel que soit le terme qu'on préfère, se développent, non en révolte contre la loi pure, mais à sa lumière. Il n'est pas douteux que la vertu — nous restituons au terme toute sa force antique et comprenons sous lui le développement complet de l'individu humain tel qu'il est avec ses possibilités toujours finies — n'est pas le produit de la loi : l'homme peut être parfaitement moral au sens légaliste, sans être vertueux le moins du monde. Il en découle simplement que la conception légaliste, celle qui cherche et obtient des prescriptions rigides, est insuffisante au point de détruire jusqu'au concept d'une vie morale ; il n'en découle pas que la loi soit superflue, car c'est la loi qui distingue et permet de distinguer entre ce qui est arbitraire et ce qui ne l'est pas, précisément parce qu'elle est formelle. Et ce qui est vrai d'elle l'est de tous les autres concepts de la morale : des termes comme devoir, vertu, sentiment, vie vécue, spontanéité désignent des concepts et n'ont qu'un sens formel. Ils visent un contenu qu'ils embrassent, mais ne produisent pas, parce que, en ce sens, aucun concept n'est « concret », celui de concret pas plus que celui d'abstrait.

C'est pour cette raison que le discours moral peut informer la vie ; il en serait incapable, s'il n'était qu'une collection de prescriptions et d'interdictions, et quand il s'est présenté sous ces espèces, il n'a jamais fait autre chose que provoquer la révolte là où le problème moral avait été posé : les morales historiques n'ont pas tant succombé aux changements extérieurs (l'homme peut préférer mourir plutôt qu'abandonner ce qu'il sent comme non sacré) qu'à la révolte de ceux qui ressentaient le code comme joug imposé à leur sentiment de justice, à leur désir de vertu et de bonheur (ce qui ne veut pas dire qu'une telle crise puisse naître en l'absence de certaines modifications historiques, mais signifie que cette condition, tout en étant nécessaire, n'est nullement suffisante). C'est parce qu'il est formel — où, avec une formule courante, rien que formel, comme si le formel n'était pas la force la plus grande de l'histoire, celle de la pensée et du discours cohérent — que le principe de l'universalité peut fonder autre chose que le seul droit de juger et de condamner autrui, qu'il fonde également, dans le développement de ce qu'il contient sous forme enveloppée, ces concepts de spontanéité et de sentiment dans lesquels une réflexion insuffisamment poussée croit découvrir ce qui nierait ce principe — réflexion insuffisante parce qu'elle oublie que son propre discours n'est pas celui d'une raison surhumaine, anonyme, impersonnelle, mais est et se veut celui de chacun, dans la mesure où chacun — et ici intervient en effet, et de façon décisive, l'option dernière pour la non-violence — peut se vouloir moral et heureux d'un bonheur raisonnable dans la satisfaction des besoins justifiés de tous. En un mot, la thèse présente n'infirme pas les précédentes, elles les confirme, parce qu'elle les présuppose.

*b.* Il semble, cependant, qu'une autre difficulté subsiste. Si la morale est ma morale, ma recherche de mon bonheur, raisonnable, il est vrai, mais toujours mien, si le jugement moral n'est pas essentiel à la morale quoiqu'il y trouve son fondement, comment encore affirmer que les problèmes de la vie des hommes réunis en groupes, en communautés, aient une importance morale ?

Une telle objection oublie que l'homme moral n'est pas seul, qu'il ne veut pas être seul, que tout le contenu de sa vie et de sa réflexion morales lui vient de cet extérieur qui le constitue comme cet être-là, au plus intime de lui-même, que de cette façon il est et se veut responsable de ses actes et des résultats de ses décisions tout autant que de ses maximes, enfin, que la morale pure, née et compréhensible seulement à partir de la morale concrète de communautés déterminées, ne devient efficace, même dans et pour l'individu, que grâce à la médiation d'une morale concrète, soumise au jugement de la morale pure, mais indispensable à celle-ci. Ce n'est pas hissé sur une colonne dans le désert ou installé au pied d'un arbre dans les forêts de l'Himalaya que cherche et trouve le bonheur celui qui a opté pour une vie de bonheur raisonnable (bien qu'il soit impossible de démontrer que le bonheur ne se trouve pas ainsi, à condition qu'on accepte comme bonheur l'absence du malheur grâce à l'absence de toute conscience).

Ce qu'on oublie de plus, et cet oubli est d'une importance plus immédiate pour la question, c'est la distinction entre bonheur et satisfaction. Il est vrai que la satisfaction ne constitue ni le but, ni le fondement de la morale et de la vie morale, à telles enseignes que l'homme du problème moral peut être en possession de toutes les satisfactions que connaît son monde sans être pour cela moins malheureux — l'Ecclésiaste en savait quelque chose. Mais il n'est pas moins vrai que l'individu qui veut vivre dans le monde se connaît comme besogneux et sait que, s'il peut renoncer à la vie, il ne saurait éliminer de la vie ses passions, ses désirs, ses besoins, ses penchants : il les moralisera, ce qui signifie qu'il leur donnera, comme aux désirs de tout autre, les satisfactions auxquelles ils ont droit, le droit que leur reconnaît la morale concrète de son temps (qu'il corrigera, le cas échéant, sans qu'une telle correction change quoi que ce soit à la situation fondamentale). Il sait, surtout, que c'est l'intérêt de la morale qu'une morale concrète soit accessible et acceptable au commun des mortels, quand bien même lui se croirait au-dessus de cette morale et tenu par des exigences plus sévères : la morale pure présuppose l'existence agissante d'une morale concrète, d'une morale, donc, qui tienne compte des désirs de l'individu empirique *normal* pour son époque, c'est-à-dire, historiquement raisonnable et universel dans son être fini.

La vie morale se vit au niveau de la morale concrète. Elle ne sera pas nécessairement vécue en accord avec cette morale, elle peut se caractériser par la volonté de renouveau, et elle le fera régulièrement là où le problème moral et celui de la morale font leur apparition, cette apparition étant par elle-même la preuve que la morale traditionnelle *ne va plus sans dire*. Mais un tel désaccord est encore désaccord à partir de la morale existante, dans son cadre, fondé sur elle, et c'est ainsi qu'il s'interprète lui-même : il ne s'agit pas de détruire la communauté et le monde qui est le sien, il s'agit de les faire progresser ensemble. L'homme moral, du moins s'il se comprend lui-même, ne rejette pas la morale concrète comme insuffisante parce que particulière et historique, il veut qu'elle soit vraie, qu'elle informe réellement la vie, en accord avec les principes qui font qu'elle est ce qu'elle est : organisation sensée de la vie en commun des hommes qui composent le groupe.

Nous ne nous intéressons pas ici au fait, en soi du plus grand poids, que le principe de l'universalité, une fois découvert, agit inévitablement sur toutes les morales existantes et leur donne ainsi un air de parenté. Le phénomène (qui fonde la possibilité et la réalité d'une histoire *une* de l'humanité) n'intervient pas ici, étant donné que la morale la plus universelle sera encore morale particulière, parce qu'elle se distinguera toujours de la morale pure comme l'informé de la forme.

Ce qui nous importe, c'est que toute morale ne fait qu'offrir la possibilité d'un bonheur dans la morale, mais qu'elle ne le produit pas. Peu de points méritent autant d'être retenus que ce dernier : c'est parce qu'on l'a perdu de vue que se sont produits les malentendus les plus graves. En effet, toute morale concrète qui prétend donner à l'individu raisonnable plus que la possibilité du bonheur est immorale : elle contient, implicitement ou explicitement, la négation de la liberté responsable de l'homme. Ce sont de tels systèmes moraux qui vraiment nient la spontanéité et le sentiment moral, qui interdisent l'exercice de l'inventivité et de la créativité poétiques, qui aussi finissent régulièrement par être ressentis comme oppressifs. Des époques peuvent avoir existé pendant lesquelles une morale « évidente » pour tous les membres de la communauté ne laissait, au moins en apparence, aucune place pour la décision personnelle et le choix. Mais de telles morales ont ceci de particulier qu'elles ne sont jamais imposées, pas même prêchées : elles vont précisément *sans dire* et sont ainsi *naturelles* pour des êtres qui ne conçoivent, en cette réalité naturelle, aucune possibilité. Aussi ne caractérisent-elles pas le monde des questions morales et de la philosophie, auquel un système moral global et rigide ne pourrait être imposé que par la violence et la contrainte. Nous n'avons pas à nous demander, car la question relève de la philosophie politique, si elle pourrait l'être avec succès et si le rêve platonicien d'un monde absolument statique a une chance de se réaliser (il y aurait d'ailleurs lieu de noter que Platon lui-même prévoit l'autodestruction d'un tel monde et la permanence du problème moral, du moins pour ceux qui sont chargés de la direction de l'Etat parfait). Ce qui est évident, c'est que, pendant la période de transition — et cette transition pourrait durer —, la question morale reste posée et n'est pas résolue, mais, au contraire, exacerbée, et sa vie dans les souterrains obscures d'une conscience qui n'aurait plus la possibilité de parler, c'est-à-dire, de penser, mènerait, comme elle l'a toujours fait, à une révolte qui, souvent, se présenterait comme nihiliste, comme de pure violence, et pourrait bien être celle de la liberté inconsciente de sa propre volonté et rendue incapable, par la pression de cette morale extérieure, de se penser. Après la fin de la préhistoire (idéale) de la morale, une morale concrète qui réglerait toutes les actions, qui débarrasserait l'individu de tout choix et de toute décision, serait absolument tyrannique et immorale comme négation de toute possibilité de bonheur pour l'individu raisonnable, comme négation de l'individu raisonnable même.

Une morale vivante qui se justifie devant le tribunal de la morale pure, qui, en d'autres termes, ne révolte pas l'individu qui cherche le bonheur de l'être raisonnable pour lui-même et la possibilité de ce bonheur pour tout homme qui y aspire, une telle morale reconnaît donc nécessairement *et* l'exigence de l'universalité *et* celle de la vie. Elle reste soumise au critère de l'universalité, mais sous la forme concrète que prend l'universalité dans le contexte du monde présent. L'esclavage est plus moral, au sens fort de ce terme, que le sacrifice de l'ennemi pris au combat, la libération du travailleur de tous les liens juridiques, pour cruelles qu'en soient les conséquences par suite de la destruction de tout devoir du riche envers le malheureux, constitue un progrès réel par rapport au servage : dans les deux cas, une possibilité plus grande, abstraite, il est vrai, mais réelle en son abstraction par le fait qu'elle-même révèle son caractère unilatéral, est offerte à l'individu de décider par lui-même, d'exiger concrètement davantage au nom de sa liberté raisonnable. Le cadavre, quand bien même il serait honoré comme objet d'un repas rituel, n'agit plus, et l'homme qui n'est pas encore reconnu comme homme, mais regardé comme chose à forme humaine n'ira pas au-delà de l'exigence d'être, à son tour, possesseur de tels outils, pris au milieu de ceux qui, auparavant, l'avaient utilisé. A aucun point, il n'est concrètement concevable qu'on exige l'universalité toute pure et toute nue : on ne saurait exiger, non plus, *la* justice ou *le* bien. La justice est exigence opposée à ce qui est ressenti, plus tard pensé, comme injustice, le bien est protestation contre ce qui, pour le cœur et la raison, est le mal, l'accomplissement, accomplissement de ce devoir-ci et de ce que la plupart des hommes prônent sans le pratiquer. Dans chaque cas, c'est l'exigence d'une universalité plus grande, dans aucun, ce n'est le simple refus de toute détermination morale (ou de toute morale déterminée).

La morale concrète lie l'individu moral : il est immoral de détruire, quant à soi, la possibilité concrète de toute morale et de déchaîner ainsi, qu'on le veuille ou non, la violence. Aucune morale ne lie absolument, aucune n'est définitive, et chacune peut se révéler, voire, se révélera, insuffisante aussi bien au sentiment qu'à la réflexion. Mais un tel jugement sur la morale historique présuppose l'existence de ce qu'elle critique et dont la critique lui procure la possibilité de s'incarner dans l'action ; si elle veut éviter la destruction de ce qui fonde sa propre réalité, cette morale historique sans laquelle l'idée même d'universalité n'aurait pas pu faire son apparition et après la disparition de laquelle elle ne survivrait pas le temps d'une génération, la critique impose la morale concrète et la sauvegarde, morale préalable, mais non moins morale pour être préalable. C'est par référence à elle, non par référence immédiate au principe formel de toute morale qui peut prétendre au titre de morale, que l'homme moral juge et est jugé.

Il reste vrai que ce jugement ne forme pas l'essence de la morale et de la volonté morale ; mais il ne l'est pas moins que la vie morale ne peut pas ne pas le prononcer de cas en cas. En effet, le jugement moral est l'expression la plus claire des rapports entre les individus : j'approuve et je suis approuvé, je suis désapprouvé et je désapprouve pour ce que j'ai fait et dit, pour ce que les autres ont fait et dit.

A les regarder de plus près, les jugements moraux ne sont, cependant, pas uniformes. Je puis déclarer qu'un tel a mal agi, comme je peux dire qu'il est un individu sans valeur et dont on ne peut attendre aucun acte convenable : le jugement porte sur l'acte ou sur la personne et le caractère. La différence entre les deux types est évidente : une homme de bien peut commettre une mauvaise action, un acte objectivement mauvais, sans tomber nécessairement dans le groupe de ceux qui ne valent rien, et celui dont la méchanceté et la volonté du mal sont reconnues depuis longtemps accomplira parfois des actes moralement corrects, en accord avec toutes les règles de la morale, sans cesser d'être méchant. Ces deux types ne sont pas indépendants l'un de l'autre : c'est à partir de ses paroles, de ses actes, de ses façons, que je juge le caractère d'autrui, et c'est en me référant à l'idée que j'ai de son caractère que je juge tel acte comme accident ou comme révélateur. Historiquement, les deux visées du jugement moral ont, néanmoins, donné naissance à deux écoles, dont le conflit ne semble pas près de disparaître. L'individu moral, quand il a affaire à lui-même, tournera son attention sur ses intentions : j'ai beau être et me sentir responsable, non seulement de mes maximes, mais encore des résultats de mes actions ; je n'en deviens pas tout-puissant ou omniscient, et mes obligations s'arrêtent là où s'arrêtent mes possibilités. Sans doute, aucune limite n'est fixée, une fois pour toutes, à ces possibilités ; mais en parlant ainsi, je parle du genre humain, non de moi, limité par le savoir de mon temps, déterminé par les moyens de faire et de connaître qui sont ceux de mon époque et de ma communauté : il serait insensé de reprocher à Périclès de n'avoir pas institué au début de la Guerre du Péloponnèse la vaccination obligatoire contre la peste bubonique. Un point arrive dans la vie de chaque individu où il peut déclarer qu'il a fait tout ce qui était dans son pouvoir, qu'il n'a négligé aucun devoir, et que l'échec ne peut pas être mis sur son compte. La morale des intentions se fonde sur la finitude, et ce fondement la met à l'abri de toute critique de son principe. La morale des actes, de son côté, est dans une position tout aussi forte : dans la vie, dans le monde, l'intention, pour pure qu'elle soit, ne suffit pas, à moins qu'elle n'englobe la volonté des résultats et n'accepte la responsabilité des conséquences. Celui qui se contente de vouloir le bien sans faire le nécessaire pour le réaliser est peut-être le pire ennemi de la morale, de toute vie morale : son recours aux intentions pures et inefficaces discrédite jusqu'à l'idée de morale, puisque non seulement il n'agit pas en vue du maintien de la morale existante, mais fait apparaître la morale formelle dont il se réclame comme l'excuse passe-partout de tous les actes que la morale positive considère comme fautes. La bonne intention est indispensable, et il n'y a pas de morale sans elle ; pour être valable, elle doit être intention de bons résultats.

Ces réflexions confirment l'existence d'un lien indestructible entre caractère et acte. Les deux aspects ne se confondent pas pour autant ; ils restent distincts et sont constamment distingués dans la vie morale des individus et des communautés ; mais ils n'en deviennent pas des réalités indépendantes. Le jugement porte sur l'acte, mais sur l'acte de telle personne, et les attendus se réfèrent toujours à l'un et à l'autre ; je chercherai les raisons de l'aberration d'un homme dont tout le passé, tout l'être, tout le caractère me donnent le sentiment qu'il n'était pas *homme à faire cela* ; je me demande pourquoi un tel, dont la méchanceté m'a frappé, a accompli tel acte de courage, de justice, de modération, de prudence morale. Et je sais que je serai regardé de la même manière par ceux avec lesquels je suis en contact : j'ai un caractère et j'agis, et l'un éclaire l'autre à leurs yeux. En un mot, le jugement moral exprime, de façon adéquate ou non, les rapports entre individus, vécus par eux sur le plan de la morale concrète.

Le caractère de l'individu se déclare et se rencontre donc non au niveau de l'intimité subjective, de la conscience, du for intérieur, mais à celui de la vie commune ; je *suis* le caractère que je présente aux autres, beaucoup plus que je n'*ai* ce caractère au sens où l'on a de la fortune et pourrait être pauvre, où l'on possède telle connaissance et serait encore le même si l'on n'en avait jamais entendu parler. Je *suis* ainsi mes actes, comme source de ces actes : je ne suis pas seulement ma biographie, énumération de faits et de méfaits, je suis celui qui est compris — et cela veut dire : jugé — comme celui qui est tel que ces faits procèdent de son caractère. Le jugement va de mes actes vers ma nature dont procèdent ces actes. Mais ce jugement ne sera jamais définitif. Tout acte supplémentaire peut changer la vue sur mon caractère qu'avait donnée, jusqu'ici, ma façon d'agir. Je reste libre, libre comme un être déterminé qui n'est jamais totalement déterminé et qui peut, à chaque instant, devenir ce qu'il n'a pas été jusqu'à présent. Le jugement, inévitable, n'est jamais sans appel : mon intention peut l'emporter sur tout ce qui, de mon passé, me tient lié à une certaine manière d'agir et de décider, et ma liberté et ma responsabilité demeurent entières. Encore faut-il que cette intention l'emporte : je serai réellement autre quand j'agirai autrement dans la réalité.

Il en sera de même lorsque je juge autrui (et je ne peux pas ne pas juger autrui). Mon jugement reste, pour ainsi dire, préalable tout en étant exécutoire. Je n'ai pas le droit de faire confiance à un homme que j'ai trop souvent trouvé menteur, lâche, sans mesure, je trahirais les intérêts de la morale concrète en faisant dépendre de lui le résultat de mes tentatives ou l'ordre et la cohésion de la communauté — et en même temps, je croirai qu'il peut se faire autre qu'il n'a été dans tout son passé, exactement comme je me fais confiance encore après avoir constaté que, jusqu'à ce jour, je n'ai pas pu vaincre les défauts de mon caractère. Les actes révèlent le caractère, mais ils ne pourraient le révéler s'ils ne renvoyaient pas à une liberté qui s'est déterminée d'une certaine façon et peut, pour cette raison, se déterminer autrement et ainsi devenir autre sous le rapport du jugement, toujours extérieur, encore qu'il s'agisse de moi-même. C'est dans la vie morale que se posent et se résolvent les problèmes des rapports humains, même de mes rapports à moi-même.

*d.* Comme les actes sont jugés selon la morale concrète de la communauté, le caractère se révèle dans le contexte de cette morale. Ce qui est bien, ce qui est mal, est d'abord défini par rapport à la forme concrète sous laquelle l'arbitraire de la violence est banni de la vie de tel groupe. On a vu plus haut comment cette définition conduit au concept de *nature* morale de l'homme : c'est parce que le problème de la violence et de l'arbitraire de l'individu est présent dans toute communauté que l'homme ne change pas radicalement ; si l'homme change néanmoins dans, par, avec son histoire, c'est en ce sens tout autre qu'il n'arrête pas de se faire en tant qu'être social, qu'aucune morale donnée n'est incapable de perfection, que chacune peut vouloir aller au-delà d'elle-même.

Aux yeux de l'individu, ce n'est cependant pas cet aspect historique et extérieur qui décide de sa vie morale. Il intervient d'autant plus dans la réflexion, où il fait comprendre, mieux que cela n'a été possible auparavant, le rôle, dans la morale concrète, du grand homme moral, de l'inventivité et du sentiment. Nous l'avons vu, de tels individus sont d'ordinaire « méconnus », persécutés, honnis par la majorité de leurs contemporains, par la société organisée de l'Etat, par les défenseurs de ce que la communauté considère comme sacré, inviolable, indiscutable au sens propre de ce dernier mot. Or, c'est précisément cette hostilité et la crainte qu'elle révèle et cache en même temps qui montrent la grandeur de leur victime : on ne prendrait pas au sérieux le grand homme si l'on n'avait pas été touché et saisi par ce qu'il dit et fait. Un voleur, un assassin, un escroc jouent des rôles connus, voire prévus par les règlements de la société ; on se contente, sans émotion aucune, de les remettre entre les mains de qui de droit. Si la possibilité existe, on agit, il est vrai, de même envers le novateur (novateur en un sens presque ironique, puisque ce novateur ne fait que prendre au sérieux la morale de la communauté), et les tribunaux se trouvent parfois chargés de débarrasser de ce gêneur les membres de la communauté. La différence n'en est que plus frappante : la communauté peut détester tel assassin dont le crime révolte et dégoûte parce qu'il a touché à un individu vénéré ou protégé par le sentiment, elle ne le haïra pas, tandis qu'elle montre de la haine à l'endroit de celui qui, accomplissant tout ce que la morale exige, semble la moquer en agissant trop bien selon elle, tout en tenant des discours qui semblent mettre en question cette morale. Aux yeux de tout gouvernement qui prétend défendre une morale concrète, le criminel de droit commun, comme on dit, est moins dangereux que celui qui se rend coupable de crime « idéologique » : les calendriers de toutes les églises, pour séculières qu'elles soient, inscrivent des noms de parricides, jamais celui d'un hérétique. Mais c'est aussi pourquoi de tels hommes finissent parfois avec l'auréole des fondateurs, à l'extérieur de leurs communautés, ou après leur mort, quand la communauté s'est transformée : leurs actes, qui avaient semblé nier tout ce qui était solide, accrédité, nécessaire, leurs discours qui avaient paru démolir tout sens de la vie humaine, tous leurs gestes se présentent maintenant comme l'expression d'une volonté plus raisonnable, plus universelle, plus humaine, plus juste, plus morale, et l'ancien infidèle devient le maître des générations à venir.

Cette révolution de la pensée morale ne se distingue pas de l'apparition de la question morale qui, en effet, est essentiellement révolutionnaire. Son concept, cependant, ne naîtra que dans des communautés caractérisées par l'existence d'une conscience historique, plus exactement, par une conscience qui a retenu qu'elle-même est le produit du changement, qui sait que sa morale n'a pas existé depuis toujours, *ab initio*, qu'elle est mouvante et a besoin de fondements, qu'elle ne va pas de soi à la manière de qui est en dehors de l'histoire et de l'action humaine. Une telle morale s'oppose aux morales *évidentes*, elle connaît sa date de naissance, les noms de ses fondateurs, des réformateurs qui, aux moments décisifs, l'ont sauvée, ranimée, redressée, des saints qui l'ont vécue dans toute sa pureté ; aussi n'ignore-t-elle pas qu'elle n'est pas immortelle, qu'elle n'est pas parfaite : on attend toujours le révolutionnaire moral, dans l'espoir ou dans la crainte, sans que l'on soit à même de dire, quand il paraît, où résident, concrètement, chance et péril, si l'on a affaire à un génie ou à un détraqué, à un futur saint ou à un criminel présent.

De là, une double tentation : celle de persécuter tous ceux qui s'écartent tant soit peu de la voie du conformisme, celle de proclamer sauveur et prophète n'importe qui, à condition qu'il dise du neuf ou qu'il agisse seulement d'une manière qui offre aux interprètes de ses actes la possibilité de développer une nouvelle morale dont il sera le héros exemplaire et muet. Ce qui décide entre les deux, c'est l'histoire. Constatation évidente, mais aussi constatation inutile aussi longtemps qu'il s'agit de morale vécue. Celui qui aura fondé une morale plus pure, plus universelle, sera justifié ; celui qui aura travaillé à la décomposition de la morale existante sans la remplacer, qui aura déclenché le mécanisme aveugle de la violence, aura été immoral et son nom disparaîtra des annales de la morale : sans doute. Mais l'homme se présente aujourd'hui, c'est maintenant qu'il faut prendre position : je ne vis pas de futur antérieur, et je ne puis attendre que l'histoire se soit prononcée, d'autant que c'est elle qui attend que je me prononce et que son jugement sera constitué par le mien et celui de mes pairs. Il n'y a peut-être pas d'occasion qui exige davantage de courage prudent, qui l'impose plus clairement comme devoir ; on n'échappe pas à la décision et au choix : encore que j'essaye d'agir comme si je n'avais pas de choix à effectuer, comme si la question ne me regardait pas, je me serai décidé par mon abstention même et me serai rangé du côté du bien ou de celui du mal, selon le résultat.

On répondra que, de cette façon, on revient au point de vue du futur antérieur : le résultat futur n'intervient-il pas, et essentiellement, dans mon choix présent ? Si je ne peux pas ne pas choisir, si, pour agir moralement, je ne peux pas éviter de prendre en considération les conséquences de mon choix, mon aujourd'hui ne sera-t-il pas déterminé par ce qui n'est visible que si je me place au point de vue, imaginaire, d'un avenir qui aura vu ce que ma décision a produit ou contribué à produire ?

Toute plausible qu'elle est, cette objection recèle une erreur dont les conséquences portent loin. Chaque action et chaque décision visent l'avenir ; elles ne visent pas pour cela l'avenir du point de vue de l'avenir, elles le visent de celui du présent, observation banale, mais oubliée par l'objection. Il est vrai que l'histoire décide de la moralité de mes actes ; mais cette histoire n'est pas celle qui sera écrite quand mon présent et son avenir, essentiellement ouvert, c'est-à-dire, indéterminé pour moi et à déterminer par moi, se seront transformés en passé figé, c'est celle que je fais aujourd'hui. Ce qui entre dans ma décision, c'est l'anticipation des résultats, non l'anticipation d'un jugement futur sur mon futur passé et mon passé futur. Je dois prévoir les résultats ; mais rien ne m'oblige à prévoir ce qui est, par sa nature même, imprévisible, à savoir, l'appréciation de mes décisions et actes par quelqu'un — et ce quelqu'un pourrait bien être moi-même à un moment ultérieur de ma vie — qui disposera de données aujourd'hui inaccessibles et inexistantes et qui jugera selon des critères moraux autres que les miens, autres précisément parce que ma décision présente sera intervenue dans leur formation. Cela oublié, il devient facile d'excuser n'importe quoi par l'appel à l'histoire future, de s'autoriser à faire n'importe quoi sous prétexte que l'histoire saura bien en tirer un résultat souhaitable et souhaité — croyance qui, d'ailleurs, n'aura pas tort, mais n'apporte rien au présent : à moins que l'humanité ne se détruise, il est évident qu'elle saura toujours s'arranger avec son passé et que nul acte ne saurait arrêter son cours, bien plus, que tout acte y aura contribué positivement, cette positivité du passé étant créée par l'homme qui le considère et s'y retrouve parce qu'il veut s'y retrouver — simple tautologie qui, affirmant seulement que tout ce qui ne détruira pas l'humanité aura joué un rôle dans sa survie, permet tous les choix et n'en justifie aucun[1].

1. Une des racines de la morale des intentions, et non des moindres, se trouve ici. C'est la protestation, parfaitement juste, mais d'ordinaire très mal exprimée, contre l'historisme en morale, le refus, en un mot, de faire le mal dans l'espoir que le bien s'ensuivra. Tout en ayant raison, l'attitude s'égare, cependant, en ce qu'elle définit le mal d'une façon insuffisante : elle le voit seulement, mais aussi toujours, là où la décision ne met pas la conscience de l'individu à l'abri de tout conflit ultérieur, de tout regret possible, et elle cherche une telle garantie, non dans l'acceptation raisonnable et courageuse du risque moral inévitable dès qu'il est question de résultats et de conséquences, mais dans le refus de toute prévision autre que celle, nécessairement trop étroite quand il s'agit d'action, des suites que comporte la maxime pour la cohérence du discours et la non-violence du monde des hommes. Elle est ainsi poussée vers une sorte d'angélisme de la morale et de diabolisme du droit, parlant en morale comme

*e.* Reste à savoir comment je me décide alors — question à laquelle on ne répondra pas sans un nouveau retour en arrière. Le fait est que, dans la vie morale, les choses se passent d'ordinaire d'une façon plus simple que les discussions des philosophes de la morale ne le donnent à penser. Ce *d'ordinaire* a son importance : la réflexion morale, et cela est compréhensible, s'occupe la plupart du temps des cas *extraordinaires*, les héros moraux du passé l'inspirent beaucoup plus que ce qui se fait tous les jours. Il faut avouer que Socrate est un personnage plus intéressant pour le philosophe que son voisin de palier. Mais la morale n'a pas principalement affaire aux Socrate ; elle apprendra d'eux beaucoup, peut-être l'essentiel ; ce n'est pas à eux qu'elle s'adresse. L'héroïsme ne s'inspire pas toujours de la seule morale, il agit aussi par l'attrait du tragique, à moins que ne soit pas cet attrait qui séduise, mais la gloire et la puissance auxquelles il a mené (parfois). En tous cas, les Socrate ne semblent pas s'être regardés comme des héros, des êtres hors pair, uniques, originaux, et il se pourrait qu'il en fût d'eux comme des saints, dont on dit qu'ils ne sont jamais convaincus de leur propre sainteté, tandis que ceux qui se prennent pour des saints se trompent à coup sûr. Et si la vie ordinaire est, d'après eux-mêmes, leur vie, c'est cette vie qui doit former le sujet de la réflexion morale, encore quand il s'agit des héros, des maîtres, des hommes exemplaires : ils sont grands parce qu'ils ont influé sur cette vie ordinaire, non pour avoir voulu la détruire, et si leurs conceptions du bien et du mal ne coïncidaient pas avec celles de leurs contemporains, ce n'est pas que ces contemporains aient été plus fidèles à la morale de l'époque, c'est le contraire, à moins qu'on ne donne au terme de morale un sens purement descriptif et écarte tout jugement moral sur la morale concrète. Il est séduisant de se voir dans le rôle du révolutionnaire moral, surtout parce qu'on se débarrasse ainsi des obligations présentes ; il est plus cohérent de ce déclarer tenu par ce qui est exigé de chacun dans le monde tel qu'il est, — tel qu'il est avec les aspirations morales qui en font partie : c'est dans cette vie ordinaire, courante, journalière, que se posent et se résolvent les problèmes de la vie morale, et c'est en prenant au sérieux ces problèmes que les héros de la morale sont devenus ce qu'ils sont à nos yeux.

Cette vie se montre à chacun comme structurée. Elle suit des règles, elle possède des lois, un système d'instruction et d'éducation, elle a développé des types de comportement, défini des situations et des relations *normales*. L'individu n'est pas nu et seul, il se trouve situé,

si l'homme n'était pas mû par la violence et comme si ce n'était pas la violence qui produisît la raison qui posera le problème moral, et parlant, quand elle traite du droit, c'est-à-dire, de la morale concrète formalisée, comme si l'homme n'était pas *aussi* raisonnable, comme s'il était pure brute à contenir par les moyens de la violence, sous le joug d'une raison qui ne sera jamais la sienne. Cela ne l'empêche pas d'avoir raison contre l'historisme, quand elle déclare que je dois décider ici et maintenant et qu'il n'existe aucune excuse pour la volonté du mal, la mauvaise volonté, celle de la violence.

dès sa naissance, dans un contexte moral, il vit cette structure dès qu'il commence à penser, à parler, à agir. Il n'est pas pure subjectivité, il est, pour employer une expression familière et pleine de sens, quelque chose dans la vie. Certes, il n'est pas nécessairement que cela, il peut être, pour parler le même langage, quelqu'un (ce qui, à la limite, le mènera aux rôles de fondateur et de héros), quelqu'un qui, à sa place dans le système concret de la morale historique, fait plus et autre chose que n'exige cette position. Mais il n'est quelqu'un qu'en étant quelque chose, qu'après avoir acquis, plutôt occupé, sa place dans la communauté, peut-être, à la rigueur, après avoir créé cette place, mais qui ne sera vraiment créée qu'au moment où elle sera reconnue comme telle par ceux avec lesquels il vit.

Une tradition presque oubliée a traité des obligations qui naissent ainsi sous le titre des *devoirs d'état* — tradition presque oubliée depuis que la découverte du critère de l'universalité a obscurci le fait que l'universalité ne devient réelle et agissante qu'à travers la médiation de la particularité, de la morale concrète, depuis que la réflexion a été d'un extrême, celui du scepticisme et du naturalisme, à l'extrême opposé. Elle n'en est ni réfutée ni dévaluée. Bien au contraire, sans elle, toute vie morale devient non point impossible (car elle oppose une forte résistance à la réflexion partout où cette réflexion, si elle était prise au sérieux, détruirait toute possibilité de vie non-violente), mais incompréhensible. Il est vrai que tout homme constitue, en tant que sujet raisonnable, la valeur absolue pour la morale, que tous les individus raisonnables, parce que raisonnables, ont droit à la reconnaissance de leur dignité, que l'homme, selon la morale, ne peut jamais devenir simple outil aux mains d'un autre, que toute maxime est mauvaise qui n'est pas universalisable sans que la cohérence du discours et la paix sociale en soient détruites. Mais la seule pauvreté des exemples qu'apportent les systèmes de la pure intention et de la maxime morale montre que leur principe ne suffit pas, tout vrai qu'il est ; personne n'a besoin d'un traité pour apprendre qu'il ne doit pas tuer ou voler et qu'il doit restituer le dépôt qu'on lui a confié. Les questions qui se posent en fait sont d'un type tout autre. Lequel de deux malheureux dois-je secourir, si je n'en peux aider qu'un seul ? A qui dois-je ma fidélité si la communauté et la famille me demandent des services différents et que je ne peux pas rendre en même temps ? Dois-je, puis-je faire de la peine à un être humain si cette peine, à mon meilleur jugement, lui sera utile, ou dois-je la lui épargner en me disant qu'il trouvera tout seul le bon chemin et que mon intervention procéderait d'une prétention inadmissible ? Dois-je, quand il s'agit de moi et des miens, sacrifier le présent à l'avenir, dois-je préserver ce présent, dans la conviction que je ne peux pas prévoir avec certitude ce qui résultera de mes actes, ou suis-je lâche en raisonnant ainsi et fais-je fi de toute prudence ? A de telles questions, qui se posent dans la vie de tout homme, pas plus que l'historisme le principe de l'universalité n'apporte de réponse. Sans doute, par opposition au premier, le formalisme reste valable, et toute action dont la maxime ne correspondrait pas à son critère serait nécessairement immorale. Mais l'obligation de ne pas agir de façon que je ne puisse pas raisonnablement vouloir que tout homme à ma place et dans ma situation agisse de même ne me renseigne pas le moins du monde sur ce que j'ai à faire, étant donné que j'ignore ce que tout homme doit faire dans cette situation.

On irait au-devant d'une déception si l'on supposait que la question qui est ainsi posée permît de *dépasser* le formalisme : la philosophie morale est incapable de fonder telle morale concrète, elle trahirait la liberté et la responsabilité de l'homme, si elle voulait indiquer autre chose que l'inadmissible. Mais le formalisme a des degrés, et il est très capable de se déterminer pour aller de l'universel au particulier : on l'a vu plus haut. Il ne cessera pas d'être ce qu'il est, à savoir formalisme ; mais la forme, pour user de termes qui sont ici à leur place, peut déterminer le contenu auquel elle se réfère (d'autant qu'il n'existe que grâce à son entrée dans la forme). La morale universelle n'exige pas seulement l'existence d'une morale particulière, elle ne se contente pas de constater que l'homme, comme on dit, est toujours en situation ; elle exige de toute morale qu'elle pense les situations, les rapports d'individu à individu, les questions typiques qui se posent ou peuvent se poser à qui adhère à cette morale, les devoirs précis de l'homme qui se trouve à telle place, dans tel rôle, tel personnage. Aristote a raison de donner tort au Socrate du *Gorgias* : il ne suffit pas de savoir définir *la* vertu, entreprise trop facile pour le spécialiste des généralisations ; il faut dire ce qui est vertu pour l'homme adulte, la femme, l'enfant, le père de famille, le fonctionnaire, le commerçant. Une fois la question née, la morale concrète doit être pensée selon ses propres concepts, dont, aussi longtemps qu'elle n'est que vécue, elle ne possède ni ne donne la conscience, faisant ainsi, malgré elle, le jeu de l'arbitraire et, par conséquent, de la lutte violente des individus entre eux.

Nous n'entreprendrons pas ici le développement de la morale concrète de notre époque et de notre communauté. Ce n'est pas que la tâche soit impossible ou de petite utilité, au contraire. Mais les communautés modernes se caractérisent par le fait qu'elles développent elles-mêmes cette morale dans des discours de rhéteurs, hommes d'Etat, journalistes, romanciers, politiciens (et où la réflexion sociologique trouve une abondante matière à analyses) ; elles l'ont même développée depuis longtemps en concepts, dans la mesure où elle peut y être amenée par la loi et la juridiction : tout procès, au civil autant qu'au pénal, amène le tribunal à formuler ce que la communauté considère comme moralement justifié, prescrit, inadmissible, encore là où les lois se taisent ou se limitent à des déterminations intentionnellement assez vagues pour laisser une place à ce qu'elles appellent l'appréciation des juges. Il est, certes, vrai que le jugement ne constitue pas la morale, mais en découle ; il l'exprime cependant, et que la communauté en ait le sentiment le plus vif, l'intérêt que tout le monde prend aux récits des procès « retentissants » le montre suffisamment. Les discussions populaires à leur sujet (qui ne sont pas exclusivement le fait de ceux qu'on nomme les gens du peuple) sont souvent confuses, déviées par toutes sortes de facteurs passionnels : la pensée ne sort pas de la pensée, mais de ce qui ne l'est pas, quoique la pensée du passé informe la passion du présent ; la morale se pense néanmoins dans les sociétés modernes, bien plus, elle y a créé ses propres organes de pensée.

Cela ne rend pas superflue la réflexion philosophique, loin de là : que tels rôles, telles attitudes, telles coutumes existent dans telle communauté et y comportent tels devoirs, ce n'est que la constatation d'un fait dont tiendra compte le jugement des juges ; mais cette tradition ne sera pas nécessairement justifiée en raison et morale par ce jugement, il se peut qu'il soit déraisonnable et immoral de laisser subsister tels rôles sociaux et que la communauté fasse un tort impardonnable à ceux qu'elle force à les jouer. Cependant, ce qui s'exprime ainsi comme critique morale de la morale existante, c'est la morale pure de l'universalité, — et elle est tenue à la prudence, non seulement au courage : elle doit se formuler, se penser, par rapport à cette morale qu'elle critique et en son cadre. Elle ne fait donc que penser cette même morale d'un point de vue supérieur, mais qui ressortit à cette morale : il s'agit d'inventivité prudente et courageuse. C'est ce qui fait que la discussion morale vivante peut être guidée et dirigée par la philosophie morale (qui en est née), mais que la philosophie ne peut rien lui prescrire : elle l'aidera, de façon décisive, en lui apportant une conscience plus claire de ce qu'elle veut elle-même, en éliminant de faux problèmes, en lui permettant de reconnaître ce qui, en elle, subsiste de passionnel, elle ne la remplacera pas par des décisions absolues et des règles passe-partout. Elle peut et doit montrer le sens et la nécessité de cette discussion, elle ne s'en charge pas.

Ce qu'elle peut ainsi indiquer, c'est le rôle de ce que la tradition grecque désignait sous le nom de sagesse pratique, faculté de l'homme de discerner, grâce à l'expérience et à la réflexion, ce qui conduit au résultat voulu. Sans doute, une telle sagesse pratique est moralement neutre : le criminel habile et « sage », le grand escroc, le chef d'Etat malfaisant ne seraient pas efficaces sans cette qualité. Un lien, cependant, s'établit entre elle et la morale dès que l'homme qui la possède comprend (on a vu qu'il s'agit, du point de vue de la philosophie, non d'une compréhension, mais d'une option, qui apparaîtra cependant à l'individu en question comme l'observation d'une donnée) que la violence constitue le mal pour l'homme et pour les hommes. Cela admis, sagesse pratique et morale vivante ne peuvent plus être séparées : la volonté de non-violence est le guide de cette sagesse qui, sans elle, ne serait qu'instrument d'arbitraire.

Le concept de sagesse pratique, nous l'avons dit en en parlant sous le nom de prudence, est tombé dans l'oubli, probablement parce qu'il a trait beaucoup plus à la vie morale qu'aux proclamations de principes. Ce qu'il désigne reste pourtant indispensable, et la vie morale, telle qu'elle s'exprime quand elle parle ingénument, le reconnaît lorsqu'elle décerne ses louanges aux hommes « pleins de tact », auxquels on s'adresse avec ses problèmes personnels, qui savent donner un conseil adapté à la situation, auxquels on voudrait confier ses enfants pour qu'ils soient convenablement éduqués. Ce sont eux que les autres honorent de toutes sortes de qualificatifs élogieux et qu'ils appelleraient, si le mot n'était pas désuet, vertueux, dans le sentiment très juste qu'ils ont atteint la plus haute perfection que l'homme puisse atteindre quand il s'agit de rapports humains : formés et développés, ils savent conseiller, former et développer.

La sagesse est concrète en elle-même, elle a affaire, non à *la* situation, mais à *cette* situation. Le concept de sagesse pratique est cependant concept et, partant, formel, désignant la qualité de l'homme qui, parce que capable de décider, est incapable — autrement sa sagesse deviendrait inconcevable — de donner des règles ; mais en descendant (ou en montant), aussi près que cela est possible à la réflexion, vers le plan où la vie se poursuit, réussit ou échoue, le concept est capable de justifier dans l'universel ce qui, pour le désir de sécurité morale, restera un scandale à éliminer : la réalité des problèmes individuels, que la peur ne voudrait pas voir et cacherait volontiers derrière un système de prescriptions élaborées jusqu'aux derniers détails et, pour cette raison même, nécessairement arbitraires. La règle tue, l'esprit et le sentiment vivifient ; mais ce n'est que le concept qui découvre qu'il en est ainsi, et lui seul distingue entre le sentiment de l'esprit et la violence ivre.

C'est cette même sagesse pratique qui, en tant que critique de la morale existante, produit tout progrès d'une morale donnée vers une morale plus universelle. Aucune réforme, aucune révolution, aucun renouveau n'ont été le fait d'hommes dénués de ce sens ; celui qui ne sent pas avec le monde, qui ne comprend pas ses soucis et ses difficultés mieux que ce monde ne les comprend lui-même, n'aura pas de disciples, il n'exercera pas d'influence, il créera, au plus, une chapelle : dire que toute réforme a été en l'air longtemps avant qu'elle n'ait été réalisée n'est qu'une formule peu précise pour décrire ce rapport entre la *communis opinio* et le grand homme moral qui ne fait qu'exprimer (et, à la limite, penser) les contradictions qui existent déjà et dont tous souffrent, mais que les autres, incapables de les saisir, subissent et refusent de voir, préférant, ou tenir désespérément les positions d'un code moral que la réalité, des faits autant que des idées, a déjà rendues intenables, ou attaquer, de manière non moins désespérée, le prétendu mensonge de toute morale.

Les grands changements se produisent, quand des individus doués de sensibilité morale et de sagesse pratique rendent visibles, à ceux avec lesquels ils sont en contact, les racines jusqu'alors cachées de leur désespoir. Ils ne le feront pas au moyen de discours philosophiques, ils se contenteront d'analyser les situations particulières dans lesquelles ce désespoir apparaît, ils aideront tel de leurs proches à trouver la solution de ses difficultés, ils montreront par leur exemple que la vie peut toujours être vécue et vécue humainement. Les grands hommes de la morale ne sont que les plus grands des hommes moraux, et leur « génie » ne doit pas servir d'excuse à ceux qui craignent, comme ils disent, d'engager leur responsabilité dans les affaires d'autrui. La morale vise le bonheur et la satisfaction de l'homme moral ; pour y contribuer, chacun est également qualifié, il se peut même que, sur ce plan, il vaille mieux être le premier dans son village que le second à Rome. Dans le domaine de la morale, on est grand homme malgré soi ; on n'est pas malgré soi moral.

*f*. Une fois de plus se pose ici le problème de l'unité (ou de la multiplicité) des vertus. Que les vertus soient multiples, cela semble découler, au niveau présent, de l'existence des devoirs d'état : la situation morale n'est pas la même dans toutes les situations sociales. Qu'en revanche elle soit une et que les devoirs, au lieu de lutter entre eux, doivent s'appuyer mutuellement, cela semble être exigé par toute morale, qui, s'il en était autrement, se dissoudrait et ramènerait un état de choses où seule la violence déciderait, où seul l'arbitraire des préférences personnelles inspirerait des choix que l'individu, placé entre des exigences impossibles à concilier, ne pourrait pas éviter et ne pourrait pas, non plus, effectuer raisonnablement.

Ce qui, sous cette forme, était problème pour la réflexion, devient à présent difficulté vécue. La réflexion conclut de l'apparition d'un problème que la morale ne *va plus sans dire* ; la vie morale, elle, sent que le monde humain est hors de ses gonds, que tout est douteux et en conflit. Mais ce sentiment, loin de produire la renonciation à l'unité de la vie morale, engendre, au contraire, la quête passionnée d'une nouvelle unité, quête qui caractérise, sinon de telles époques, du moins ceux qui, en de tels temps, posent et se posent le problème moral. La morale doit être une, et ce *doit*, application du concept constitutif de la morale à la réflexion morale elle-même, garde son sens le plus fort : il ne peut pas y avoir de morale si l'unité de la morale n'est pas pensable, bien plus, si elle n'est pas réalisable. Le fait du conflit des devoirs et de la diversité des vertus particulières ne contredit en rien cette exigence, il la crée, et c'est elle qui, au sens strict, fonde toute réflexion morale et, auparavant, toute volonté de morale, qui rend présentes à la vie morale les implications du choix premier, celui de la non-violence.

Les conflits moraux existent et subsistent, c'est leur existence qui explique celle des problèmes moraux et, plus loin, du problème de la morale. La morale philosophique, c'est-à-dire, consciente, veut que ces conflits soient résolus : elle n'accepte pas de dégénérer en historisme ou en moralisme, abstractions qui s'appuient mutuellement et s'appellent l'une l'autre. Mais la morale *doit* être une : elle ne l'est donc pas — et entre temps, l'homme moral veut vivre et vivre moralement, dignement, humainement. Il est, sans doute, tenu de travailler à l'avènement d'un monde dans lequel chacun soit reconnu comme être responsable, libre et digne de respect ; mais pour agir moralement, il n'a pas le droit d'attendre que ce but soit atteint. Or, dans le monde tel qu'il est, les exigences qu'on appelle celles de la vie nous lient les mains et font que nous ne pouvons pas accomplir tout ce que nous voudrions, tout ce que nous devrions faire : entre nos devoirs, non seulement entre nos désirs, nous devons choisir et souvent nous sommes forcés de courir au plus pressé et de préférer le devoir le plus immédiat. Supposons qu'il ne puisse pas y avoir de contradiction entre des maximes dont chacune serait conforme au principe de l'universalité ; reste le problème de savoir si, dans toutes les situations, il est possible de découvrir de telles maximes, si je peux dire, une fois pour toutes, qu'il faut préférer le devoir du citoyen à celui de l'ami, que je dois restituer n'importe quel dépôt, même une arme à celui qui, dans une crise de dépression, veut la reprendre pour se donner la mort. Certes, je peux me donner de telles règles de conduite, je réussirai peut-être à mettre ma conscience à l'abri de tout scrupule, sûr que je pourrai toujours me dire que j'ai agi selon ma règle et que cette règle était bonne. Mais comme d'autres suivront d'autres voies et que leur conscience sera tout aussi tranquille que la mienne, j'aurai travaillé, non à l'harmonie et à l'unité du monde des hommes, mais à son déchirement.

Il peut paraître décevant que la morale, dès qu'elle regarde la vie, n'apporte pas à la question ainsi posée d'autre réponse que celle qui consiste à dire qu'il faut faire pour le mieux. Cependant, ce serait une erreur que de se plaindre si le discours de la philosophie reproduit, mais avec ses raisons et sous forme cohérente, ce que le bon sens et l'expérience de l'humanité ont depuis toujours proclamé et pratiqué : puisque l'humanité dure, les deux n'auront pas entièrement tort. La déception est pour ceux qui attendent de la morale ce qu'aucune morale ne saurait fournir ensemble, la conscience de la libre responsabilité raisonnable et une série de prescriptions qu'il suffirait de suivre pour être débarrassé de cette même responsabilité. L'idée d'un monde où tout aille de soi est une idée nécessaire, le passage, inévitable, à une limite ; si un tel monde a existé, aux ethnologues et aux historiens de le dire ; qu'il ne puisse exister aussi longtemps que la conscience de la liberté de l'homme restera vivante, cela est une affirmation évidente, étant donné que cette liberté peut, à chaque moment, se révolter contre toute morale concrète, et, pour parler le langage de la philosophie réflexive, doit toujours la citer devant le tribunal de la morale pure pour la juger selon le critère de l'universalité. Rien ne permet de déclarer que jamais un monde de la certitude morale ne puisse renaître ; bien plus, l'effort moral en vise la réalisation et la postule possible en dépit de tout ce qu'allègue une expérience qui s'appelle morale parce qu'elle ne peut même pas concevoir la morale. Mais la question morale ne se pose que dans un monde déchiré, et c'est là que les questions morales attendent et exigent leurs réponses. Seule la sagesse pratique les donnera, sentant — ou pesant consciemment, si elle est consciente, car elle ne l'est pas nécessairement — le risque qu'elle accepte en chaque cas et à chaque moment, la responsabilité qu'elle assume, mais aussi la dignité qui, par ce risque même, est la sienne. Il n'existe pas de solutions définitives. Le reconnaître est banal, du moins devrait l'être et le serait si moralisme et historisme, sentimentalité et abstraction n'avaient pas rendu respectable ce qui essentiellement ne l'est pas, le retranchement sur des positions où l'individu peut déclarer, quelles que soient les conditions morales et les tâches, qu'il en a fait assez quand il a parlé des problèmes en toute leur grandeur tragique et dit que la solution de ces problèmes est au-dessous ou au-dessus de lui : il existe des moments dans l'histoire où le rappel d'une banalité est nécessaire.

Il n'y a pas de morale valable sans universalité formelle ; le terme *valable* le montre, puisque n'est valable que ce qui est universel, le non-universel étant, par nature, l'arbitraire, qui n'accède, si toutefois il y accède, à l'universel qu'à la suite de la lutte violente dans laquelle il perd précisément son caractère de non-universel. Le principe de la morale pure fonde, pour la philosophie, la validité de toute morale concrète, qui n'est morale, une fois éveillées la conscience et l'exigence de l'universel, que dans la mesure où elle réalise ce principe. Mais le principe de la morale n'est pas la totalité de la vie morale, et ce qu'il informe est autre que lui-même, sans quoi il ne serait pas principe. Il distingue la vie morale de la vie immorale, de la violence, du désir immédiat, de l'intérêt non éduqué : mais il n'est principe qu'en ayant affaire à la vie, à ce qu'il juge et qui n'est jamais définitivement adéquat à son exigence. Il n'y a pas de morale sans universalité, il n'y a pas de vie morale sans sagesse pratique, sensibilité, prudence, courage.

23. *La vie morale parfait la vie de l'individu, qui en elle atteint à la* vertu *et au bonheur.*

*a.* Le terme de vertu, qui apparaît dans la thèse, y est pris dans le sens qui lui a été donné plus haut *(cf.* § 21 *a)*, mais qui n'apparaissait alors que négativement, en opposition à un autre usage du même terme, dans lequel il signifie l'*habitus*, l'attitude permanente de celui qui agit selon tel devoir particulier. Ces vertus, multiples, quoique reliées entre elles, peuvent être en conflit, non au niveau de l'analyse réflexive, où elles ne sont pas seulement conciliables, mais s'appellent les unes les autres, mais à celui de la vie morale. Bien plus, les dernières analyses ont montré que, dans la réalité de cette vie, les devoirs de l'un ne sont pas ceux de l'autre, que le concept formel reste incapable de trancher les conflits entre devoirs et de supprimer leur compétition, que la situation de chacun, différente de celle de tout autre, comporte des exigences particulières, à la limite individuelles. Or, il semble difficile d'abandonner ce sens du mot : ce n'est pas seulement qu'il se trouve depuis les débuts de la philosophie morale, c'est également qu'on ne saurait le remplacer dans cet emploi, où il désigne les perfections, partielles mais réelles, de l'individu à sa place dans le monde moral dont il fait partie. Cependant, si la morale vise le bonheur, si l'individu qui se pose le problème de la morale vise non seulement le bonheur, mais son bonheur, si, d'autre part, ce bonheur ne peut être à sa portée à moins que sa vie ne soit informée par la morale, si, pourtant, la possession de ces qualités ne suffit pas à le rendre heureux, si même la volonté de vertus, au pluriel, peut devenir source d'anxiété et de souffrance, le mot devra conserver la signification que, également depuis les débuts, il a toujours possédée en plus de celle dont le langage courant se contente, celui de perfection de l'individu dans le bonheur de cette perfection.

En première approximation, on dira que *les* vertus sont vertus pour les autres, vues et estimées par les autres, importantes pour l'individu dans la mesure où elles lui permettent d'agir correctement, tandis que *la* vertu, au sens de perfection, concerne l'individu, est vertu et perfection pour lui, perfection vécue dans le bonheur. Regardé de plus près, le terme de vertu, dans l'acception « normale », désigne certains traits, aptitudes, façons d'agir, caractéristiques qui, désirables aux yeux de la morale concrète, font considérer leurs possesseurs comme utiles, respectables, supérieurs sous tel ou tel rapport : celui-ci est honnête, celui-là courageux, le troisième bon père de famille, etc. Le catalogue de telles vertus fournit le portrait de la morale historique, étant le catalogue de ses valeurs, comme on dit (d'ailleurs incorrectement, puisqu'il n'existe que deux valeurs, le bien et le mal, et que ce dont il s'agit ici est la liste des choses appréciées positivement ou négativement). L'individu, en ce sens du terme, possède des vertus comme une plante possède des vertus médicales ; aussi la plupart des morales non philosophiques et non théologiques, probablement leur totalité, ne distinguent-elles pas vertus morales et qualités qui ne dépendent pas des décisions de l'individu et, dans le cas le plus favorable, ne lui seront que difficilement inculquées par l'éducation, telle l'intelligence, un tempérament tranquille ou plaisant, un cœur sensible ou courageux. Ce serait une erreur d'y voir un égarement de la morale historique : au contraire, l'utilité du membre de la communauté n'est pas fonction de sa seule bonne volonté, l'individu lui-même a affaire à lui-même dans sa volonté d'être moral, et les indications que lui prodigue le monde lui apportent des éclaircissements sur ce que, en lui-même, il doit dominer ou cultiver. La communauté ne se trompe qu'aux moments de crise profonde sur ce qui est requis ou utile pour faciliter la vie en commun ; l'individu, toujours donné pour lui-même, n'est jamais absolument donné, déterminé, fixé, et peut ainsi se moraliser à l'aide des jugements que le monde porte sur lui.

Mais c'est là la morale du jugement, qui ne se réfère pas consciemment au principe premier de la morale, au bonheur de l'être raisonnable et fini. Ce qu'ainsi elle ne voit pas, c'est qu'elle est essentiellement morale pour les autres et qu'elle ne promet à l'individu qui y adhère que des satisfactions, lesquelles, en effet, dépendent des autres : elle ne sait pas poser la question du bonheur, elle ne sait que se heurter à l'absence de ces satisfactions que, il est vrai, rien ne garantit à l'individu, quand bien même il posséderait toutes les vertus, et elle se scandalise de ne découvrir aucun lien entre vertus et bonheur. *La* vertu de l'individu ne se trouve pas, ni ne se cherche, sur ce plan. La morale concrète reste, sans doute possible, la base de la vie morale, elle représente, sans que cela soit une simple image, ce fondement de toute morale qu'est la société des hommes travaillant et luttant contre le besoin naturel ; mais ce n'est pas son concept de la vertu, qualité appréciée, qui puisse guider l'individu à la recherche du bonheur.

Il ne le peut pas parce qu'à ce niveau, en effet, les devoirs et, partant, les vertus sont constamment en concurrence : on ne peut pas tout avoir et tout faire, on ne peut pas, non plus, être tout en même temps. La sagesse pratique choisit entre les devoirs particuliers, elle choisit de même entre les vertus : il faut connaître ses dons et ses possibilités, réfléchir sur ses penchants, se décider entre les différentes voies qui s'ouvrent au développement de la propre personnalité. Ce sera le sentiment éclairé par la réflexion et l'expérience qui fera ce choix ; l'individu n'est pas, dans ce rapport avec soi-même, mieux situé, ni d'ailleurs plus mal, que l'éducateur devant l'enfant pour lequel on lui demande d'être juge et guide. Reste à savoir vers quoi il veut et doit être guidé, vers quoi il doit vouloir être guidé ; et cette question exige une réponse autre que le simple renvoi à la sagesse pratique ; elle renvoie au concept du bonheur et à celui de vertu, mais vertu qui ne se présente qu'au singulier, puisqu'elle désigne la perfection vécue de l'individu en sa totalité une.

*b.* Seul l'homme heureux est vertueux. La thèse ne paraîtra surprenante qu'à celui qui méconnaît le but de toute morale de l'individu, morale pour l'individu développée par l'individu même, ou qui oublie qu'elle ne fait que répéter la plus courante des thèses traditionnelles, celle qui veut que seule la vertu rende heureux, tandis que la conversion d'une proposition de ce type constitue une des opérations les plus simples de la logique. Si, néanmoins, la formule surprend, c'est que l'ambiguïté des termes de vertu et de bonheur produit les apparences d'un paradoxe, voire, d'une contradiction : qui ignore que l'homme vertueux peut être pauvre et malade, que l'homme riche et puissant, dans l'abondance de tous les biens, peut être méchant ? Confusion entre satisfaction et bonheur, on vient de le voir, entre vertu-qualité et vertu-bonheur. Mais encore qu'on l'évite, on sera tenté de dire que, tout au plus, le bonheur constitue la *causa cognoscendi* de la vertu, et que celle-ci restera toujours la *causa essendi* de celui-là. En un certain sens, une telle remarque se justifie : on ne peut être heureux qu'à condition d'être vertueux (le malheur des hommes seulement satisfaits est d'une observation trop courante pour que, après toutes les analyses des sociologues, des éducateurs et des psychiatres, on doive insister). Mais *vertu*, dans ce contexte, désigne les vertus dites morales. En d'autres termes, philosophiquement plus corrects, on n'est donc pas heureux sans avoir accompli, sans accomplir son devoir et ses devoirs. Cependant, la condition du bonheur n'est ni bonheur ni même cause de bonheur, pas plus que la morale n'est la vie morale, bien que celle-ci n'existe pas sans celle-là (fût-elle, au lieu de pensée personnelle, pensée incarnée dans les institutions et les mœurs de la communauté) : l'homme peut obéir à la loi et aux lois et, sa vie durant, ressentir cette obéissance comme un joug, une servitude, noble, certes, mais pénible au plus haut degré. Le bonheur ne naîtra que là où la fidélité à la loi et à la morale n'est plus obéissance, où l'individu désire faire ce qu'il veut (en tant qu'être raisonnable) et à quoi il serait tenu s'il ne le désirait pas. Le but de toute vie morale n'est atteint que par l'homme réconcilié avec lui-même, être passionné et être raisonnable : seul l'homme heureux est vertueux, et il ne l'est pas parce que la vertu produirait le bonheur en lui comme quelque chose d'autre qu'elle-même (nous ne parlons pas du point de vue de la biographie, où les vertus morales précèdent le bonheur, comme la jeunesse précède l'âge adulte) : le bonheur est la vertu, la vertu est le bonheur de l'être raisonnable en son existence finie et conditionnée.

C'est donc une vue à la fois juste et profonde qui, d'Aristote à Descartes, voit la vertu principale en ce qu'elle appelle la magnanimité (ou la générosité). C'est elle qui parfait, c'est en elle que se parfait la vie de l'homme moral. Elle n'est pas une vertu, elle est, à proprement parler, la vertu. Certes, l'expression est dangereuse : la conception de la vertu qui est celle du moralisme domine le sentiment de l'époque à tel point qu'il est difficile de s'en affranchir. Or, cet usage révèle un pessimisme, curieux du point de vue de la morale, naturel quand il s'agit d'observation, qui considère déjà comme remarquable l'individu qui fait ce qu'il est tenu de faire et qui évite ce qu'en conscience il ne peut pas vouloir faire. La vertu n'existe pas en l'absence des vertus ; l'inverse — on est tenté d'ajouter : hélas ! — n'est nullement vrai : l'homme du devoir accompli peut être malheureux, et non dans ce sens, banal, que sa « vertu » ne lui apporterait pas nécessairement toutes les satisfactions de son monde, celles auxquelles tout homme de ce monde a droit, mais dans cet autre, qu'il n'est pas heureux en lui-même, quand bien même, en dehors de sa bonne conscience, il posséderait tout ce que l'on peut souhaiter.

L'homme heureux n'est pas seulement au-dessus de tout ce que l'extérieur peut lui offrir ou refuser ; il est encore au-dessus de ses propres « vertus ». Les devoirs, il les accomplira, mais il n'en tirera aucune fierté : ce n'est pas un mérite d'être honnête, véridique, courageux, maître de ses passions et désirs, il est déshonorant de ne pas l'être. La grandeur d'âme ne consiste pas dans l'observation des devoirs, elle la présuppose comme allant de soi. Ce qui caractérise l'homme magnanime, c'est qu'il fait preuve, quelles que soient les circonstances, de la plus haute exigence envers lui-même, tout en ne retirant aucune fierté, soit de l'exigence, soit du fait qu'il vit et agit en accord avec elle. Il est, au sens du monde, au-dessus de lui-même : ce n'est pas ce qu'il fait qui l'intéresse, aussi longtemps qu'il n'a pas dérogé ; ce n'est même pas ce qu'il est, si l'on entend par là ce qu'il est au jugement des autres, les qualités qu'il possède, la place qu'il atteint dans l'estime de ses contemporains : ni les louanges ni les récriminations ne le touchent, sinon dans la mesure où elles peuvent l'éclairer sur les autres et ainsi lui indiquer ce qu'il peut et doit faire à leur égard et dans leur intérêt. Il ne tient qu'à une chose, à n'être pas en désaccord avec soi. Il ne se prend pas pour un héros ou pour un saint ; il sait trop bien qu'il est un être humain, besogneux, plein de passions, de violence ; il accepte le sort commun de l'humanité, et c'est à sa place d'homme, dans la nature et dans l'histoire, qu'il veut s'accomplir. Il se donnera sa forme, lui-même à lui-même, *informant* sa nature, sa sensibilité, tout ce qu'il porte en lui, ce tout dont chaque élément est, et restera toujours, à la fois possibilité du bien et tentation du mal ; et il ne se donnera pas cette forme en cherchant un modèle à imiter (quoique ce soit le contact avec des modèles vécus et vivants, qu'ils soient historiques ou imaginaires, qui lui permet de se former), mais en cherchant, toujours à tâtons et toujours lucidement, un équilibre intérieur qui soit le sien et ne soit que le sien (bien que la vue de l'équilibre atteint par lui soit ce qui contribue le plus à le faire chercher par d'autres, mais pour devenir eux-mêmes, s'ils le comprennent, s'ils se comprennent). Il sait qu'il n'y arrivera pas sans accomplir ses devoirs ; il sait aussi que cela ne suffit pas et que ce que la tradition appelle morale et ce qu'elle en distingue sous le titre de sens esthétique, artistique, poétique sont inséparables. Il veut réaliser, et il peut réaliser, l'humanité de l'homme, non abstraitement, mais d'une façon qui le contente dans toute la mesure où un être besogneux peut être contenté, façon qui n'est pas arbitraire, parce que sa vie est reconnue comme vie bonne par ceux qui, comme lui, cherchent, le feraient-ils avec un sentiment moins clair que lui, le respect d'eux-mêmes dans l'équilibre de tout leur être. Il n'est pas plus qu'homme, il est plus homme que ceux qui vivent dans la satisfaction de l'animal et pour la lutte des désirs arbitraires.

*c.* Il est évident, une fois de plus, que, même à ce point où elle développe ce qu'une vue extérieure regarderait comme un *idéal* parmi d'autres, la morale reste formelle et désigne ce qu'elle ne peut ni ne peut vouloir nommer qu'en des termes que remplira seulement l'individu dans sa vie, — d'autant plus évident que, à cet endroit, la description conceptuelle en montre le pourquoi : le reste appartient au sentiment et à la force poétique de l'individu. Aussi n'y a-t-il rien à ajouter, sinon une sorte de preuve indirecte par la critique de certaines conceptions adverses.

La plus importante, parce que la plus courante, affirme qu'on prône ainsi un idéal aristocratique. On accepterait volontiers cette remarque, si elle voulait simplement dire que la morale est là pour produire des êtres meilleurs que des êtres immoraux. Mais comme une telle platitude sera admise comme vraie même par ceux qui nient l'existence d'une philosophie, et comme, aux yeux de tout le monde, les bons valent mieux que les mauvais et les méchants, — les différends naissent quand il s'agit de dire qui (et quoi) est bon ou mauvais —, la remarque signifie probablement autre chose, à savoir qu'on exige de l'individu trop et que le commun des mortels n'a pas la moindre chance d'atteindre cette vertu et ce bonheur. Il faut alors distinguer. Si l'on veut dire que le monde actuel n'est pas moral, on l'accordera ici autant plus volontiers qu'on a insisté, à plus d'une reprise, sur ce qu'il y a d'immoral dans toute morale concrète et dans la nôtre en particulier (sans quoi le problème de la morale ne se poserait pas pour nous), et que l'on a discerné, dans la morale pure de l'universalité, l'exigence fondamentale d'une critique de l'insuffisance du système moral particulier (ou, car cela revient au même, de la société particulière) : il est un fait que, pour beaucoup d'êtres humains, la question de la vie bonne n'existe pas, pris comme ils le sont dans les soucis de la vie et de la simple survie. Mais cela n'enlève rien à la thèse : la survie n'a pas de sens en elle-même, et pour qu'elle puisse devenir sensée, il faut un concept autre qu'arbitraire de la vie bonne. Ce qu'on incrimine comme aristocratisme est, au contraire, exigence de chances égales pour tous et pour chacun : à vrai dire, toute pensée philosophique au sujet de la politique naît à partir de cette exigence qui, pour elle, devient problème à résoudre. Mais cette solution n'incombe pas à la morale : elle oublierait sa nature et son but, si elle voulait l'assumer et elle tomberait inévitablement dans l'historisme moral : pour elle, il s'agit de la possibilité pour tout individu de trouver, dans son existence finie, dignité et sens.

Cependant, une autre interprétation de la même critique se rencontre assez souvent (sinon dans les discussions philosophiques, qui trop fréquemment refusent de descendre sur un plan aussi terrestre). Comment veut-on, dit cet argument, que tout individu accède à cette dignité, à cette vertu, à cette grandeur d'âme, étant donné que la plupart des hommes ne sont ni suffisamment intelligents, ni suffisamment cultivés pour comprendre de quoi il s'agit ? Certes, une telle vie, un tel idéal, peuvent convenir au philosophe, à l'homme qui vit pour, et par, l'esprit, à celui qui, loin des affaires du monde, est content d'être en accord avec lui-même et renonce, du moins en principe, à tout ce qui attire les hommes normaux. C'est un idéal d'intellectuel, d'aristocrate de l'esprit, peut-être bon et vrai pour lui, mais dénué de toute réalité pour le reste de l'humanité.

A cela, une double réponse : il n'est pas vrai, et il n'a pas été affirmé, que seule la réflexion philosophique puisse conduire à cet « idéal », bien que seule cette réflexion le révèle et montre que, et comment, il découle avec nécessité du problème de la morale : la quête peut se poursuivre indépendamment de toute réflexion philosophique, la faculté poétique de l'homme est à l'œuvre avant que la réflexion ne débute, celle-ci n'aurait jamais commencé si celle-là ne l'avait précédée, et elle ne continuerait pas si le sentiment ne l'excitait toujours de nouveau. La philosophie révèle ce qui existe et, en le rendant conscient, le transforme en transformant l'homme qui accède à cette conscience : ce sont la folie et la violence qui, ne connaissant pas l'universalité et ignorant jusqu'au concept de la vérité, s'inventent des « idéaux » arbitraires.

Une deuxième remarque peut s'appuyer sur l'expérience commune. On a toujours su, et la plupart des langues l'expriment au moyen de termes différents, qu'un homme de forte intelligence formelle peut être très peu intelligent : c'est une intelligence, ce n'est pas vraiment un homme intelligent, il lui manque un certain bon sens, dit-on, il est à côté de la question, il est abstrait, il est amusant à écouter, mais vous devez vous garder de le prendre au sérieux ou de le suivre avant d'y avoir regardé à deux reprises. De l'autre côté, on a toujours admiré le sage naturel, celui qui tombe juste par une sorte d'inspiration, va droit à l'essentiel, ne s'en laisse pas imposer par les apparences et les discours, est de bon conseil et digne de confiance — et reste, dans le domaine de *l'esprit*, inculte, ignore la littérature, n'est pas accessible à l'art, n'estime pas, ne sait même pas estimer ce que le monde, et en particulier le beau monde, porte au pinacle, ne réussit que médiocrement là où *l'on* réussit, ne semble même pas tenir à de tels succès[1]. Qu'on parle donc, si l'on y tient, d'aristocratisme : il n'y aura en cela aucune objection contre la morale, aussi longtemps que tout homme peut accéder à cette aristocratie et que la morale exigera qu'à tout individu cette possibilité soit offerte.

Il sera facile, après cela, d'analyser un autre malentendu courant, procédant de l'affirmation, parfaitement juste, que, par leur constitution ou par leur vie antérieure, certains individus sont empêchés de se moraliser, que même la morale leur réussit fort mal et les fait seulement s'enfoncer davantage dans leur malheur. Aussi les *mal-nés*, ceux qui appartiennent à la *massa damnationis, les esclaves nés* ont-ils préoccupé les morales longtemps avant les théories sociologiques et psy-

1. Le fait, intéressant au plus haut point, s'observe moins de nos jours et dans notre société, dans une très large mesure « intellectualisée », mais rares sont ceux qui ne l'ont pas rencontré. Il est vrai que les anti-intellectualistes, avec, à leur tête, Rousseau, ont tant disserté sur le bon sauvage, qui ne représente en fait que l'homme digne et heureux dans son sentiment moral éduqué et la grandeur de son âme, qu'ils ont pu en dégoûter.

chologiques modernes : certains êtres humains présentent des traits tels qu'on n'ose guère nourrir de grands espoirs à leur égard. En soi, cela ne forme pas problème pour la morale ; ou bien on déclare que ces êtres ne sont pas responsables de leurs actes et les considère comme faux hommes, des êtres à extérieur humain, privés de ce qui constitue l'homme aux yeux de la morale, la possibilité de choisir et de décider, et que, par conséquent, il convient de traiter comme d'autres phénomènes naturels déplaisants ou dangereux ; ou bien on leur reconnaît la dignité humaine, en quel cas on est amené à les juger, non comme des insectes nuisibles, mais comme des êtres humains qui ont choisi le mal, qui ont mal agi, qui peuvent mieux agir, et bien agir, mais que, entre temps, il faut soumettre à une éducation dont ils ne semblent pas spontanément ressentir le besoin. Il est évident que, aux yeux de la morale, seule la seconde interprétation de leur cas est admissible, bien que la vie morale puisse se trouver devant des êtres tels que la prudence oblige à employer les moyens de la violence : tout bien pesé, la façon d'agir des criminels et des méchants ne lui laisse que cette issue si elle ne veut pas disparaître.

Une complication surgit seulement quand une sorte de métabase catégoriale jette la confusion dans la discussion et dans les discours. On prend la défense de la mauvaise action et de son auteur en déclarant qu'il n'était pas responsable parce que, dans sa situation, son action était inévitable, croyant fournir ainsi une excuse moralement valable. Or, un assassinat n'est pas moins assassinat parce que l'assassin a tué dans un accès de passion, parce que les conditions de son existence étaient pénibles, ou parce qu'une vie trop aisée l'avait plongé dans un ennui tel que seule la violence « désintéressée » pouvait lui offrir une distraction. Le malhonnête ménage dans lequel vivent la sensiblerie et le mal, pour employer une formule hégélienne, ne produit rien de bon, ni pour la société, qui n'en récolte que désordre et régression, ni pour la morale, qui en recueille l'incompréhension des problèmes et cette lâcheté qui est toujours à la recherche de prétextes pour n'avoir pas à choisir. Nous avons suffisamment insisté sur les excuses à accorder à autrui, sur le devoir d'aider tout homme à se libérer en se moralisant, pour que l'on ne fasse à ce qui précède les reproches d'insensibilité et de dureté : il n'y a d'excuses que pour un être responsable, on n'aide à se libérer qu'un être libre en soi.

Du reste, il est visible que les théories déterministes, pour en dire un dernier mot, sont moins déterministes qu'elles ne l'affirment. Ne leur opposons pas, ce qui, pourtant, est frappant, qu'elles ne s'occupent pas des hommes de bien, de ceux qui font ce qu'on peut légitimement attendre d'eux, que les psychologues et psychiatres appellent des gens normaux et considèrent, par conséquent, comme les représentants de cet étalon auquel ils sont bien obligés de mesurer les *cas* qui les intéressent : on analyse et explique les voleurs, les obsédés, les anxieux, non ceux auxquels, implicitement, on reconnaît la liberté de la pleine responsabilité. Il est plus important de noter que toute l'entreprise déterministe ne se conçoit qu'à partir d'une volonté de changement, de transformation, d'amélioration ; seule une telle volonté peut la mettre en marche et seule, elle peut en rendre compréhensibles les techniques. Que pour pouvoir agir, elles cherchent des déterminations, des déterminismes partiels et particuliers, rien de plus naturel ; ce qui est gênant, c'est qu'elles se réservent, comme à titre de prérogative, la liberté raisonnable et la refusent, par principe, aux hommes dont ils parlent. Toute psychiatrie a pour but de guérir, c'est-à-dire, de ramener à la liberté ceux qu'elle regarde comme des malades, des aliénés, des êtres humains qui se sont éloignés de leur nature d'êtres libres, raisonnables et responsables, mais aussi toujours capables de chercher l'équilibre de leur personnalité et le bonheur, bonheur idéal, mais non idéal arbitraire de bonheur.

*d.* Toutes ces objections peuvent être ramenées à une seule, la plus simple de toutes, la plus grave, et dont les autres ne présentent que des *rationalisations*. Il est un fait que l'homme aspire au bonheur ; on peut admettre également que son devoir est d'aspirer au bonheur raisonnable. Mais en est-il moins besogneux, moins exposé à la violence de la nature et des conditions historiques ? Et n'a-t-on pas montré que personne ne saurait être heureux tout seul (à moins que, vivant, il ne sorte de la vie) et qu'ainsi l'homme a droit aux satisfactions dues à l'être fini en lui, au point que c'est devoir de travailler à cette satisfaction ? Où trouvera-t-on la garantie nécessaire pour calmer les appréhensions d'hommes qui veulent bien admettre que c'est devoir pour chacun de travailler à la satisfaction de tous, mais savent aussi que leurs congénères n'accomplissent pas leurs devoirs avec une régularité parfaite, que le monde est ce qu'il est et qu'ils sont à la merci du hasard, de l'accident, de la moralité des autres ? Est-il sensé de parler de devoir de bonheur à un pensionnaire des camps de concentration ou à l'esclave du planteur ?

On voit qu'il s'agit du refus raisonnant le plus ancien, aussi ancien que la réflexion philosophique et la morale elles-mêmes : pourquoi chercher un sens à ce qui n'en possède pas, ne peut pas en posséder ?, pourquoi ne pas faire comme on a toujours fait et se défendre, défendre ses intérêts avec tous les moyens dont on dispose ? A une telle question, si elle est posée sérieusement, aucune réponse philosophique ne saurait être donnée : l'option pour la violence est aussi originelle que celle pour le discours et la philosophie. Il se peut cependant que la question ne soit pas sérieuse en ce sens et qu'elle veuille simplement exprimer que l'homme n'est jamais sûr d'atteindre au bonheur complet, que le bonheur de l'être raisonnable dans l'homme n'est pas celui de l'homme, mais un pis-aller, la résignation à un mal auquel on sait ne pas pouvoir remédier, — l'éternelle plainte de l'humanité souffrante.

A cette plainte, la philosophie et la morale n'ont rien à opposer : ce qu'elle constate est vrai. Mais c'est une erreur de supposer que la morale en soit inconsciente et qu'elle prêche les anges, qui n'ont pas besoin de prédication. C'est elle qui élève, au contraire, à la conscience le fait irréductible de la finitude de l'individu, de son caractère besogneux ; c'est elle qui enseigne que l'individu ne saurait être heureux tout seul, que, dans un monde de la violence et de l'injustice, l'homme le plus conscient sera aussi celui qui *veut* le plus clairement que ce monde change. Elle sait que l'individu peut toujours échouer, que le bonheur est devoir, qu'il n'est donc pas présent et peut être manqué. Et si elle ajoute que l'individu peut toujours se contenter en soi-même, elle n'ignore pas que cette possibilité n'est donnée qu'à ceux qui ont eu la chance, nullement assurée à tous, de se former : Epictète, on peut l'imaginer, aurait été sincère en se proclamant heureux encore dans les fers, mais Epictète avait pu se mettre à l'école du Stoïcisme. Elle est si peu inconsciente du tragique de la vie humaine qu'elle a pleine conscience de situations dont personne ne sort sinon par la mort, elle connaît et respecte ceux qui ont préféré leur propre disparition à la disparition de ce qui donnait sens et dignité à leur existence, la sortie paisible des stoïciens, le suicide, par la personne interposée du bourreau, d'un Socrate ou de tant de martyrs de tant de religions.

Ce n'est donc pas la morale qui est touchée par de telles observations, dont, au contraire, elle procède et, si elle est consciente, se sait procéder. Elle ne s'en contente pas, il est vrai ; mais si elle ne le fait pas, c'est qu'elle exige que ces conditions soient dépassées par l'action des hommes — une action qui ne peut être dirigée que par l'idée du bonheur qu'elle développe. Le bonheur est devoir, il n'est ni donné, ni donnée. C'est pourquoi aussi la morale ne sera jamais superflue, pour juste que soit le monde et pour complètes, les satisfactions qu'il offre à l'être besogneux : l'homme naîtra toujours violent et il ne pensera pas l'idée du bonheur sans le secours de la philosophie ; il ne la pensera surtout pas si la satisfaction complète le laisse insatisfait et le rend absurde à ses propres yeux.

# IV

# MORALE ET PHILOSOPHIE

24. *La vie morale est la recherche par l'individu de l'universalité infinie (de la totalité développée) dans le cadre d'une morale particulière ; la théorie morale est la prise de conscience de la volonté d'universalité de cet individu. L'une comme l'autre procèdent ainsi de l'universalité, mais elles visent cette universalité sans en atteindre, à leur niveau, le concept.*

*a.* A plusieurs reprises, nous avons insisté sur le fait que la morale théorique n'est pas la philosophie : elle est l'affaire de l'individu dans sa vie individuelle, liée, de façon essentielle, à l'universel concret de la communauté historique, dépassant cet universel particulier dans une volonté d'universalité plus universelle, mais toujours volonté d'un individu qui est raisonnable sans cesser d'être fini. L'universalité absolue ne lui était pas accessible, au contraire, cette universalité supposée atteinte impliquait la disparition et de l'individualité et de la morale. Il n'en est pas autrement de la théorie : la réflexion a son origine dans la discussion et, plus profondément, dans la lutte violente des morales naïvement vécues comme évidentes, lutte qui produit la discussion dès que les combattants ont admis qu'aucun d'entre eux ne possède une chance d'imposer sa morale. Ce dont il y va dans ce combat reste, cependant, une morale concrète, nouvelle par le fait qu'elle dépasse les anciennes en universalité et englobe celles qui l'ont précédée : si elle ne montrait pas qu'elle en préserve l'essentiel (qu'elle-même définit), une morale « supérieure » ne serait pas acceptée, mais tout au plus subie, étant incompréhensible parce qu'en contradiction radicale avec ce que, jusque là, les hommes ont adoré. La théorie morale n'est que le dernier aboutissement de cette évolution, le passage à la limite dans lequel se révèle l'être même de la morale, exigence de liberté réelle dans l'universalité, exigence, partant, de la reconnaissance de l'homme libre et raisonnable comme fin en soi pour l'action humaine. Elle ne naît que quand la violence a été éliminée (en principe) du domaine des relations entre les individus, tard donc et lorsque des communautés se sont constituées qui sont assez fortement organisées pour universaliser, dans le cadre de leur nature historique, les désirs des individus, d'abord en les soumettant à la contrainte de l'ordre public, ensuite en faisant reconnaître par les individus la valeur morale de cette universalité, présente à tous sous la forme de la justice.

Ce n'est qu'alors que les hommes pensent la morale comme problème du sens : problème qui se pose avec d'autant plus de force que, dans leur existence empirique, ils sentent moins la pression du besoin et des dangers extérieurs. La liberté, qui, philosophiquement parlant, est le premier fondement de la morale et de l'humanité de l'homme, se montre alors sous les espèces du vide et de l'insensé, comme question qui demande ce que l'homme peut et doit faire de sa vie. Pour l'individu affranchi, mais qui ne se sait et ne se veut pas encore libre et responsable de lui-même et devant lui-même, la disparition du besoin et de la peur n'est pas une source de joies, c'en est le contraire ; il connaissait des joies aussi longtemps que tout assouvissement était un heureux événement et que l'attente, le tenant en haleine, le distrayait de lui-même ; à mesure qu'il n'a plus de soucis, il ne connaît plus que des jouissances de plus en plus fades.

L'homme devient ainsi problème pour lui-même, à partir de sa vie individuelle, historique ; il se fait problème, le regard fixé sur cette vie, qui reste vie de besoin encore que ce besoin soit à présent celui d'un sens. Or, comme, avec le refus de la violence, le principe de l'universalité est entré dans cette vie, le problème devient problème théorique et qui doit recevoir une solution vraie, c'est-à-dire, universellement valable, valable pour tout homme qui pose la question. Mais pour cette raison même, elle ne saurait être réponse pour l'individu, bien qu'elle soit valable pour lui en tant qu'être raisonnable et qui se veut universel : il veut un sens universel, mais pour son individualité.

On renverra, devant ces difficultés, à ce que nous avons désigné comme l'inventivité morale ; l'universalité, médiatisée par une morale historique et les devoirs qu'elle impose à l'individu empirique, laisse l'homme libre d'inventer, de donner un sens à son existence, de se faire créateur, comme on dit avec une expression dangereuse. Un tel renvoi n'est pas seulement justifié, il est inévitable, l'analyse de la vie morale l'a montré à satiété ; la morale formelle ne se comprend comme morale de l'homme et pour l'homme que parce qu'elle trouve, dans cette inventivité, la possibilité de son application : c'est par l'invention d'un monde plus juste que le monde présent (de chaque époque) que l'universalité cesse d'être critère pour *informer* la vie. Il ne suffit pas de dire que la justice doit régner, il faut encore trouver l'endroit précis où elle doit s'insérer dans la vie de la communauté, l'endroit où domine encore l'injustice, ce qui, par tout homme raisonnable, est ressenti, *hic et nunc*, comme inadmissible, l'endroit où la justice peut et doit être réalisée, et réalisée en modifiant *ceci*, en introduisant *cela*. C'est cette même inventivité qui rend morale la vie, parce que c'est elle qui rend agissantes toutes les « vertus », c'est-à-dire, accomplit tous les devoirs, celui de la prudence en premier lieu, les autres, ensuite, sans lesquelles la prudence ne serait qu'un vain mot, et les rend agissantes, non seulement, comme trop souvent on le suppose, au niveau de l'action sur la communauté, mais encore, et surtout, dans les rapports les plus personnels, qui doivent être informés par elle si l'action à distance, celle sur la communauté et les inconnus, ne doit pas être « démoralisée » pour devenir action de pure efficacité et, à la limite, de simple violence.

L'action selon le devoir, pour « créatrice » qu'elle soit, n'en reste pas moins action de l'être déterminé et fini sur des êtres finis en tant que tels ; le devoir, même accompli volontairement et volontiers, reste devoir, c'est-à-dire, obligation pour l'individu concret : par conséquent, la théorie morale, œuvre de l'individu qui veut s'universaliser, n'est pas œuvre de l'universel et de la raison libre et universelle. Or, la philosophie morale (la morale philosophique — nous avons dit pourquoi, et comment, les deux coïncident) prétend être vraie, et elle ne serait rien si elle ne pouvait justifier cette prétention, plus exactement, elle serait ce qu'on appelle une idéologie, non la raison se saisissant elle-même dans sa réalité humaine : au cas le plus favorable, elle formerait un discours cohérent mais arbitraire et dont l'arbitraire se montrerait dans le nombre indéfiniment grand de tels discours, tous cohérents mais sans critère commun, luttant entre eux avec les moyens de la violence (ou se sacrifiant à la violence des autres), relativement compréhensibles comme expressions différentes d'intérêts naturels ou historiques, et incompréhensibles au sens strict parce qu'une telle compréhension par réduction ne se comprendrait pas elle-même.

Si la philosophie morale est vraie, elle ne saurait donc l'être qu'à condition de se constituer en discours non seulement cohérent, mais encore total (non particulier) : ce n'est que la totalité qui peut comprendre (dans les deux sens du terme) et se comprendre. Toute particularité renvoie sans fin à d'autres particularités, dont aucune n'a son sens en elle-même : l'effet n'est que par la cause, la cause n'est pas sans l'effet dont elle est la cause, cause et effet sont déterminés par la loi et la déterminent, etc. Or la morale, en quelque sens qu'on la prenne, considère l'homme sous un seul aspect, celui de l'être agissant, et présuppose donné le cadre de son action. Elle ouvre à la conscience l'accès au réel, lequel ne se montre qu'à celui qui agit sur lui : c'est en agissant *sur* le réel que l'homme comprend qu'il agit toujours aussi *dans* le réel, que, en face de la réalité, il fait, en même temps, partie de cette réalité, qu'il est le maître de la nature et que, dans des limites qu'il peut toujours faire reculer, mais jamais abolir, il est dominé par elle. Mais la morale ne développe pas une théorie de la nature, un concept de la vérité, elle les contient de façon implicite, sans être à même d'expliciter ce qu'elle implique et qui n'apparaît qu'à un regard jeté sur elle d'un point de vue qui n'est plus le sien. C'est dans la réflexion sur la morale que l'homme se découvre et découvre ce qu'il est ; mais ce qu'il découvre ainsi n'est pas la morale : il découvre l'exigence d'un savoir vrai et finit par découvrir qu'il ne pourrait pas exiger ce savoir si ce savoir n'existait pas, pour ainsi dire, derrière le dos de cette exigence, par découvrir qu'il n'exige pas en vérité que le savoir soit, mais que lui-même, l'individu en sa particularité, puisse y accéder afin de se comprendre.

*b.* La philosophie morale conduit à la philosophie, pouvons-nous dire en résumant les thèses précédentes. Elle ne le ferait cependant pas si le discours de la morale se refermait sur lui-même, si aucun besoin ne restait à celui qui, ayant mené ce discours moral à son terme, vit selon cette morale. Or, n'est-ce pas ce que nous avions déclaré ? La morale n'était-elle pas la quête du bonheur, et la vie morale, la vie heureuse ? Sans doute, il fallait à l'homme, en plus du bonheur, la satisfaction de ses besoins et désirs légitimes. Encore cette satisfaction n'était-elle pas essentielle pour l'homme moral, elle était exigée afin que tout homme pût se poser la question de la morale, tandis que l'homme moral pouvait se contenter du pur bonheur de l'être raisonnable, se trouvant, sinon heureux, au sens du vulgaire, dans la misère et les souffrances, en tous cas à l'abri du seul vrai malheur, le malheur de celui qui a perdu le respect de soi-même. Plus simplement, la magnanimité n'était-elle pas *la vertu*, l'état de l'homme parfait et parfaitement heureux, non, certes, libéré du besoin, mais, une fois parvenu à la vertu, au-dessus de tout besoin, même du dernier, celui d'être reconnu comme vertueux par les autres, et capable, s'il le fallait, de mourir heureux pour son bonheur ?

Tout cela est parfaitement exact, l'est même à tel point que le magnanime n'a plus aucune raison de poser la question morale, résolue par lui et pour lui, ou d'en poser d'autres. Pourtant, la question morale a produit, historiquement parlant, la question philosophique, celle de la totalité et de la compréhension de la totalité (par elle-même -- mais ce sera un résultat tardif du travail de la pensée philosophique que de le découvrir). Nous trouvons-nous alors devant un scandale de la raison, un fait incompréhensible ? Dans la magnanimité, l'individu peut dépasser sa condition (comme il peut y parvenir, du côté opposé, par le silence, le vide de la conscience, la mort dans la vie) : le magnanime n'a donc pas besoin de la question morale. Aussi la magnanimité ne se *comprend*-elle pas elle-même et ne se parle pas (bien qu'elle puisse parler aux autres) ; elle est pure attitude, elle est irréfutable, comme elle est invincible ; elle constitue un aboutissement de la morale. Mais elle n'en constitue pas *l'*aboutissement. Elle le fait si peu que, pure attitude, elle ne peut pas enseigner la morale au moyen du discours ; elle ne peut que se présenter comme modèle, et elle ne peut que refuser par le mépris son contraire, la bassesse, non le réfuter. Pour celui qui vit dans l'attitude de la magnanimité, la morale a cessé d'exister, il n'est même pas nécessaire qu'elle ait jamais formé problème pour lui. Il est donc vrai qu'en elle, la morale se parfait ; mais, pour la morale philosophique, elle n'est vertu que si elle est choisie et voulue. Elle procure le bonheur que cherche celui qui réfléchit sur la morale ; mais ce bonheur n'est bonheur de l'être raisonnable qu'au regard de celui qui le cherche par la voie de la réflexion et qui seul est à même de la reconnaître comme vertu parce qu'il la met en relation avec sa réflexion : il y aspirera, mais elle ne sera perfection de la vie morale pour lui qu'à condition qu'elle soit comprise comme réponse à la question de la recherche morale.

Sans cela, elle n'est qu'un heureux accident, non une possibilité offerte à tout homme.

Le problème reste ainsi entier : comment est-il possible de parler *en vérité* de la morale ? Comment peut-on accéder au bonheur véritable, à un bonheur dont la solidité soit fondée et non seulement article de conviction, certitude personnelle ? La difficulté qui s'était montrée sur le plan de la réflexion théorique réapparaît, identique, sur celui de la vie morale et sur celui de la réflexion morale à l'intérieur de cette vie. Détachée de la réflexion, la magnanimité, qui est dépassement des besoins et des désirs, n'est qu'une solution de fait : au regard naïf, elle n'est qu'une réponse parmi toutes ces réponses des morales historiques auxquelles individus et communautés peuvent adhérer et adhèrent, mais qui se trouvent en opposition et concurrence entre elles. Sans doute, la morale de la réflexion se dépasse dans la magnanimité ; mais c'est la réflexion morale qui en prend conscience et montre (se montre à elle-même) que ce dépassement n'est pas arbitraire pour qui veut le non-arbitraire.

Il n'est donc pas seulement légitime, il est nécessaire de dire que la morale de la réflexion, la morale formelle et philosophique produit la philosophie. Certes, l'homme peut vivre sans philosophie, et il serait surprenant qu'il en fût autrement ; il respire bien sans avoir étudié la physiologie : cela n'empêche pas que, sans la physiologie, il ne saurait rien de ce processus qui le fait vivre. La morale philosophique, par elle-même, exige un fondement à son discours que ce discours ne peut pas se procurer par ses propres moyens.

*c*. C'est la philosophie politique, dira-t-on, qui fournit son fondement au discours moral : elle conduit l'individu à la prise de conscience de l'universel concret dans lequel il est situé et par rapport auquel il se situe, — conscience de cet universel tel qu'il est en lui-même, non seulement en tant qu'il est pour l'individu comme son *autre*, pure donnée, condition, seconde nature extérieure. En effet, la morale de l'individu, quoiqu'elle soit toujours pour l'individu, n'est pas seulement de l'individu ; elle présuppose et exige, en même temps qu'une morale historique, une communauté dans laquelle l'individu puisse être lui-même positivement, non par le vide et le refus de tout contenu : l'homme moral découvre que chacune de ses actions est action sur autrui et sur la totalité du groupe auquel il appartient, que chacune de ses maximes implique l'existence d'un monde historique qu'il peut et, le cas échéant, doit critiquer et tâcher de transformer, mais qui forme toujours l'horizon de sa vie morale. La question se pose de savoir quelles sont les structures de ce monde, quel en est le sens immanent, ce que le monde exige pour pouvoir rester monde et éviter de sombrer dans le chaos de la violence. Et c'est la philosophie politique qui révèle à l'individu, qui, sans elle, l'ignore et le nie, qu'il est universalisé avant toute décision individuelle à l'universalisation, et comment et à quel degré il l'est concrètement aujourd'hui, au point présent de l'histoire. La philosophie politique, qui est, par sa nature, philosophie de l'histoire, est la prise de conscience de l'universel existant et de la forme de cet universel.

Cependant, si la conscience morale, à moins de vouloir s'enfermer en soi-même et de se contenter de la seule pureté, c'est-à-dire, du refus de toute responsabilité en ce qui concerne les actes et leurs conséquences, passe inévitablement à la réflexion politique, celle-ci ne saurait apporter la réponse finale à la question posée. Nous ne parlons pas à présent de l'historisme en morale, de cette dégénérescence de la conscience morale qui remet à l'histoire le soin de réaliser la morale comme si la morale et la vie morale pouvaient être le produit de circonstances qui souvent, certes, s'opposent à la moralisation, mais ne sauraient influer positivement sur la morale, pour favorables qu'on les suppose. Ce qui fait difficulté ici, c'est que la question même de la philosophie politique ne peut naître que de la réflexion morale et la suppose par conséquent. La preuve en est que l'idée d'un monde parfaitement organisé et dont chaque habitant serait sûr de pouvoir compter sur la satisfaction de ses besoins et désirs légitimes, laisse subsister la question du sens de la vie humaine (pour l'individu), bien plus, l'exacerbe : comme le besoin et le désir, là où ils deviennent obsédants sous forme de dénuement et de frustration, détournent l'homme de la morale et lui cachent jusqu'à la question à laquelle la morale répond, les deux, s'ils exercent leur pression dans les limites du supportable, peuvent protéger l'individu de l'inquiétude du sens de son existence. Pour s'en convraincre, il suffit de relever le parler le plus courant,qui dit qu'un tel se crée des soucis, description plus exacte d'un certain état d'âme que ne suppose peut-être celui qui emploie cette locution ; en tous cas, ceux qui ont affaire à des êtres malheureux dans les conditions les plus favorables et qui portent leur malheur avec eux partout où ils vont et quoi qu'ils atteignent, savent bien que rien de pis ne peut arriver à ces individus que de voir disparaître tout prétexte de souci « matériel », puisque, privés de ce paravent, ils se trouvent devant eux-mêmes et la question morale.

Ce n'est donc pas la réflexion politique qui peut répondre à la difficulté qui naît de l'affirmation nécessaire de la philosophie morale qu'elle dit la vérité, est vraie. Le lien entre morale et politique ne s'en trouve pas défait, loin de là ; sa force et son importance ne sauraient être exagérées : la vie morale ne peut être conçue, à plus forte raison, réalisée, que dans la communauté, dans la mesure où cette communauté est morale et, par là, capable d'une morale plus haute. Sans doute, la morale pure juge la morale concrète de la communauté, ce qui, dans le contexte qui est le nôtre à présent, revient à dire que l'on juge les institutions, l'organisation, la politique historique du groupe : relever la morale concrète d'une communauté est un acte spécifiquement politique, c'est même l'acte politique par excellence, car c'est cette volonté qui définit la politique raisonnable, la politique justifiable et justifiée. Ce n'est pas une hyperbole d'affirmer que la politique, si elle se comprend et réalise son concept, est la morale en marche, ou que la morale est essentiellement politique, qu'elle se rapporte à la communauté des individus, se rapporte à elle encore dans la recherche la plus personnelle du bonheur, si ce bonheur n'est pas cherché en dehors du monde des hommes. Que cela ne signifie pas la nécessité de faire de la politique un métier, son métier, il ne sera guère nécessaire de l'ajouter : l'acte moral vise l'universalité dans le concret de la vie morale et est politique par lui-même, aucun acte de l'être besogneux et raisonnable ne peut éviter d'influer sur la vie de la communauté, que celui qui l'accomplit se le propose ou non, de même que tout homme est, toujours et quoi qu'il en ait, éducateur, bon ou mauvais éducateur, modèle bon ou mauvais, introduisant la non-violence et la raison ou favorisant la violence et l'arbitraire (encore quand, se retirant du monde, il laisse parmi les autres la place à l'absurde de la violence, active ou subie, à laquelle par sa renonciation il a concédé l'empire de ce monde). Ce n'est pas le lien entre morale et politique qui est en question ; ce qui l'est, c'est la question du sens ou, si l'on transpose le problème en langage de politique, le but de l'action, de toute action, but pour la politique, but aussi bien pour la morale.

*d.* Ce but a été déterminé comme le bonheur de l'être fini et raisonnable, et rien de ce qui précède n'invalide cette définition : c'est ce but qui donne un sens, et à la philosophie morale, et à la philosophie politique. Mais cette dernière formule, par ce qu'elle a de paradoxal, indique que le problème subsiste : si nous nous trouvons amenés à chercher un but — ce qui veut dire, un sens — non seulement à la politique et à la morale, mais encore à la philosophie morale même, il en découle que la science philosophique du but de l'existence humaine vise quelque chose qui ne se trouve pas en son domaine.

Pour accuser le caractère paradoxal du problème, on pourrait parler du sens de la recherche d'un sens. Formule et problème moins choquants qu'il ne paraît au premier regard : pourquoi chercher le bonheur de l'être raisonnable, si ce bonheur peut être saisi immédiatement ? et cette possibilité, ne s'était-elle pas révélée avec la magnanimité ? Le magnanime ne cherche pas ; il repose, avec une expression légèrement poétique, en lui-même. Or, nous avions également constaté que sa vertu, si elle est parfaite (pour lui), ne supprime pas la question morale pour celui qui ne la possède pas : pour ce dernier, avec la question morale continue à se poser celle du sens de l'entreprise qu'est la philosophie morale. Cette quête avait commencé — et, en un autre sens, s'était terminée — par l'affirmation du principe de l'universalité raisonnable, principe d'une vie soumise au critère de l'universalité, d'une vie morale, mais qui ne s'épuisait pas dans la reconnaissance de son critère : c'était l'homme agissant, l'être besogneux et capable de raison, qui, dans la décision et l'action particulières et personnelles, accédait à la raison, même au concept de la raison. C'est donc aussi pour cet être besogneux, déterminé, fini, que la philosophie morale a un sens en tant que recherche raisonnable de son bonheur d'être fini et raisonnable. La philosophie morale est morale philosophique, elle est et reste action à partir du besoin et en vue d'une satisfaction, tous deux, certes, d'un ordre autre que celui des besoins et des satisfactions multiples, mais de même nature et ainsi, comme eux, exigence de durer, parce que la satisfaction n'est satisfaction que pour le besoin qui, par elle et malgré elle, vit et se renouvelle. Si la morale vise le bonheur au sens le plus fort, elle ne le trouvera qu'au-delà d'elle-même, et il en sera d'elle comme du discours moral, qui repose sur un fondement qui n'est pas seulement le sien, mais celui de tout discours.

La théorie dans laquelle s'explicite et se comprend la morale, discours de l'être besogneux qui, à partir de l'universalisation historique et toujours particulière, développe le concept de l'universalité, est et se veut discours cohérent. Elle est théorie en tant que discours de l'être fini qui, dans son histoire, à travers son action inconsciente, du moins à son début inconsciente de son aboutissement à l'universalité, crée la règle et le critère de son discours, la règle de la cohérence dans l'universalité : cohérence parce que exclusive de cet autre de la cohérence que sont la violence et l'arbitraire individuels, universalité parce que cohérence du discours humain qui, par son principe, se veut discours de tout être humain, nécessaire pour tout être qui, par une décision radicale, première, infondée et infondable, mais qui fonde tout discours, a choisi la non-violence et le non-arbitraire (pour obligé qu'il puisse se trouver, selon le principe même de la non-violence et du discours universel, d'employer la violence ou de la reconnaître en la subissant pour la discréditer, de répondre à la violence de son monde par la contre-violence ou par le refus passif de l'immoral). Mais le discours moral ne se comprend pas en lui-même comme théorie : il suppose la théorie comme possibilité humaine à laquelle il fait appel, il ne se comprend pas en sa nature de théorie et n'a pas à se comprendre ainsi ; il appartient à la vie active et finie. La morale, même philosophique, n'est pas la philosophie, quoique ce soit elle qui en ouvre l'accès à l'être besogneux. Dans la morale, l'homme se comprend, et adéquatement, comme être fini et raisonnable ; ce n'est pas là, cependant, que la compréhension se comprend elle-même, que la dernière réflexion, celle sur la réflexion, a lieu ; ce n'est pas là qu'est saisi positivement l'au-delà de la morale que vise la morale. La morale, fût-elle la plus consciente, la plus purement philosophique, est pour l'être fini ; mais, en tant que discours vrai, elle est elle-même fondée sur un infini, sur un discours qui n'a pas de limites, parce qu'aucun autre discours cohérent n'existe en dehors de lui, et qui comprend même ce qui le refuse et celui qui, par un choix premier, se place en dehors de lui — infini non comme la ligne qui, toujours finie, continue indéfiniment le progrès sans mouvement de sa finitude, mais infini comme ce qui est fermé sur lui-même. La morale est pour l'être fini, mais si son origine ne se comprend qu'à partir de lui, sa vérité ne se comprend pas de là.

25. *Comme la philosophie morale aboutit à la philosophie, la vie morale aboutit à un bonheur qui ne se situe pas sur le plan de l'action.*

*a*. Ce que la thèse affirme a été démontré, dans ce qui précède, en ce qu'elle a de négatif : le bonheur est visé dans la vie de l'action, des choix et des décisions, mais ne s'y rencontre pas. Toute action correspond à un besoin (ou à un désir, mais qui à l'individu se présente sous l'aspect du besoin), et tout besoin rejette l'homme dans (et sur) sa nature d'être besogneux ; la satisfaction présuppose l'insatisfaction dont dépend sa possibilité même ; elle est insatisfaisante, comme on dit, *à la longue*, elle exige d'être renouvelée, répétée, et ne peut l'être que grâce à la renaissance de l'insatisfaction. Le domaine de la satisfaction (et de l'insatisfaction) n'est pas celui du bonheur de l'être raisonnable, de celui qui cherche un sens à sa vie, bien que la satisfaction soit nécessaire et l'exigence des satisfaction, justifiée — ou plutôt, parce qu'elles le sont ; mais le domaine de la seule satisfaction est aussi celui de la distraction et des distractions, et sa nature insuffisante ne se montre nulle part de manière plus convaincante que dans ce dégoût de la vie qui naît là où aucun besoin ne reste à satisfaire, où tous les désirs ont disparu. Reste à déterminer le positif qui fait que cette absence de bonheur apparaisse, le contraste qui fait qu'il soit pensé.

Il faut prévenir que, en aucun cas, ce positif ne saurait exister sous forme de solution positive d'un problème, au sens où l'empirie et les sciences qui l'organisent prennent le terme de positif. On n'aboutirait qu'à un contresens si l'on voulait indiquer en quoi consiste le bonheur, de quoi il est fait, quelle est sa matière : comme il s'agit de la positivité de la liberté raisonnable, non de préférences arbitraires, mais de créativité dans les limites de l'universel, le positif est engendré par l'individu raisonnable, il ne lui est pas donné, encore moins prescrit, et, en possession du discours de la philosophie morale, l'individu garde la faculté de dire non à tout ce qui lui est proposé dans le monde des règlements. Puisque le bonheur est œuvre de l'individu, l'idée du bonheur reste toujours formelle.

Mais ce formel est forme d'un contenu : il est formel pour l'homme qui le découvre en se découvrant comme toujours informé et qui ne découvre quoi que ce soit que parce que toujours existe pour lui un monde. Ce qui se révèle ainsi dans ce formel est le monde comme monde saisi, compris, et, en même temps, toujours à saisir et à comprendre, monde de l'homme et pour l'homme, monde révélé, comme ce qu'il est et comme il est, par l'homme et à l'homme en possession du formel, de l'universalité de son discours cohérent. Dans l'homme le monde se regarde, se saisit, se dit, dans une saisie qui révèle l'homme à lui-même comme capable d'infini dans sa finitude et qui fonde la possibilité de son bonheur sur le contenu révélé du formel, révélé par le seul formel, et n'accédant à l'existence que dans, par et pour sa forme, qui n'est que la révélation du contenu : forme et contenu coïncident pour le discours qui, se comprenant, comprend son autre.

*b.* Il convient de traduire en un langage plus prosaïque les formules que nous venons d'employer. L'homme, individu déterminé, c'est-à-dire, fini, est capable d'infini : ce qui signifie que l'individu est toujours capable de transcender son naturel empirique — possibilité démontrée, comme toute vraie possibilité, par sa réalisation. L'homme peut parler de façon cohérente et universelle, et il peut alors vouloir parler (penser) ainsi. Car l'homme qui parle est toujours universalisé à un certain degré : celui qui parle un langage strictement personnel est incompréhensible (s'il se faisait comprendre, son langage, étant alors celui du groupe de ceux qui l'entendent, cesserait d'être individuel) ; et il parle toujours dans et de l'universel : aucun terme du langage commun ne se rapporte à un seul individu (il faut *prouver* que tel nom personnel, dans tel contexte, désigne telle personne : le Socrate de Platon, non l'historien, par exemple), les termes en apparence le plus strictement rapportés à l'individu sont aussi les plus universels, et n'importe quel individu peut se désigner à l'aide du même pronom *je.* Sous cet angle — et c'est bien l'angle décisif —, ce n'est pas l'universalité qui fait problème, mais l'individualité : aussi l'être humain commence-t-il par parler de lui-même à la troisième personne, du point de vue pour lequel il existe avant d'exister, d'après lui-même, pour lui-même comme *je* irréductible. Plus tard, adulte, dans la vie courante, je reste un autre pour moi-même : qu'ai-je fait ? me demandé-je, comment ai-je pu faire telle chose ? ; je suis surpris par moi-même, trompé, choqué. *Je* ne *me* connais jamais totalement : ma pensée, mon discours me jugent et me révèlent à moi-même — non pas *mon* discours, mais le discours qui n'est pas plus mien qu'il n'est celui de tout homme capable de discours, qui est mien seulement parce que c'est moi qui le tiens en fait et non un autre, parce que cet autre n'aura pas le même intérêt à parler de moi (il n'importe pas qu'il ne dispose pas des mêmes données : les données sont toujours partielles, et il se peut que l'autre en ait davantage à sa disposition que moi-même, quoique ce ne soient pas les mêmes).

Mais le fait de mon être déterminé ne réapparaît-il pas dès que je parle de mon intérêt, de cet intérêt que je ne peux pas éviter de nommer quand je veux rendre compte de la situation dans laquelle je parle et qui fait que je tienne ce discours ? Sans doute, ce discours prétend être vrai, c'est-à-dire, universel ; supposons qu'il le soit : il n'en est pas moins *mon* discours vrai, il porte sur moi, pour inconnu que je sois pour moi, pour nécessaire qu'il soit que j'aille à la découverte de moi-même, pour grand que soit le besoin que j'ai, afin de me découvrir, de l'universalité du discours, de sa vérité, des vérités qu'il a découvertes. Que cette vérité à découvrir soit intéressante à découvrir, cela est le fait de ma nature individuelle, de mon caractère déterminé, de ma finitude, et ce n'est pas le discours qui me transcende, c'est moi qui essaie de me transcender dans mon discours — qui essaie et ne réussis jamais complètement, restant toujours ce moi « empirique », donné, récalcitrant devant toute saisie prétendue exhaustive, et, en même temps, capable de me transformer au fur et à mesure que je me découvre et que, m'étant découvert, j'agis sur ce que je viens de découvrir. Ce discours qui se veut infini, n'est-il pas ainsi atteint de finitude en son centre, n'est-il pas toujours et nécessairement discours d'un individu déterminé, fini, — peu importe de quel individu, mais d'un individu ? Et, au sens le plus naturel du mot, ce discours ne sera-t-il pas fini un jour, le jour où je ne serai plus là pour le formuler, le jour où aucun individu humain n'existera plus qui puisse le tenir ? La finitude, le fait que je suis celui-ci et non l'homme en général, l'homme universel, ne s'exprime-t-il pas de la manière la plus radicale et la plus visible dans cette attente de la mort et de la disparition, résultat, mieux : équivalence, de mon être déterminé, d'un être qui dépend de conditions qu'il ne se donne pas lui-même, qui peut changer de conditions, mais non s'affranchir de la condition d'être conditionné, dépendant, insuffisant par lui-même et en lui-même ?

Sans doute, c'est moi, cet homme en cette situation, déterminé, rien moins qu'infini, qui tiens ce discours, et ce discours ne serait pas tenu du tout si je n'étais pas fini, si je n'avais pas à me découvrir. Néanmoins, ce moi que je veux connaître (et ne connaîtrai jamais totalement) m'est révélé en ce discours que je poursuis et élabore pour me connaître et pour connaître le monde dans lequel je vis et où je suis ce que je suis et celui qui je suis, mais qui n'aurait aucun sens pour moi s'il n'était pas vrai, c'est-à-dire, universellement valable, s'il ne se rapprochait pas continuellement de la vérité, de la révélation de mon être et de celui d'un monde qui n'est pas seulement le mien, mais celui de tout être pensant, de tout être qui veut parler de manière cohérente. C'est bien ce moi-ci qui parle, mais ce n'est pas en tant que moi empirique, historique, biographique que je dis vrai, quoique ce soit seulement en tant qu'être déterminé que je commence à parler : mon discours, tenu à mon sujet et au sujet de mon monde, se veut discours de tout homme, le discours d'un *je* qui est celui de chacun et de tous, et l'idée de deux discours humains à la fois cohérents et indépendants l'un de l'autre serait elle-même incohérente, aussi incohérente que celle de deux corps infinis qui, coexistant, ne pourraient ni se limiter ni s'interpénétrer. Je suis déterminé, non-infini ; mais cela, je le vois en vérité parce que, en même temps et essentiellement, je suis aussi infini, que je me juge fini en fonction d'une infinité réelle, celle du discours qui se comprend en comprenant toute chose, y compris ce qui se donne comme l'autre de tout discours. Je ne saisis jamais la vérité en elle-même, je ne saisis jamais le *je* dont procède et que révèle *le* discours, lui-même inachevable pour moi et par moi ; mais ce n'est pas parce que les deux n'existeraient pas : c'est parce qu'ils n'existent pas à la manière des choses, des événements, des qualités, — parce qu'ils sont ce qui fait qu'il y ait des objets. Le discours infini a toujours éclairé la finitude qui le produit pour elle-même, la vérité infinie est la lumière dans laquelle apparaît tout, encore cette obscurité du particulier et de la condition qui fait que la lumière soit — soit connue comme lumière. Je ne coïncide pas avec ce discours ; mais cela même, je ne le sais que parce que le discours me montre ma finitude dans l'infini, et par référence à lui. Je ne vois pas la vérité, mais c'est elle qui me permet de voir. Cela même qui m'échappe m'est connu comme ce qui n'est pas à ma disposition : je ne pourrais pas le nommer s'il en était autrement. Je ne sors pas pour cela de la finitude, des conditions, je ne me libère pas de la condition humaine, quoiqu'il n'y ait aucune condition déterminée que je ne puisse refuser, serait-ce, à la limite, en détruisant le conditionné de toute condition, mon existence empirique. Mais si je puis toujours dire *non*, je suis aussi, et fondamentalement, cette infinité de la liberté qui s'est montrée comme infinité positive du discours (de la pensée) : c'est en me niant sur chaque point, en tant que particulier et donné, opposé et m'opposant à d'autres particularités, d'autres données, que j'accède au discours et à la vérité.

C'est le discours cohérent qui forme le positif pour la liberté négative. Sans se savoir positivement infini, mon discours moral me conduit à la découverte de l'universalité, il reste discours portant sur l'être fini, conditionné, être qui toujours veut s'universaliser, mais n'y parvient pas puisque en se voulant moral, c'est-à-dire, en lutte avec sa propre finitude, il s'interdit lui-même de parvenir à l'infini : l'être qui vivrait, sans résistance intérieure, selon la loi de la morale serait — de nouveau, pour ainsi dire — sans morale, il ne connaîtrait plus de loi puisque la loi présuppose la possibilité qu'elle ne soit pas obéie, il ne trouverait plus ce contenu de son existence qu'est la lutte de l'universel en lui avec ses penchants, ses passions, ses désirs, qui sont autant lui-même que la volonté universelle d'universalité. C'est pourquoi la magnanimité peut apporter le bonheur, mais ne peut pas le fonder en raison pour celui qui le cherche, et elle n'est perfection vraie, non seulement de fait, qu'aux yeux du philosophe de la morale (qui ne la vit pas).

La morale ne peut donc ni disparaître de l'horizon du philosophe, ni, non plus, constituer cet horizon, encore moins le remplir. L'homme se veut infini, il veut la cohérence de son discours, et il est infini par cette volonté même ; mais parce que cette volonté est toujours volonté, il se saisit, dans cette infinie volonté d'infini, comme déterminé, inadéquat au discours, qui, pourtant, ne cesse pas d'être le sien. L'homme, l'individu — car seul l'individu existe, agit et parle — prend son départ du fini, et c'est dans le fini qu'il introduit cette exigence d'universel que, à la fin, il comprend comme fondée par et sur le concept, jusqu'ici inconscient, d'un universel antérieur à toute individualisation du sujet. A aucun moment, il ne coïncide avec l'universel, il est conditionné, il agit ; qu'il parle (pense), son parler est action et activité de l'être fini, l'universel reste toujours à retrouver et à réaliser, toujours à venir, futur et infiniment distant, bien qu'infiniment approchable. Mais de cela encore, l'homme peut parler, ce qui signifie qu'en nommant cet avenir, il le saisit (comme avenir, mais dans une saisie présente) et le fait sien. Ce qui est toujours à venir est présent, précisément parce qu'il est *toujours* à venir.

La morale est ainsi la voie ascendante pour l'homme qui veut s'élever vers l'universalité — *veut*, parce qu'il a choisi la non-violence et l'universalité. Mais ce chemin ne mène pas l'être déterminé à une action, une maxime, un choix au-delà de ceux de la morale : il le conduit à la prise de conscience de sa propre universalité libre, concrète, présente à lui dans la possibilité d'un discours dans lequel le monde se comprend, dans lequel l'homme se comprend lui-même dans son monde et, à la fois, avec ce monde, toujours être fini, et toujours au-delà de la finitude comprise. Il est vrai que ce discours, cette saisie du monde dans la vérité, de la vérité du discours comme être révélé du monde, n'est pour lui que possibilité : il reste besogneux, sujet autant que maître de ses conditions ; mais cette condition est dépassable à chaque instant, dans la saisie universelle de ce qu'elle est en elle-même, condition conditionnée et conditionnante, mais seulement pour celui qui n'est pas entièrement son produit.

La liberté est la raison : seul l'être raisonnable, non-arbitraire, non-violent, est et se sait libre en vivant selon une loi qui est sienne et qu'il reconnaît comme établie par lui-même, seul l'être libre peut se vouloir et se faire raisonnable. Il ne coïncide jamais avec la raison, mais rien, non plus, ne l'empêche de s'élever à la raison, pour laquelle rien n'est à venir, pour laquelle, dans un présent qui inclut encore les structures essentielles de ce moi empirique, tout est pensable (*dicible*) et discours et qui pourtant devient toujours. Il se peut, il est probable, que l'humanité disparaisse un jour ; mais c'est la possibilité d'un fait sans importance pour la philosophie : il n'y aura pas de philosophie quand il n'y aura pas d'êtres comparables à l'homme ; mais aussi longtemps que le discours se poursuivra, il révélera dans le temps de la condition ce qui fait que la condition soit présente pour un être qui la saisit parce qu'il la transcende.

L'analyse précédente ne désigne rien d'« extraordinaire » ou de « mystique ». Le fait dont il s'y agit appartient, au contraire, à l'expérience la plus commune et ne prend un aspect surprenant qu'à partir du moment où il est saisi par le discours. La simple perception de ce qui est peut, à certains moments, présenter, et présente en fait, à tout individu une sorte de bonheur qui est spécifiquement différent de toute satisfaction d'un besoin ou d'un désir (bien que ces moments puissent devenir l'objet d'un désir) : ce n'est pas un renvoi à autre chose, dans ces moments soustraits à la temporalité de l'avenir, entièrement présents, et qui, pour mieux dire, sont présence de ce qui est saisi, non comme d'un extérieur auquel on accéderait difficilement, à travers des résistances, des obstacles, des erreurs, mais présence de ce qui est immédiatement ce qu'il est : un coucher de soleil, une fleur sont ce qu'ils sont, rien de plus, c'est-à-dire, rien de moins. Certes, une telle perception (qui est au fond de la perception artistique — ce qui montre que la vieille théorie de l'unité entre la beauté artistique et celle de la nature est parfaitement fondée) n'est pas permanente. Cela, cependant, ne décide de rien : pour la présence, la question de la durée ne se pose pas, elle n'est pas extensive, elle est pure intensité. L'être besogneux s'élève en elle au-dessus du besoin et de la besogne ; il y retombe nécessairement, il est vrai, il reste conditionné, il n'est pas adéquat à cette vue, dont, pourtant, il est toujours capable ; la nécessité de sa condition le rappelle à ce que, dans le domaine de cette nécessité, on définit comme la réalité. Aussi la vue de la nature et la vue artistique (qui crée les objets de sa contemplation) ne suffisent-elles pas *à la longue* et n'assurent-elles plus le bonheur de l'être fini et raisonnable dès qu'il se heurte aux autres : comme le discours et le concept de l'universalité n'existent pas sur leur plan, la violence, seule apte à décider entre les *vues*, détruit jusqu'à la possibilité concrète de la vue, forçant l'homme à lutter pour survivre et le coupant de tout ce qui est « dés-intéressé », sans rapport aux questions de vie et de mort qui maintenant le préoccupent. En ce sens, la morale est supérieure à la contemplation et à la présence immédiate ; mais elle ne l'est que dans ce sens : c'est le désir du bonheur de la présence qui fonde, philosophiquement, la morale ; c'est ce bonheur trans-moral que la morale vise. Il faut agir raisonnablement, mais il est raisonnable d'agir pour n'avoir plus à agir : personne ne choisit le souci pour lui-même, sinon ceux qui fuient la question d'un sens que leur existence peut et doit prendre pour eux-mêmes. La morale, en union avec la politique dont elle est inséparable, constitue ainsi la médiation entre la présence antérieure à toute action, toute décision, tout choix conscient, entre la présence *pré-historique*, et celle qui, à partir de la première, est visée par la vie active qui cherche son sens et le réalise en se dépassant. Entre les deux, c'est le domaine de la nécessité toujours vaincue, jamais éliminée, des conditions, de la finitude sentie et vécue, mais aussi nommée et pensée dans le discours qui, universel, la dépasse.

*c*. La morale vécue, la vie morale, vise le bonheur : la proposition, qui avait formé le début de la présente recherche, prend à présent un sens déterminé, après le sens formel qui avait défini le bonheur comme ce que toute la morale vise. La fin de l'action n'est pas l'action, elle est la présence immédiate, infiniment médiatisée par l'action et la conscience morale, mais immédiate en tant que résultat. La vie morale, cependant, s'interdit le saut dans l'inconditionné de la présence, sachant que seul son propre parcours peut justifier le bonheur de l'être humain total dans la présence. Elle a affaire à l'être déterminé et libre pour autant que le problème de la liberté dans la raison se pose pour l'homme parce qu'il ne coïncide pas avec ce qui, en dehors de la présence, demeure son autre, une condition toujours à dépasser, à nier, à humaniser (moraliser) dans et par l'action. Le bonheur qu'elle offre est celui de l'être raisonnable dans l'être fini, celui du respect de soi justifié par l'universalité de la volonté morale (c'est parce qu'il manque à la magnanimité cette justification qu'elle peut réaliser, aux yeux de la morale, la vertu parfaite, sans que l'attitude du magnanime soit, par elle-même, moralement parfaite quand elle est vécue exemplairement : un exemple ne justifie rien). Ce n'est qu'en se comprenant au terme de sa réflexion sur elle-même qu'elle voit que son aboutissement est au-delà de son domaine ; dans la mesure où elle est morale vécue, un tel aboutissement transcendant n'existe pas pour elle, ne doit pas exister pour elle, qui est volonté de perfection morale, non de perfection tout court.

La philosophie morale (la réflexion morale) informe la vie ; elle en fait partie, elle en est née, sans elle, elle ne serait rien et n'existerait pas, de même que cette vie, en l'absence de la morale, ne serait pas humaine ; elle prend conscience de cette identité fondamentale et de l'identification réelle qu'elle exige. Elle découvre aussi qu'elle est réflexion sur la morale, sur les morales, donc sur l'être agissant, ce qui veut dire : sur l'être violent et fini, mais, dans sa réflexion, capable de raison et d'infini, et elle est de cette façon déjà au-delà de la morale : c'est elle-même qui constate que la morale traite du fini, du conditionné, de ce qui est toujours à venir, de cette *futurition* permanente qu'est le devoir. Et c'est ainsi que la réflexion morale, se comprenant comme réflexion sur la morale, peut se dépasser pour poser le problème de la présence comme celui de l'élaboration de ce discours totalement cohérent qui, en se comprenant, comprend aussi ce qui est son autre, et comprend que l'individualité subjective et la particularité historique produisent ce discours et se dépassent en cette production pour aboutir à une présence qui se justifie comme présence du tout et comme totalité présente à celui qui les a cherchées dans son action d'être fini mais raisonnable. Le bonheur existe, la réflexion morale qui se sait conditionnée se dépasse et se libère, en ce savoir, de la condition : le discours lui offre la jouissance du Tout, discours partant de la Vérité comme horizon à l'intérieur duquel tout se montre à l'homme, discours qui se développe selon sa propre nature, humaine et vraie à la fois, historique et philosophique ensemble et inséparablement.

C'est donc en la philosophie systématique que s'achève la réflexion morale, et en la présence qui, dans la philosophie, est à la portée de l'homme. Que cette réflexion aboutissant au savoir que donne la philosophie ne soit pas seule à l'offrir, non seulement la philosophie elle-même le montre, la morale déjà rencontre dans la magnanimité une possibilité de vie sans futurition, et la vie la moins adonnée à la réflexion en fait l'expérience dans la religion vécue comme union, dans l'art, la poésie, la simple vue du beau. Mais seule la philosophie est à même de justifier cette présence, voire toutes les formes de présence, et cette justification est exigée, non tellement par la philosophie, pour laquelle la justification est un résultat à la fois préalable et accessoire, que par la vie (morale et immorale) d'époques dans lesquelles *rien ne va plus de soi* et qui, déchirées par la lutte violente de convictions dernières et injustifiées, posent la question du sens, celle de savoir ce qui importe et de quoi il s'agit *en vérité*. L'individu peut accéder à la présence sans médiation aucune ; mais le bonheur qu'il y trouve ne sera bonheur que pour lui, incontestable, mais aussi incommunicable sinon au sentiment et par le sentiment et donc toujours combattable et combattu par d'autres sentiments immédiats. Une fois que la rencontre du refus de la violence et de l'insécurité morale a introduit la réflexion dans le monde, seul l'achèvement de cette réflexion, par la morale et dans la philosophie, pourra en libérer l'homme universellement, en lui permettant l'action raisonnable sur lui-même et sur le monde et en lui montrant un contenu pour sa liberté réalisée dans la vue d'un Tout sensé.

## TABLE DES MATIÈRES



Imprimerie de la Manutention à Mayenne – Avril 1998 – N° 131-98
Dépôt légal : 2e trimestre 1998